趙爾巽等撰

清史稿

第一六册

卷一四九至卷一六〇（志）

中華書局

清史稿卷一百四十九

志一百二十四

交通一

有清之世，歐洲諸國以製器相競致强富，路船郵電，因利乘權。道光朝五口通商，各國踵迹至。中外棣通，外舟侵入我江海置郵通商地。大北、大東兩公司海底電線貫太平洋、大西洋而來，亦駢集我海上，駸駸有返客爲主之勢焉。李鴻章、郭嵩燾諸臣以國權、商務、戎機所關甚鉅，抗疏論列。其始也阻於衆咻，其繼也卒排羣議而次第建設之，開我國數千年未有之奇局。於時鴻章總督直隸，領北洋通商大臣，忍詬負重，卒觀厥成。長江招商輪船局始於同治十三年。逮光緒三年，有唐山胥各莊鐵路之築。四年，設郵政局。五年，設電線於大沽、北塘海口礮臺，西達天津。自時厥後，歲展月拓，分途並進。輪船則有官輪、商輪之別，鐵路則有官辦、商辦之別，電線則有部辦、省辦之別，郵政則有總局、分局之別。

宣統初，郵傳部計路之通車者逾萬里，線之通電者九萬餘里，局之通郵者四千餘處。歲之所入，路約銀二千萬，電約一千萬，郵六百餘萬，而歲支外所盈無幾，無乃分其利者衆歟？昔者車行日不過百里，舟則視風勢水流爲遲疾，廷寄軍書，驛人介馬竢，盡日夕行不過六七百里已耳。今則京漢之車，津滬之舟，計程各二三千里而遙，不出三日，郵之附舟車以達者如之。若以電線達者，數萬里外瞬息立至。民情慮始難，觀成易，故船、電、路皆有商辦名。顧言利之臣胥欲籠爲國有，以加諸電商者加之川漢自辦之路，操之過激，商股抗議者輒罪之。淫刑而逞，以犯衆怒，黨人乘之，國本遂搖。孔子論治，以書同文、車同軌、行同倫爲極盛。清之天下，可謂同文同軌矣，惟行殊焉，而理亂頓異。則知伏羲氏所謂通天下之志者，有形下之器，尤貴有形上之道以維繫之，未可重器而遺道也。撰交通志。

鐵路

鐵路創始於英吉利，各國踵而行之。同治季年，海防議起，直督李鴻章數爲執政者陳鐵路之利，不果行。

光緒初，英人擅築上海鐵路達吳淞，命鴻章禁止，因偕江督沈葆楨，檄盛宣懷等與英人議，卒以銀二十八萬兩購回，廢置不用，識者惜之。

三年，有商人築唐山至胥各莊鐵路八十里，是爲中國自築鐵路之始。

六年，劉銘傳入覲，疏言：「自古敵國外患，未有如今日之多且强也。一國有事，各國環窺，而俄地橫亙東、西、北，與我壤界交錯，尤爲心腹之憂。俄自歐洲起造鐵路，漸近浩罕，又將由海參崴開路以達琿春，此時之持滿不發者，以鐵路未成故也。不出十年，禍且不測。日本一彈丸國耳，師西人之長技，恃有鐵路，亦遇事與我爲難。舍此不圖，自强恐無及矣。自强之道，練兵造器，固宜次第舉行。然其機括，則在於急造鐵路。鐵路之利，於漕務、賑務、商務、鑛務、釐捐、行旅者，不可殫述，而於用兵尤不可緩。中國幅員遼闊，北邊緜亙萬里，毗連俄界；通商各海口，又與各國共之。畫疆而守，則防不勝防，馳逐往來，則鞭長莫及。惟鐵路一開，則東西南北呼吸相通，視敵所趨，相機策應，雖萬里之遙，數日可至，百萬之衆，一呼而集。且兵合則强，分則弱。以中國十八省計之，兵非不多，餉非不足，然此疆彼界，各具一心，遇有兵端，自顧不暇，徵餉調兵，無力承應。若鐵路告成，則聲勢聯絡，血脈貫通，裁兵節餉，併成勁旅，防邊防海，轉運鎗礮，朝發夕至，駐防之兵卽可爲遊擊之旅，十八省合爲一氣，一兵可抵十數兵之用。將來兵權餉權，俱在朝廷，內重外輕，不爲疆臣所牽制矣。方今國計絀於邊防，民生困於釐卡。各國通商，爭奪利權，財賦日竭，後患方殷。如有鐵路，收費足以養兵，則釐卡可以酌裁，裕國便民，無踰於此。今欲乘時立辦，莫如籌借洋債。中國要路有二：南路一由清江經山東，一由漢口經河南，俱達京師；北路由京師東通盛京，西達甘肅。若未能同時併舉，可先修清江至京一路，與本年擬修之電線相爲表裏。」

事下直督李鴻章、江督劉坤一議覆。鴻章言：「鐵路之設，關於國計、軍政、京畿、民生、轉運、郵政、鑛務、招商、輪船、行旅者，其利甚溥。而借用洋債，外人於鐵路把持侵佔，與妨害國用諸端，亦不可不防。」坤一以妨碍民生、釐稅爲言。學士張家驤言興修鐵路有三大弊。復下其疏於鴻章，鴻章力主銘傳言。會臺官合疏力爭，侍講張楷言九不利，御史洪良品言五害，語尤激切。以廷臣諫止者多，詔罷其議。嗣是無復有言之者矣。

十一年，既與法國議和，朝廷念海防不可弛，詔各臣工切籌善後。李鴻章言：「法事起後，借洋債累二千萬，十年分起籌還，更無力籌水師之歲需。開源之道，當效西法採煤鐵、造鐵路、興商政。鑛藏固爲美富，鐵路實有遠利。但招商集股，難遽踴躍，官又無可資助。若輕息假洋欵爲之，雖各國所恆有，乃羣情所駭詫，非聖明主持於上，誰敢破衆議以冒不韙？」大學士左宗棠條上七事，一言宜仿造鐵路：「外國以經商爲本，因商造路，因路治兵，轉運靈通，無往不利。其未建以前，阻撓固甚，一經告成，民因而富，國因而强，人物因而倍盛，有利無害，固有明徵。電報、輪船，中國所無，一旦有之，則爲不可少之物。倘鐵路造成，其利尤溥。清江至通州宜先設立鐵路，以通南北之樞，一便於轉漕，而商務必有起色；

一便於徵調，而額兵卽可多裁。且爲費僅數百萬，由官招商股試辦，卽可舉行，且與地方民生並無妨礙。迨辦有成效，再添設分支。至推廣西北一路，尤爲日後必然之勢。」疏下王大臣議，雖善其言而不能用也。是年冬，鴻章復言：「陶城、臨淸間二百餘里，運道淤墊，請試辦鐵道，爲南北大道樞紐。」上用漕督崧駿等言，格不行。

初，法、越事起，以運輸不便，軍事幾敗。事平，執政者始知鐵路關係軍事至要。十三年春，海軍衙門王大臣奕譞等言：「鐵路之議，歷有年所，毀譽紛紜，莫衷一是。自經前歲戰事，始悉局外空談與局中實際，判然兩途。臣奕譞總理事務，見聞較切。臣曾紀澤出使八年，親見西洋各國輪車鐵路之益。現公同酌覈，調兵運械，貴在便捷，自當擇要而圖。據天津司道營員等稟，直隸海岸縣長，防守不易，轉運尤艱。請將開平至閻莊商辦鐵路，南接大沽北岸八十餘里，先行接造，再由大沽至天津百餘里，逐漸興修。津沽鐵路告成，續辦開平迤北至山海關，則提督周盛波所部萬人，馳騁援應，不啻數萬人之用。此項海防要工，集資不易，應以官款與辦，調兵勇協同工作，以期速成。如蒙俞允，卽派員督率開平公司經理。」從之。明年，路成。總理衙門奏言：「新造津沽鐵路，自天津府城經塘沽、蘆台以至閻莊，長一百七十五里，其自閻莊至灤州之唐山，長八十里，爲各商舊造鐵路。新舊鐵路首尾銜接，輪車通行快利，爲輪船所不及。通塞之權，操之自我，斷無利器假人之慮。由此經營推廣，一遇徵兵運械，輓粟飛芻，咄嗟可致；商民貿遷，無遠弗屆，榛莽之地，可變通衢，洵爲今日自强之急務。」

會粵商陳承德請接造天津至通州鐵路，略言：「現造鐵路，其所入不敷養路之用。如接造此路，既可抽還造路借本，並可報効海軍經費。」直督李鴻章以聞，已如所請矣；於時舉朝駭然，尙書翁同龢、奎潤，閣學文治，學士徐會澧，御史余聯沅、洪良品、屠仁守交章諫阻。其大端不外資敵、擾民、失業三者，亦有言宜於邊地及設於德州、濟寧以通河運者。命俱下海軍衙門。尋議上，略言：「原奏所慮各節，一在資敵。不知敵至而車已收回，豈有資敵之慮？一在擾民。建設鐵路，首在繞避民間廬舍丘墓，其萬難繞避者，亦給重價，諭令遷徙，可無擾民之事。一在失業。鐵路興而商業盛，謀生之途益廣，更鮮失業之虞。津通之路，非爲富國，亦非利商，外助海軍相輔之需，內備徵兵入衞之用。乃議者不察底蘊，不相匡助，或竟道聽途說，或竟憑空結撰，連章論列，上瀆天聽。方今環球諸國，各治甲兵，其往也，非干羽所能格，其來也，非牛餼所能退，全視中華之强弱，爲相安相擾之樞機。臣等創修鐵路本意，不在效外洋之到處皆設，而專主利於用兵。不僅修津通之路，而志期應援全局。誠能於江南、趙北、關東、隴西各設重兵，各安鐵路，則軍行萬里無胼胝之勞，糧運千倉有瞬息之效，零星隊伍可撤可併，浮濫餉乾或裁或節。此外如海防河運，裨益實多，而通貨物、銷鑛產、利行旅、便工役、速郵遞，利之所興，難以枚舉。而事屬創辦，不厭求詳。請下沿江沿海各將軍督撫，各抒所見。」遂如所請，命各詳議以聞。

臺灣巡撫劉銘傳議由津沽造路至京師，護蘇撫黃彭年議先辦邊防、漕路，緩辦腹地及沿江沿海各省，而試行於津通。粵督張之洞請緩辦津通，改建腹省幹路，疏言：「今日鐵路之用，以開通土貨爲急。進口外貨，歲逾出口土貨二千萬兩。若聽其耗漏，以後萬不可支，惟有設法多出土貨、多銷土貨以濟之。有鐵路，則機器可入，笨貨可出，山鄉邊郡之產，悉可致諸江岸海壖，流行於九洲四瀛之外矣。而沿江沿海、遼東三省、秦隴沿邊，强鄰窺伺，防不勝防。若無鐵路應援赴敵，以靜待動，安得無數良將精兵利礮巨餉而守之？宜先擇四達之衢，首建幹路，爲經營全局之計。至津通鐵路，則關係甚鉅，不便尤多。設此路創造之時，稍有紛擾，則習常蹈故者，益將執爲口實，視爲畏途。以後他處續造，集股之官商必裹足，疑沮之愚民必有辭，則鐵路之功終無由成，而鐵路之效終無由見矣。翁同龢請試行於邊地以便運兵，徐會灃等請改設於德州、濟寧以便運漕，均擬緩辦津通，爲另闢一路之計。但邊地偏遠，無裨全局，効亦難見；且非商賈輻輳之所，鐵路費無所出，不足以自存。德濟一路，黃河岸闊沙鬆，工費太鉅。臣以爲宜自京城外之盧溝橋起，經河南達於湖北漢口鎭。豫、鄂居天下之腹，中原綰轂，胥出其塗。鐵路取道，宜自保定、正定、磁州，歷彰、衞、懷等府，北岸在清化鎭以南，南岸在滎澤口以上，擇黃河上游灘窄岸堅經流不改之處，作橋以渡河，則三晉之轍下於井陘，關隴之駿交於洛口，西北聲息刻期可通。自河以南，則由鄭、許、信陽驛路以抵漢口，東引淮、吳，南通湘、蜀。語其便利，約有數事。內處腹地，不近海口，無引敵之慮，利一。南北三千餘里，原野廣漠，編戶散處，不似近郊之稠密，一屋一墳易於勘避，利二。幹路袤遠，廠盛站多，經路生理旣繁，緯路枝流必旺。執鞭之徒，列肆之賈，生計甚寬，舍舊謀新，決無失所，利三。以一路控八九省之衝，人貨輻輳，貿易必旺。將來汴洛、荆襄、濟東、淮泗，經緯縱橫，各省旁通，四達不悖。豈惟有養路之資費，實可裕無窮之餉源，利四。近畿有事，三楚舊部，兩淮精兵，電檄一傳，不崇朝而雲集都下。或內地偶有土寇竊發，發兵征討，旬日立可盪平。徵兵之道，莫此爲便，利五。中國礦利，惟煤鐵最有把握。太行以北，煤鐵最旺而最精，而質最重、路最艱。旣有鐵路，則輦機器以開採，用西法以煎鎔，鑛產日多。大開三晉之利源，永塞中華之漏卮，利六。海上用兵，首慮梗漕。東南漕米百餘萬石，由鎭江輪船溯江而上，三日而抵漢口，又二日而達京城。由盧溝橋運赴京倉，道里與通縣相等，足以備河海之不虞，闢飛輓之坦道，而又省挑河剝運之浮糜。較之東道王家營一路礙於黃河下流者，辦理轉有把握，利七。若慮費鉅難成，則分北京至正定爲首段，次至黃河北岸，又次至信陽州爲二三段，次至漢口爲末段。每里不過五六千金，每段不過四百萬內外，合計四段之工，須八年造成，欵亦八年分籌。中國之大，每年籌二百萬之欵，似尚不至無策。籌款之法，除由鐵路公司照常招股外，應酌擇各省口岸較盛、鹽課較旺之地，由藩運兩司、關道轉發印票股單，設法勸集。鐵料運自晉省，置鑪鍊冶，以供取用，庶施工有序，而藏富在民。」

奏上，仍下海軍衙門。尋復議上：「各國興辦鐵路，以幹路爲經，以枝路爲緯，有事則以路徵兵，無事則以商養路。就五大洲言之，宜於西洋，宜於東洋，豈其獨不宜於中國？就中國言之，或云宜於邊防，或云宜於腹地，豈其獨不宜於臣衙門所奏准之津通？津通，畿東南一正幹也。水路受沿海七省之委輸，陸路通關東三省之命脈。豫鄂則畿西南一正幹也，控荊襄，達關隴，以一道扼七八省之衝。初意徐議中原，而先以津沽便海防，繼以津通擴商利，區區二百里，其關係與豫鄂之千里略同。今張之洞亦設爲津通五宜審之說，其中所慮各節，前奏固已剖析無遺。惟事關創始，擇善而從。津通鐵路應即暫從緩辦，而盧漢必以漢口至信陽爲首段，層遞而北，並改爲盧溝、漢口兩路分投試辦，綜計需銀三千萬兩，以商股、官帑、洋債三者爲集欵之法。」議上，詔旨允之。

初，鴻章倡津通鐵路之議，舉朝以爲不可，鴻章持之甚力。之洞特創盧漢幹路之說，調停其間，而醇親王奕譞復贊之於內，其事始定。然其時廷臣尚多不以盧漢造路爲然，但無敢昌言者。故通政黃體芳謂鐵路不可借洋債以自累，而臺臣亦有言黃河橋工難成者，以執政者堅持舉辦，久之浮議始息。鴻章與之洞書，謂局外議論紛歧，宜速開辦，免生枝節，之洞深然之。未幾，之洞總督湖廣。之洞既移鄂，益銳意興辦盧漢鐵路，其所經畫，曰儲材宜急，勘路宜緩，興工宜遲，竣工宜速。以商股難恃，請歲撥帑金二百萬兩以備路用。上如所請。

十六年，以東三省邊事亟，從海軍衙門王大臣及直督李鴻章言，命移盧漢路款先辦關東鐵路。擬由林西造幹路，出山海關至瀋陽達吉林，另由瀋陽造枝路以至牛莊、營口，計二千三百二十三里，年撥銀二百萬兩爲關東造路專欵，命李鴻章爲督辦大臣，裕祿爲會辦大臣，而盧漢路工因之延緩。蓋自光緒初年，內外臣工往往條陳鐵路，當國者亦欲試行以開風氣，而疆吏畏難因循，顧慮淸議，莫敢爲天下先。盧漢鐵路已定議矣，尋復中輟。至是年，國內鐵路，僅有唐山至閻莊八十五里，閻莊至林西鎭二百三十五里，又基隆至淡水六十里而已。

二十一年，命張之洞遴保人才，及籌議淸江至京路事。之洞言鐵路以盧漢爲要，江寧、蘇、杭次之，淸江築路非宜。上韙其言。時之洞方督兩江，特命移鄂綜其事。以盧漢路長欵鉅，諭有招股千萬者，許設公司自辦。粵人許應鏘、方培垚等咸言集貲如額，遵旨承辦。

直督王文韶與之洞言承辦各商舉不足恃，請以津海關道盛宣懷爲督辦，允之，命以四品京堂督路事。宣懷條上四事，一請特設鐵路總公司，撥官欵，募商股，借洋債。先辦盧漢，次第及於蘇滬、粵漢。上如所請。是年設總公司於上海，而盧漢之始基以立。

自中日戰後，外人窺伺中國益亟，侵略之策，以攬辦鐵路爲先。俄索接造西伯利亞幹路，橫貫黑、吉兩省，修枝路以達旅順、大連灣。英則請修五路：一蘇杭甬，自蘇州經杭州以達寧波；一廣九，自廣州以達九龍；一津鎮，自天津以達鎮江；一浦信，自浦口以達信陽；一自山西、河南以達長江。法自越南築路以達雲南省，自龍州築路以達鎮南關。德踞膠州灣，築路以達濟南。葡據澳門，築路以達廣州。日本擅於新民廳築路達奉天，更獲有奉天至安東鐵道之權。此各國以鐵路侵略中國之大略也。

先是俄人陰結朝鮮窺奉天，建言者請急建關內外路以相鈐制，乃命順天府尹胡燏棻督辦津榆路事；後以續造吉林一路款絀中輟。二十四年，俄事急，燏棻請息借英款爲之。疏言：「關外一路，初擬逕達吉林，以無欵又落後著。迨歸併津盧，俄卽起而爭執。近允其由俄邊直接大連灣，奉、吉兩省東北之利盡爲所佔。計惟有由大凌河趕造至新民廳鐵路，以備聯絡瀋陽之路，並可兼護蒙古、熱河鑛務。一面由營口至廣寧，庶中國海關不致爲俄侵佔，尚可保全奉省西北之利。現東三省全局已在俄人掌握，幸留此一綫之路，堪以設法抵禦。若坐失機宜，後悔何及。」從之。

初，英人圖粵路甚亟。王文韶、張之洞、盛宣懷合疏言：「粵漢南幹路，原擬稍緩續籌，無如時局日亟，刻不及待。羣雄環伺，輒以交涉細故，兵輪互相馳騁，海洋通塞，靡有定期。今海軍既無力能興，設有外變，隔若異域，必內地造有鐵路，方可聯絡貫通。廣東財賦之區，南戒山河，未可遐棄，此粵漢南路當與北路並舉者也。」又疏言：「德國無理肇釁，占踞膠、墨要害，並獲承辦山東鐵路。俄已造路於黑龍江、吉林，爲通奉天、旅順之謀。法已造路於廣西，以爲割滇之計。獨英人窺伺最久，尚無所得。今年春，英商屢來攬辦粵路，堅持未允。其所擬急行者，在趕營中國中部，或廣東建築軌道。蓋英所欲者，一借款，一修路，一擬索香港對岸之深水埠，其爲覬覦鐵路無疑。現在德已踞膠，俄已留旅，法已窺瓊，英有圖扼長江、吳淞之謀。是中國各海口幾盡爲外國所佔，僅有內地尚可南北往來。若粵漢一綫再假手英人，將來俄路南引，英軌北趨，惟有盧漢一路蹐蹐其中，何能展布？甚或爲英、俄之路所併。惟有趕將粵漢一路占定自辦，尚足補救萬一。」嘉納之。

初，粵漢路議由鄂入贛達粵。嗣病其迂遠，改道湘之郴、永、衡、長。至是，定議三省紳商自辦，總公司綜其綱領。蓋各省幹路，以關東肇其端，盧漢、粵漢次之。此外則建天津至盧溝橋之津盧路，正定至太原之正太路，鄭州東至開封、西歷滎陽、汜水達洛陽之汴洛路，廣州至九龍之廣九路，上海至江寧之滬寧路，萍鄉至昭山之萍昭路，道口至清化鎭之道清路，京師至張家口之京張路，天津至浦口之津浦路，吉林、長春之吉長路，齊齊哈爾卜魁城至昂昂溪之齊昂路，此屬於官辦者也。若潮汕、新寧、川漢、同蒲、洛潼、西潼、廣廈、歸包、歸新、桂全、滇桂、滇蜀、騰越以及浙、蘇、皖、贛、滇、蜀諸省，咸請自修幹枝等路，悉如所請。至是建造鐵路之說，風行全國，自朝廷以逮士庶，咸以鐵路爲當務之急。

趨嚮既定，籌款與辦法最關緊要。籌欵有官帑，有洋債，有民股。修路有官辦，有商辦，有官督商辦。自劉銘傳倡借債築路之議，爲衆論所尼，借款修路，遂爲當時所諱言。故盧漢建議之初，猶以部帑爲請，未敢昌言借洋債也。借洋債自津盧、關內外鐵路始。迨盛宣懷督辦路事，首以三路分三國借欵之策進。曰盧漢借比欵，滬寧借英欵，粵漢借美欵。上俞其請。由是正太則借俄欵，汴洛則借比欵，廣九、蘇杭甬則借英欵，津浦則借英、德欵。貸之者，大率資金什予其九，息金二什而取其一；以路爲質，或併及附路之產物。付息、還本、贖路，咸有定程，而還本、贖路未及其時，且勿許。購料、勘路、興工，多假外人爲之。故外人多以欵爲餌，冀獲承辦之利。

盧漢路近三千里，費逾四千萬，黃河橋工糜欵尤鉅，官帑僅資開辦而已。借欵始擬美，以所望奢，改與比議。英、德、法諸國接踵而至。卒借比款一百十二兆五十萬佛郎。比小國，饒鋼鐵，嫺工事，於中國無大志。三十一年，續借一百二十五萬佛郎。逾年，路成。北端直抵京師，因易名京漢。京漢之枝路曰正太，曰汴洛。正太借款，始二十三年。俄璞科第與晉官紳議定而中止。二十八年，盛宣懷與議借款四千萬佛郎。約成，而俄人揆士巴尼忽索太原至楡次，至成都，至太谷，至西安，石莊至東光、微水、橫澗四岔道，及同蒲諸路。均格部議，而岔道卒如所請。三十三年秋，工竣。

自容閎倡辦津鎭，盛宣懷恐奪盧漢之利，因議辦汴洛、開濟以相鈐制。汴洛借款始於二十五年，至二十八年而約成，借比款二千五百萬佛郎。比人盧法爾主工事。嗣續借千六百萬佛郎。三十四年，路成。津沽用款百三十萬，官帑、商股兼備，以洋債補其不足。津盧假英金四十萬鎊。關內外路借英金二百三十萬鎊。本由商辦，迨胡燏棻爲督辦，始官爲之。拳匪亂起，關外路爲俄踞，關內路爲英踞。命袁世凱等與英使立約收回，英人遂攫有百里內不准他人承修之權。三十一年，全路告竣，是爲京奉路。道清路爲英商福公司所造，長九十里，利微費鉅。初，英商索澤襄、懷浦，俱不獲。遂以借款收回道清爲言，內外臣工咸持不可，終借英金六十一萬四千六百鎊贖回。津浦路，因津鎭之議不果行，改議北起天津，南訖浦口，借英、德款五百萬鎊。尚書呂海寰主其事。宣統三年，工竣。

其促成各省鐵路自辦與拒絕外債之機者，則滬寧、蘇杭甬、粵漢借款所致也。滬寧築路，倡於盛宣懷，南北洋大臣據以入告，得請。方從事淞滬工作，而英聲請承辦，宣懷與訂草約。二十九年，正約成，借英金三百二十五萬鎊，五十年爲期。商部以借款幾倍於原估之數詰之。而工未及半，款已告罄，復議續借百萬鎊。蘇人羣起責難，並疏聞於上。命唐紹儀督辦滬寧、京漢，罷鐵路總公司。紹儀既任事，徇英工程司之請，復議售小票六十五萬鎊。疏言：「盛宣懷移交合同文卷及購地工程帳册，支款浮濫，當經駁回。滬寧合同喫虧，比京漢幹路爲甚。其最棘手者，在設立總管理處。華員二人，洋員三人，每會議時，彼衆我寡，已佔低著。議者有添舉監督之說。豈知權在總管理處，合同早已訂明，雖有監督，實不濟事。其尤棘手者，財政之權操於洋人掌握，用款雖由華員簽字，而司帳者爲洋員也。分段司帳，其支發權仍在工程司也。購料事宜，向由怡和洋行經手。行車總管、材料總管，皆洋員專司也。本彼衆我寡之因，以成事事掣肘之果。挽回補救之術，惟有改訂總管理處章程，加派華員司帳，並分任各總管，現已分別辦理。至路款不敷，尙擬續售小票六十五萬鎊以資接濟。」下所司議行。方紹儀擬續借英款也，侍郎吳郁生上疏力爭，略言：「滬寧鐵路由英國銀公司要求承造，盛宣懷與之訂立合同。以長不逾六百里之路工，借款至三百五十萬鎊之鉅，估價多，必至浮濫。自合同宣布後，遠近駭然。上年奉嚴旨改派唐紹儀妥籌辦理。近聞滬寧工程司來京，又以工款不敷，有議續售小票七十萬鎊之說。此項路工，卽就業經借定之三百五十萬鎊儘數開支，每里合銀三萬兩以上，視他路浮逾兩倍，公家受虧已多。今若再借鉅債，是唐紹儀接辦以來，於盛宣懷失算之處並無補救之方。請飭按照合同，嚴覈用款，一面自行籌款接濟。不可再令銀公司出售小票，致以九折虛數，受人盤剝。」疏上，下所司知之。而滬寧鐵路終以本息過鉅，收贖無期也。

蘇杭甬鐵路，自二十四年許英商承辦。是年，盛宣懷與訂草約，大要悉本滬寧。約成而英人置之。三十一年，浙路自辦之局定，御史朱錫恩請廢前約，上命宣懷偕浙撫主其事。英人恃有前約，堅欲承辦，往復辨難要挾，久之不決。侍郎汪大燮與議，分修路、借款爲二事。浙人以路股集有成數，一意拒款，聞之大譁，詆大燮甚力。大燮旋使英，以梁敦彥繼之。浙推孫廷翰、蘇推王同愈等議於京，終以成約難廢，由部借英款，貸之兩省而事息。

粵漢借用美款，倡於盛宣懷。駐美使伍廷芳與合興公司議借美金四千萬，期以五年工竣。美以畢來斯司路事。起粵之三水，築路十五里，糜款逾二百萬。畢來斯歿，工事亦輟，而美股多售之比人。鄂督張之洞以比已承修盧漢，粵漢再假之比，兩路相合，非國之利，力倡廢美約之議，湘人助之。上用御史黃昌年言，命之洞妥籌辦理。之洞主廢約益力。宣懷不願，陰撓其事，詔宣懷不得干預。之洞復屬駐美使梁誠與合興公司議，年餘始定，借英金百十萬鎊贖回焉。

方之洞議借英款也，英人乘間請改訂廣九路約。廣九爲英人請辦五路之一，二十五年簽訂草約，懸而未定者也。三十年，滬寧約成，英人索議未果。迨蘇杭甬事起，相持方急，部許英人先議廣九，以緩其事，而正約以成。至是議粵漢借款，英人復索合辦廣九全路，粵督持不可。旋索以粵鹽及路質借款，粵人亦不之許。終假英金百五十萬鎊而約成。之洞旣借英款贖美約，一時議者以爲以英易美，其害相埒，相與詬病。昌年復言路權至重，贖款難擔，亟宜興修，嚴杜干涉。詔以借款修路，流弊滋多，應由三省集股興修，以保利權。自明詔嚴禁借債修路，而商部復有限制借款之條。各省人士亦以外人謀我之亟，咸謀鐵路自辦，以杜外患，鑒外債受虧之鉅，爭欲招集股款，自保路權。此由官辦改爲商辦之所由來也。

商辦鐵路，始於唐山至閻莊，更自天津、大沽以達林西鎭，皆開平公司爲之。嗣是武舉李福明請修京至西沽路，粵人許應鏘等請辦盧漢路，俱不獲，自此無復有言商辦者。二十九年，粵人張煜南請設公司承辦潮汕鐵路。旣得請，而川漢繼之。川督錫良以英、美商人競涎川路，而美商班士復索灌縣富順枝路，奏准由川人籌款自辦。明年，贛人以李有棻總理江西鐵路，以南潯爲幹路第一段。三十一年，編修陳榮昌等以法人已修滇越路，滇省內地應自行推廣，以杜口實，請辦滇蜀鐵路，滇督丁振鐸據以入告，報可。黔撫林紹年言黔路不通，滇亦少利，因併及黔。榮昌嗣請展修騰越，以編修吳琨總理其事。皖以李經方爲總理，經始於蕪湖，以期北接盧漢、南通贛浙。閩以陳寶琛爲總理，築路廈門。浙以湯壽潛爲總理，幹路一自杭達蘇，一歷富陽達江西；枝路則南道江山以通閩，西道湖、長以通皖。新寧、廣廈鐵路，粵人陳宜禧、張振勳經辦。西潼路，近聯汴洛，遠達甘新，爲西北緯幹之樞紐，陝撫曹鴻勛奏准。三十二年，蘇人以王清穆爲總理，規畫江蘇全路，江南自上海經松江以達浙江，北自海州入徐以達豫。桂以于式枚爲總理，擬自桂林築路至全州以達湘，經梧州以達粵。粵漢自美約廢後，三省公設路局於鄂，籌款築路，各自爲之，不相攙越，先幹後枝，以爲要約。湘以袁樹勛爲總理，粵人內閣侍讀梁慶桂、道員黎國廉與粵督岑春煊爭粵路商辦，被劾奪官。上命往查，旋起二人原官，路由官督商辦，旬日集股數達四千萬元，以鄭官應爲總理。

當其時，以鐵路爲救時要圖，凡有奏請，立予俞允。請辦幹、枝各路，經緯相屬，幾遍全國。其籌款，於招集民股外，大率不外開辦米穀、鹽、茶、房屋、彩券、土藥等捐，及銅元餘利、隨糧認股數者。而程功之速，事權之一，首推新寧。陳宜禧者，籍新寧，嫺鐵路學，衆相推戴，始終其事，故二年而路竣。次則潮汕，雖勘路招股，事變屢起，而卒底於成。總理張煜南，奬擢三品京堂。此外，以粵漢路粵人集股爲最多，傾軋亦最劇。總理屢易，路工停滯。川省以租股爲大宗，數達千餘萬元。浙、閩、皖、贛亦均次第興工。其餘各省，大都集股無多，有名鮮實。西潼一路，以商股難成，奏歸官辦，其見端也。

三十四年，上用蘇撫陳啓泰言，以大學士張之洞督辦粵漢，冀以統一事權，亦無所濟。是年，詔以鐵路爲交通大政，紳商集股，各設公司，奏辦有年，多無起色，命所司遴員分往查勘。尋奏上勘路查款辦法。時川漢已派員往查。其餘以洛潼、西潼、同蒲、江蘇、浙江最要，爲一起；粵漢、潮汕、新寧、惠潮、廣西、福建次要，爲一起；滇蜀、安徽、江西再次，爲一起。擬先查洛潼、西潼、同蒲三路，報聞。宣統二年，川路司出納者，虧倒路股百九十餘萬，川人宦京者甘大璋等聞於上，查明飭追，徒託空言而已。

三年，給事中石長信言：「我國興造各省鐵路，事前並未謀定後動。今宜明定幹路、枝路辦法，使天下咸知國家鐵路政策之所在，此後有所遵循，不再如從前之羣議龐雜，茫無主宰。當此時事日亟，邊防最要。國家若不趕將東西南北諸大幹路迅速次第興築，則强鄰四逼，無所措手。人民不足責，其如大局何。此中利害，間不容髮。惟有仰懇乾綱獨斷，不再游移。在德、奧、法、日本、墨西哥諸國，其鐵路均歸國有，而我分枝路與民，已爲優異。况幹枝相輔，上下相維，於理尙順，於事稍易。此路政之大綱，亟宜明定辦法者一也。又東南幹路，以粵漢議辦爲最早。光緒二十六年，督辦大臣會同湖廣總督等奏准借美款興造。當時訂定合同後，業已築成粵省之佛山三水鐵路一百餘里，廣州至英德幹路亦已購地開工。

乃三十年春間，張之洞忽信王先謙等之言，不惜鉅資，經向美公司廢約，堅持固執，卒至停罷。廢約後，原欲集鄂、湘、粵三省之力以成此路。詎悠忽數年，粵則有款而紳士爭權，辦路甚少，湘、鄂則集款無著，徒糜局費。張之洞翻然悔悟，不護前非，仍擬借款築造，乃向英、德、法三國銀行訂定借款草合同，簽押後正欲入告，因美國援案插入，暫緩陳奏。張之洞旋卽病故，此事遂一擱至今。計自廢約以來，已閱七載。倘若無此翻覆，粵漢早已告成，亦如京漢，已屆十年還本之期矣。至川漢集款，皆屬取諸田間，其款確有一千餘萬。紳士樹黨，各懷意見，上年始由宜昌開工至歸州以東，此五百里工程，尙不及十分之二三，不知何年方能告竣。而施典章擅將川路租股之所入，倒帳竟至數百萬之多。此又川、粵、漢幹路之潰敗延誤，亟宜查辦者又一也。近來雲貴督臣李經羲議造滇桂邊路，於國防尤有關係。然不有粵漢幹路自湖南之永興與廣西之全州相接，則滇桂路何能自守？今我粵漢直貫桂滇，川漢遠控西藏，實爲國家應有兩大幹路，萬一有事，緩急可恃。故無論袤延數千里之幹路，斷非民間零星湊集之款所能圖成，卽使遲以十年或二十年，造成之後，而各分畛域，倘於有事之際，命令不行，仍必如東西洋之議歸國家收買。此幹路之必歸國有者又一也。國家成法，待民寬厚，雖當財賦極困難之時，不肯加賦。四川、湖南現因興造鐵路，創爲租股名目，每畝帶徵，以充路款。聞兩省農民，正深訾怨，偶遇荒年，追呼尤覺難堪。但路局以路亡地亡之說驚嚇愚民，遂不得不從。川省民力較紓，尚能勉强擔負。湘民本非饒足，若數年之間，强逼百姓出此數千鉅萬之重貲，而路工一日不完，路利一日無著，深恐民窮財盡，欲圖富强而轉滋貧弱。是以幹路收歸國有，命下之日，薄海百姓，必無阻撓之慮。況留此民力以造枝路，其工易成，其資易集，其利易收。使其土貨得以暢行，民間漸資饒富，此枝路之可歸民有者又一也。」

疏上，下所司議行。詔曰：「中國幅員遼闊，邊疆袤延數萬里，程途動需數閱月之久，朝廷每念邊防，輒勞宵旰。欲資控禦，惟有速造鐵路之一策。況憲政之諮謀，軍務之徵調，土產之運輸，胥賴交通便利，大局始有轉機。熟籌再四，國家必有縱橫四境諸大幹路，方足以資行政而握中央之樞紐。從前規畫未善，並無一定辦法，以致全國鐵路，錯亂紛歧，不分枝幹，不量民力，一紙呈請，輒行批准商辦。乃數年以來，粵則收股及半，造路無多；川則倒帳甚鉅，參追無著；湘、鄂則開局多年，徒資坐耗。竭萬民之脂膏，或以虛糜，或以侵蝕，恐曠時愈久，民累愈深，上下交受其害，貽誤何堪設想。用特明白曉諭，昭示天下，幹路均歸國有，定為政策。所有宣統三年以前，各省分設公司、集股商辦之幹路，延誤已久，應即由國家收回，趕緊興築。除枝路仍准商民量力酌行外，其從前批准幹路各案，一律取消。至應如何收回之詳細辦法，著度支部、郵傳部悉心籌畫，迅速請旨辦理。」

度支部奏：「粵、川、湘、鄂四省所抽所招之公司股票，盡數收回，由度支、郵傳兩部特出國家鐵路股票，常年六釐給息。嗣後如有餘利，按股分給。倘願抽本，五年後亦可分十五年抽本。其不願換國家鐵路股票者，均准分別辦理，以昭平允。粵路全係商股，因路工停頓，糜費太甚，票價不及五成。現每股從優發給六成，其虧耗之四成，發給國家無利股票。路成獲利之日，准在本路餘利項下，分十年攤給。湘路商本，照本發還。其米捐、租股等款，准發給國家保利股本。鄂路商股，並准一律照本發還。其因路動用賑糶捐款，准照湖南米捐辦理。川路宜昌實用工料之款四百數十萬兩，准給國家保利股票。其現存七百餘萬兩，願否入股，或歸本省興辦實業，仍聽其便。」從之。詔停川、湘兩省租股。起端方以侍郎督辦粵漢、川漢鐵路。其粵漢、川漢，英、德、法三國借款，亦卽簽訂。

方幹路收歸國有之詔既頒，湘、粵人士羣起譁譟，力謀抗拒，顧未久卽定。護川督王人文代陳川諮議局請緩接收川路，詔旨斥之。川人羅綸等言：「部臣對待川民，均以威力從事，毫不持平。」人文復據以上聞，仍嚴斥之。未幾，以趙爾豐署四川總督。川人因路事持久不決，始以罷市、罷課，抗糧、抗捐，發布自保商權書；繼則集衆圍攻督署，再攻省垣。遂命端方率軍入川。又以川事日棘，命前粵督岑春煊赴川辦理剿撫。春煊既受命，請以現金償川省路股，桂撫沈秉堃亦以爲言，部議借英金三百萬鎊，不能決也。春煊至鄂，會成都圍解，稱疾不往。

御史陳善同上章，請罷斥郵傳大臣盛宣懷，以弭巨變。疏言：「竊維國以民爲本，自古未有得民心而國不興者，卽未有失民心而不危者。傳曰：『衆怒難犯。』書曰：『民可近，不可下。』此中消息至微。此次以鐵路幹綫歸國有，政策本極相宜。比者屢詔蠲除各項雜捐，所以卹民者，固已仁至義盡。而湘、粵等省人心惶駭，擾擾不靖，川患且日以加劇者，則以郵傳大臣盛宣懷於此事之辦理實有未善也。各路商辦之局，其始皆歷奉先皇帝諭旨，根據大淸商律。如欲改歸官辦，自應統籌全局，劃定年限，分期分段，量力遞收，於國於民，方爲兩利。今盛宣懷事前毫無預備，徒仰仗借款，突然將批准各案奏請一律取消。各路以十餘年之經營，千數百萬之籌集，一旦盡取諸其懷而奪之。而所訂借款合同，利率之高，虛折之多，抵押之鉅，債權之重，又著著失敗，予人口實。各省人民，痛念前勞，怵心後禍，宜其奔走駭告，岌岌若不終日也。查給事中石長信之請定幹路、枝路辦法，在四月初七日；郵傳部之覆奏，宣布國有政策，在十一日；而借款合同之簽押，在二十二日。似政策之改定，實緣借款而發生也者。舉辦此等大事，乃平時漫無布置，出以猝遽如此，反使朝廷減輕民累之恉晦沒不彰。而復不能審愼臨機，强令宜歸工程每月工項仍由川款開支，實與五月二十一日上諭『川路仍存七百餘萬，願否入股，或辦實業，並聽其便』等語大相違背。必欲使我皇上體恤商民之恩，壅遏之不使下逮，陷朝廷以不信，示天下以可疑，羣起抵抗，何怪其然。幸以國家三百年來深仁厚澤，淪浹人心，故雖衆怨交集於盛宣懷，終無敢有歸怨朝廷者。比聞川省風潮日烈，皆以盛宣懷喪權誤國，欲得而甘心。月餘以來，屢開全省股東大會，每次到者近萬人，誓與路爲存亡，在場之人無不爲之泣下。合十餘州縣地方，並相約不納錢糧，不上捐輸，學堂停課，商民罷市。各戶恭設先皇帝靈位，朝夕痛哭，人無樂生之心，士懷必死之志，愁慘蕭條，如經大劫，至可憐念。夫今日皇皇失所之窮民，皆國家睘睘在疚之赤子，情形狼狽至此，我皇上聞之，必有惻然動念者。若不亟爲拯救，萬一相持不解，稍延時日，或有不軌之徒，從中鼓煽，强者併命於尋仇，弱者絕望於逃死，衆志一睽，全體瓦解，終非國家福也。現在湘、鄂爭路，餘波尚未大熄，而雨水爲災，幾近十省，盜匪成羣，流亡徧野。若川省小有風鶴之警，恐由滇、藏以至沿江、沿海，必有起而應之者，其爲患又豈止於路不能收而已。頃者我皇上諭派鄂、粵、川、湘等省督撫，令於所轄境內鐵路事宜各得會同辦理。盛宣懷剛愎自用，不洽輿情，已可概見，應如何懲處，以儆將來。至川民爭議，久懸不斷，終慮釀成鉅變。應責成督辦、會辦各大臣，酌度情形，妥速維持，以息衆喙。」時宣懷入爲郵傳大臣，幹路收歸國有、及息借外債築路、處分四省路股，實主其事，故善同及之，語至切直。

疏入不省。而川省溫江等十餘州縣民團，每起數千或萬人，所至焚掠，勢極猖獗。大軍擊退之，旋據崇慶、新津、彭山，而嘉定、灌縣相繼失陷。邛州軍隊譁變，汶川縣署被毀，命湘、鄂、陝諸軍赴援。會鄂事起，川亂愈亟，以岑春煊爲川督，而川省旋爲民軍所據，端方、趙爾豐均及於難。乃罷盛宣懷以謝川人，而國事已不可爲矣。

蓋論辦路之優劣，官辦則籌款易、竣工速，自非商辦可及。而外債之虧耗，大權之旁落，弊害孔多，亦遠過於商路。惟京張鐵路，以京奉餘利舉辦，詹天佑躬親其役，絲毫不假外人，允爲中國自辦之路。而鄂之鐵廠，製鋼軌以應全國造路之需，挽回大利，尤爲不尠。統計官辦之路：京漢長二千六百三十里，資本金一萬萬零五百六十二萬八千餘元。京奉長二千二百四十六里，資本金五千零八十八萬四千餘元。津浦長一千八百六十三里，資本金八千零四十九萬餘元。京張長五百四十六里，資本金一千零三十二萬餘元。滬寧長七百二十五里，資本金三千六百五十三萬餘元。正太長六百二十三里，資本金二千三百十二萬六千餘元。汴洛長四百零二里，資本金二千零五十萬元。道清長三百三十里，資本金九百五十四萬九千餘元。廣九長三百零三里，資本金一千一百六十六萬二千餘元。吉長長一百四十里，資本金一百二十萬三千七百零四元。萍株長二百零五里，資本金四百六十一萬六千餘元。齊昂長五十六里，資本金四十八萬八千餘元。商辦之路：浙江長三百四十二里，資本金一千二百七十八萬八千餘元。新寧長二百六十里，資本金四百零八萬九千餘元。南潯長七十七里，資本金三百五十萬六千餘元。福建長二十八里，資本金二百四十二萬八千餘元。潮汕長八十三里，資本金三百五十四萬六千餘元。其借外債所築各路，惟京漢屆期贖歸我有，其他則尚未及云。

清史稿卷一百五十

志一百二十五

交通二

輪船

自西人輪船之制興，有兵輪，有商輪。其始僅往來東西洋各國口岸而已。中國自開埠通商而後，與英吉利訂江寧條約，而外輪得行駛海上矣。續與訂天津條約，而外輪得行駛長江矣。商旅樂其利便，趨之若騖。於時內江外海之利盡爲所佔。

同治十一年，直隸總督李鴻章建議設輪船招商局，論者謂妨河船生計。鴻章謂當咸豐間河船三千餘艘，今僅存四百艘。及今不圖，將利權盡失。請破羣議力行之。十三年，鴻章又疏言：「同治間曾國藩、丁日昌在江蘇督、撫任，迭據道員許道身、同知容閎創議華商造船章程，分運漕米，兼攬客貨。曾經寄請總理衙門核准，飭由江海關道曉諭各口商人試辦。日久因循，未有成局。同治七年，僅借用夾板船運米一次，旋又中止。本年夏間，臣於驗收海運之暇，遵照總理衙門函示，商令浙局總辦海運委員知府朱其昂酌擬輪船章程。嗣以現在官造輪船內並無商船可領，各省在滬殷商，或自置輪船行駛各埠，或挾資本依附西商之籍。若中國自立招商局，則各商所有輪船股本必漸歸官局，似足順商情而強國體。擬請先行試辦招商，爲官商浹洽地步。俟商船造成，卽可隨時添補，推廣通行。又海運米石，本屆江浙沙寧船不敷，應請以商船分運，以補沙寧之不足。將來米數愈增，可無缺船之患。請照戶部核准練餉制錢借給蘇、浙典章，准商等借領二十萬緡，以作設局商本，仍預繳息錢助賑。所有盈虧，全歸商認，與官無涉。當令朱其昂回滬設局招商。商人爭先入股，現已購集堅捷輪船三艘。經臣咨商浙江督撫臣飭撥明年漕米二十萬石，由招商輪船運津，其水脚耗米等項，悉照沙寧船定章。至攬載貨物，報關納稅，仍照新關章程，以免藉口。若從此輪船暢行，庶使我內江外海之利不致爲洋人佔盡，其關於國計民生者實非淺鮮。」疏入，報可。

先是閩廠專爲製造兵輪而設。學士宋晉言糜款過鉅，議請罷之。事下，鴻章力持不可。略言：「歐洲諸國闖入中國邊界腹地，無不款關而求互市。海外之險，有兵船巡防，而我與彼可共分之。長江及各海口之利，有輪船轉運，而我與彼亦共分之。或不至讓洋人獨擅其利與險，而浸至反客爲主也。」又言：「沿江沿海各省，不准另行購雇西洋輪船。若有所需，令其自向閩、滬兩廠商撥訂製。至載貨輪船，與兵船規制迥異。閩廠現造之船，商船皆不合用。曾國藩前飭滬廠造兵船外，另造商船四五艘。閩廠似亦可間造商船，以資華商雇領。現與曾國藩籌議，中國殷商每不願與官交涉，且各口岸生意已被洋商佔盡。華商領官船，另樹一幟，洋人勢必挾重貲以傾奪，則須華商自立公司，自建行棧，自籌保險，本鉅用繁，初辦恐亦無利可圖。若行之既久，添造與租領稍多，乃有利益。聞華商願領者，必准其兼運漕糧，方有專門生意，不至爲洋商排擠。將來各廠商船造有成數，再請敕下總理衙門，商飭各省籌辦。」疏上，下所司議行。

是年冬，招商局成立，以知府朱其昂主其事，道員盛宣懷佐之。其昂以道員胡光墉、李振玉等招徠商股，入貲者極爲踴躍，宣懷亦援粵人唐廷樞、徐潤董局事。購船、設棧、立埠，次第經營，悉屬商本，規模粗具。光緒元年，鴻章奏獎其昂等有差。三年，增購旗昌船艦，始假用直隸、江蘇、江西、湖北、東海關官款百九十萬兩有奇。初擬購旗昌輪船，宣懷持之最力，需銀二百數十萬兩。商本無幾，不足以應。宣懷以國防大計、江海利源之說，力陳於江督沈葆楨。葆楨爲所動，撥銀百萬以濟，論者咸謂是舉爲失計，至以「旗昌棄垂敝之裘，得值另製新衣，期於適體」爲喻。事後募集商股，應者寥寥，僅得銀四萬者以此也。御史董僞翰言：「招商局每月虧至五六萬兩。致虧之由，因置船過多，輪車行駛，經費過鉅，必須一船得一船之用，方可無虞折耗。聞商局各船攬載之資，不敷經費，船多貨少。刻下旣未能遽赴外洋各國，以廣收貿易之利，祇宜量爲變置，使所出之數不至浮於所入也。」六年，祭酒王先謙請整頓招商局務，語涉宣懷。疏下江督劉坤一，言宣懷於購旗昌輪船時，聲言有商款百餘萬，實無所有，有意欺謾，冀獲酬金，請奪宣懷職。復請以官款槪作官股，以其贏餘作海防經費。疏入，均不報。

招商局所假官帑，至光緒六年，應分期拔還。乃償已逾半，復假洋債。鴻章言兼籌並顧，招商局力有未逮，請先償洋債，後及官帑，格於部議。嗣以遞年淸還，而商股尙達四百萬兩焉。當招商開辦之初，僅輪船三艘。嗣承領閩、滬兩廠，購之英國，增至十二艘。迨購入旗昌輪船十八艘，遂與英商太古、怡和並稱三公司。貲本過鉅，收入轉微。

是年，以言官劾奏招商局辦理毫無實濟，請飭認眞整頓，諭李鴻章及江督吳元炳澈查。鴻章等奏言：「輪船招商局之設，乃各商集股，自行經理，已於創辦之初奏明，盈虧全歸商認，與官無涉。輪船商務牽涉洋務，更不便由官任之，與他項設立官局開支公款者，迥不相同。惟此舉爲收回中國利權，事體重大，故須官爲扶持，並酌借官帑，以助商力之不足。光緒三年冬曾將商局事宜籌畫整頓復奏，並飭江海、津海兩關道，於每年結帳，就近分赴滬洋各局清查帳目，如有隱冒，據實奏請參賠。數年以來，雖有英商太古、怡和洋行極力傾擠，而局事尚足相持，官帑漸可拔還。復先承運京倉漕米、各省賑糧，不下數百萬石，徵兵調餉，解送官物軍械者，源源不絕，豈得謂於國事毫無實濟？其攬載客貨，以及出入款目，責成素習商業之道員唐廷樞、徐潤總理其事，每年結帳後，分晰開列清册，悉聽入本各商閱看稽查。若局中稍有弊端，則衆商不待官查，必已相率追控。而自開辦至今，並無入股商人控告者。現值漕運攬載喫緊之時，若紛紛調簿清查，不特市面徒滋搖惑，生意難以招徠；且洋商嫉忌方深，更必乘機傾擠，冀遂其把持專利之謀，殊於中國商務大局有礙。總之，商局關係國課最重，而各關各納稅課，絲毫無虧，所借官款由商局運漕水腳分年扣還，公款已歸有着，其各商股本盈虧，應如前奏，全歸商認，與官無涉。應俟每年結帳時，照案由滬、津兩關道就近清查，以符定章。」疏入，報聞。

十一月，學士梅啓照言：「招商局自歸併旗昌輪船，各國輪船之利漸減，然祗在香港、福州、寧波、上海、天津、牛莊、長江等處碼頭，不如推廣，竟令其赴東西洋各國。請飭南北洋大臣，督令局員，酌派豐順、保大等船，先赴東洋試行。行之有効，漸及於西洋，則貿遷有無之利，中外分之。」明年，祭酒王先謙亦以爲言。均下所司核議。先是招商局船駛往新嘉坡、小呂宋、日本等處，不足與外輪競利，尋卽停罷。嗣遣和衆船往夏威仁國之檀香山、美之舊金山兩埠，華人麕集，航業頗振。因復遣美富船往。而各國商業，英爲巨擘。七年，粵人梁雲漢等設肇興公司於倫敦，船政大臣黎兆棠實倡斯議。鴻章疏言：「西洋富強之策，商務與船政互相表裏。以兵船之力衞商船，必先以商船之稅養兵船，則整頓尤爲急務。邇者各國商船爭赴中國，計每年進出口貨價約銀二萬萬兩以外。洋商所逐什一之利，已不下數千萬兩，以十年計之，則數萬萬兩。此皆中國之利，有往無來者也。故當商務未興之前，各國原可閉關自治。逮風氣大開，既不能拒之使不來，惟有自擴利源，勸令華商出洋貿易，庶土貨可暢銷，洋商可少至，而中國利權亦可逐漸收回。前此招商局輪船嘗駛往新嘉坡、小呂宋、越南等埠攬載。近年和衆、美富等船分駛夏威仁國之檀香山、美國之舊金山，載運客貨，究止小試其端，尙未厚集其力。英國倫敦爲通商第一都會，並無華商前往。黎兆棠志在匡時，久有創立公司之議，盡心提倡，力爲其難。現既粗定規模，自當因勢利導，期於必成。」報聞。

十年，法人來擾，海疆不靖，股商洶懼，局船慮爲劫奪，以銀五百二十五萬兩暫售之旗昌行主。事平收回，復增置江新、新昌、新康、新銘各艦。而沈沒朽敝者，不一而足，其後共達二十九艘云。十二年，鄂督張之洞遣總兵王榮和至南洋，籌辦捐船護商事項。宣統三年，設商船學校於吳淞。凡此皆爲擴充航業之張本，而局船行駛外洋之利，終不能與各國爭衡也。

招商局之設，本爲挽回江海已失航利。開辦之始，即知爲洋商所嫉，而彌補之策，首在分運蘇、浙漕米，嗣更推之鄂、贛、江、安。而滇之銅觔，蜀之燈木，江、浙之採辦官物，直、晉之賑糧，胥由局船經營其事。光緒十一年，道員葉廷眷復條上扶持商局運鄂茶、鄂鹽，增加運漕水腳諸策。事下直督李鴻章。先是局船運漕，石銀五錢有奇。嗣英、美人攬運，故廉其值，商局運費因之減少，勢益不支。鴻章請稍增益之，格部議，不果行。蓋招商局自開辦以來，局中之侵蝕與局外之傾擠，所有資力頗虞虧耗。商股不足，貸及官款，繼以洋債。當事者日言維持補救之策，裨益實尠，而以用款浮濫，復屢爲言官所劾。至是部臣疏言：「三代之治法，貴本而抑末，重農而賤商，從古商務未嘗議於朝廷。海上互市以來，論者乃競言商政。竊謂商者逐什一之利，以厚居積、權子母爲事者也。厚居積，必月計之有餘；權子母，必求倍入之息。若計存本則日虧，問子母則無著，甚且稱貸乞假以補不足，猶號於衆曰『此吾致富之術也』，有是理乎？嘗見富商大賈，必擇忠信之人以主會計。其入有經，其出有節。守餘一餘三之法，核實厚積，乃能久遠。若主計不得其人，生之者寡，食之者衆，取之無度，用之無節，不旋踵而終窶。用人理財之道，與政通矣。前者李鴻章、沈葆楨創立此局，謀深慮遠，實爲經國宏謀，固爲收江海之利，與洋商爭衡，轉貧爲富、轉弱爲强之機，盡在此舉。乃招商局十餘年來，不特本息不增，而官款、洋債，欠負纍纍，豈謀之不臧哉？稽之案牘，證之人言，知所謂利權，上不在國，下不在商，盡歸於中飽之員紳。如唐廷樞、朱其昂之被參於前，徐潤、張鴻祿之敗露於後，皆其明證。主計之不得其人，出入之經，不能講求撙節，又安得以局本虧折，諉之於海上用兵耶？商局既撥有官款，又津貼以漕運水腳，減免於貨稅，其歲入歲出之款，卽應官爲稽察。請飭下南北洋大臣，將局中現存江海輪若干隻，碼頭幾處，委員商董銜名，及運腳支銷，分別造報。此後總辦如非其人，原保大臣應卽議處。」報可。然管理招商局之權，始終屬之直隸總督，部臣無從過問。迨三十三年，商局與英商怡和、太古訂利益均享之約，始免互相傾擠，而其利漸著。此招商局辦理之大略情形也。

招商輪船航行各埠，悉自滬始。駛行長江者曰江輪，駛行海洋者曰海輪。停泊口岸，大小不一，惟商務殷闐之所，設貨棧焉。以故上海設總棧，而蘇之鎭江、南京，皖之蕪湖，贛之九江，鄂之漢口，浙之寧波、溫州，閩之福州，汕頭，粵之廣州、香港，魯之煙台，奉之營口，直之塘沽、天津，皆設行棧，而通州以漕運所關，亦設棧焉。江輪、海輪，時統名之爲大輪。其與大輪並行於內江外海，或駛行大輪所不能達之處，則有小輪。光緒初，商置小輪之行駛，僅限於通商口岸。十年，明申禁令，小輪不得擅入內河。官商雇用，須江海關給照乃可。然祇限於蘇杭之間。其輪運客貨、駛入江北內河者，皆在所禁。

十六年，詹事志銳疏請各省試行小輪。總署王大臣議以爲不可。護湘撫沈晉祥言：「湘民沿河居住，操舟爲業者，實繁有徒。自上海通商以後，僅有淮鹽一項，尚可往來裝運，其餘貨物，多由輪船載送，湘省民船祇能行抵江、漢而止，舵工水手失業者多。今再加以小輪行駛內河，誠如總理衙門原奏所云，必至奪民船之利，有礙小民生計。」江督劉坤一亦言小輪行駛內河，流弊滋多，礙民生，妨國課，病地方，請嚴禁之。俱如所請。

初，外輪行駛長江，由滬至漢口而止。二十一年，馬關約成，許日輪一自漢口達宜昌，更溯江上至重慶，一自上海入運河以抵蘇、杭，於時朝旨始許華商小輪於蘇杭間行駛。而江督張之洞更推廣其航行之路於鎭江、江寧、淸江浦及贛之鄱陽。二十四年，長江通商約成，而通州蘆涇港、泰興天星橋、湖北荆河口悉定爲洋輪上下搭客處，而桂之西江、直之白河、瀋之遼河、松花江，亦先後許外輪行駛。迨中英馬凱約成，更及於粵之北江、東江。與英、日訂內港行輪章程，凡內地水道，外輪悉攫得行駛之權，於是向之華商小輪不得行駛各地，始一律弛禁焉。江、浙、閩、粵輪船公司次第設立，轉輸客貨，人稱便捷。特以洋商創始於前，華商瞠乎其後，而跌價傾擠，時有所聞，欲求贏利，蓋綦難矣。

三十年，商部參議王淸穆言：「植商業之基礎，莫如內河航政一事。凡鐵路之尚未通者，可藉航路控接之，凡軌路所不能達者，可由航路轉輸之。江、鄂諸省，若漢湘，若九南，若鎭揚、鎭浦、蘇杭、蘇滬、常鎭各航路，四通八達，往往爲外人所經營，其公司多不過數萬金，視軌路之動需千百萬者，難易迥殊，華商之力尚能興辦，洵爲今日切要之舉。請飭各省有航路處所，於華商輪船公司亟予保護。未設者，提倡籌辦。」報可。自是小輪公司漸推漸廣，閩、粵濱海之區，輪檣如織，隨處可通。直則有往來安東、天津、大連、營口、牛莊、煙台、龍口、義馬島、威海衞、海參崴之小輪，蘇則有往來鎭江、清江浦、通州、海門、上海、蘇、杭、江寧、揚州、六合之小輪，皖則有往來蕪湖、廬州、安慶、寧國、巢縣之小輪，贛則有往來南昌、九江、吳城、湖口、豐城、樟樹鎭、吉安、饒州之小輪，湘、鄂則有往來漢口、黃州、沙市、宜昌、武昌、嘉魚、長沙、株州、常德、咸寧、岳州、湘潭、益陽、仙桃鎭、老河口之小輪，桂則有往來梧州、南寧、貴縣、柳州之小輪，浙則有往來寧波、溫州、穿山、定海、象山、寧海、台州、海門、沈家門、普陀山、餘姚、西隖、瑞安、平望、震澤、南潯之小輪，川則有往來宜昌、重慶、嘉定、敍府之小輪，各公司盈虧不一，而航路四達，商旅便之，實與江海大輪有相輔而行之利。此外則有各省官用小輪暨專用小輪，是又於商輪之外特設者也。

三十一年，修撰張謇醵銀五十萬，設大達輪步公司於上海。宣統三年，吉林巡撫陳昭常創辦吉林圖長航業公司，自滬越日本長崎達圖們江，以滬商朱江募貲爲之。此皆於招商局外別樹一幟者也。

清史稿卷一百五十一

志一百二十六

交通三

電報

電報之法，自英吉利人初設於其國都，推及於印度，再及於上海。同治十三年，日本犯臺灣，兩江總督沈葆楨疏言電報之利，詔旨飭辦，不果行。光緒五年，直隸總督李鴻章始於大沽、北塘海口礮臺設綫達天津，試行之而利，明年因有安設南北洋電報之請。先是同治間，英使阿禮國請設電綫於中國境內，力拒之，乃已。九年，其使臣威妥瑪復申前議，易陸綫爲水綫，自廣州經閩、浙以達上海，爭之數月，卒如所請。嗣是香港海綫循廣州達天津，陸綫達九龍。而丹國陸綫亦由吳淞至滬上，駸駸有闌入內地之勢。

天津道盛宣懷言於鴻章：「宜仿輪船招商之例，醵集商股，速設津滬陸綫，以通南北兩洋之郵，遏外綫潛侵之患；並設電報學堂，育人才，備任使。」鴻章韙之。明年，疏言：「用兵之道，神速爲貴。泰東西各國於講求鎗礮之外，水路則有快輪船，陸路則有火輪車，而數萬里海洋欲通軍信，則又有電報之法。近來俄羅斯、日本均效而行之。故由各國以至上海，莫不設立電報，瞬息之間，可以互相問答。獨中國文書尙恃驛遞，雖日行六百里加緊，亦已遲速懸殊。查俄國海綫可達上海，旱綫可達恰克圖。欽使曾紀澤由俄國電報到上海，祗須一日。而由上海至京城，輪船附寄，尙須六七日到京。如遇海道不通，由驛必以十日爲期。是上海至京僅二千數百里，較之俄國至上海數萬里，消息反遲十倍。倘遇用兵之際，彼等外國軍信速於中國，利害已判若徑庭。且其鐵甲兵船，在海洋日行千餘里，勢必聲東擊西，莫可測度，全賴軍報神速，相機調援，是電報實爲防務所必需。現自北洋以至南洋，調兵饋餉，在在俱關緊要，亟宜設立電報，以通氣脈。如由天津陸路循運河以至江北，越長江以達上海，安置旱綫，卽與外國通中國之電綫相接，需費不過十餘萬兩，一半年可以告成。約計正綫支綫，橫亙三千餘里，沿路分設局棧，常年用費，先於軍餉內墊辦。辦成後，仿照輪船招商章程，擇公正商董，招股集貲，俾令分年繳還本銀。嗣後卽由官督商辦，並設電報學堂，雇用洋人教習中國學生，自行經理，庶幾權自我操，歷久不敝。」疏入，報可。踰年，工竣，以宣懷董其事。

未幾，英、法、德、美各使擬設萬國電報公司於上海，增滬至香港各口海綫。英使格維納並援案請增上海至寧波、溫州、福州、廈門、汕頭海綫。鴻章言：「宜令華商速設沿海陸綫，以爭先著，使彼無利可圖，庶幾中止。且從此海疆各省與京、外脈絡貫注，實與洋務海防有裨。卽商民轉輸貿易，消息靈通，爲利更大。」從之。而蘇州至浙、閩、粤陸綫因之告成。其時香港英商方欲設水綫至廣州，粤督曾國荃亟造陸綫以遏之。於是港綫不得侵入粤境，英綫不獲造至福州。而上海丹綫、九龍英綫先後毀去，或貲購之。沿海電綫，其權悉操於中國之手。此因外綫之侵入而次第創設者也。

當沿海陸綫未設之先，海疆萬里，消息阻絕，緩急無以爲備。御史陳啓泰上防海六策，其一言：「洋面旣派兵輪分駐，卽不可不設電綫以通消息。議者必以不急之務虛糜鉅款爲疑。不知非常之原，斷非省啬所能集事。卽以目前而論，越南情形，每藉各國新聞紙以爲耳目。今年朝鮮之變，非由日本發來電信，中國尙不得知。軍情緊急，日夕萬狀，郵傳迂緩，旣恐有誤機宜，藉助外人，事體更多窒礙，自不如招雇洋匠自行安設之爲愈。中國電報，似宜推廣各省海口，凡兵船寄椗之處，一律開辦。廣東瓊州之綫逕達越南，奉天旅順之綫逕達朝鮮，總期脈絡聯貫，呼應靈通，遇有警報，瞬息可至。」下所司議行。十年，法、越事起，海防急，設綫北塘以訖山海關，遞及於營口、旅順。江督左宗棠則設長江綫以通武漢，粵督張樹聲則設廣西綫以達龍州。二十一年，中日戰事亟，慮直東一綫有阻，接設老河口至西安綫。是役江蘇增上海至獅子林、金山衞、乍浦，清江至靑口、板浦，揚州至通州、泰州，鎭江至圖山關、天都廟，崇明至吳淞等綫，而奉天至仁川電綫先成於十一年。臺灣以瀕海要區，十四年亦水陸綫並設焉。此因海防緊要而次第安設者也。

滇、桂密邇越南、緬甸，邊備爲急。滇省電綫，其始僅通鄂通蜀，與南寧接綫之議，光緒十一年得請而未果行。十三年，滇督岑毓英復言：「由緬入滇，以騰越爲入境門戶，猶蒙自之於越南也。今英國有開辦通商之請，自當先事籌維。擬就粵西工匠到滇之便，卽將省城至騰越一路安設電綫，以通英緬聲息。」時粵督張之洞亦言：「廣西南界接壤滇邊，桂、滇皆西鄰越南，滇則西接緬甸。若僅恃由鄂入滇一綫傳達電音，設有雷雨折斷電桿，阻滯堪虞。且遇有軍務之時，由滇、川、滬、鄂展轉至粵，恐有交會壅滯之患。已商之滇督，自剝隘至蒙自，由粵接造，並增騰越之綫。」疏入，報聞。蓋剝蒙設綫，所以備越南；騰越設綫，所以備緬甸也。

吉林、黑龍江偪處俄疆，邊防尤要。十五年，自吉林省城設綫至松花江南岸，歷茂興站、齊齊哈爾、布特哈、墨爾根、興安嶺、黑龍江以達黑河鎭，從練兵大臣穆圖善之言也。十八年，陝甘總督楊昌濬言：「新疆西北鄰俄，西南與英屬部接壤，文報濡滯，貽誤必多。宜由肅州設綫至新疆省城，及於伊犂、喀什噶爾。」宣統元年，桂撫張鳴岐疏陳設柳邕電綫二千三百餘里。俱得請。此因邊備而增設者也。

初，奏設南北洋陸綫，北端僅至天津。法事將起，出使大臣曾紀澤請接營近畿電綫，謂可壯聲威以保和局，靈呼應以利戰事。事下所司，與鴻章議展拓之法。鴻章言：「神京爲中外所歸嚮，發號施令，需用倍切。前於創辦電報之初，頗慮士大夫見聞未熟，或滋口舌，是以暫從天津設起，漸開風氣。其於軍國要務，裨益實多。今總理衙門與曾紀澤皆以近畿展綫爲善策，擬暫設至通州，逐漸接展至京。」允行。踰年，津綫遂踰通州達京師。自時厥後，各省咸知電報之利。或本無而創設，或已有而引伸。其尤要之區，則陸綫、水綫兼營，正綫、支綫並設，縱橫全國，經緯相維。直、蘇、粵、桂、滇、魯、鄂諸省，設局多至二十餘所，餘省亦十餘局或數局有差。其互相銜接者，京師之綫所達，曰庫倫、濟南、太原。天津之綫所達，曰奉天。奉天之綫所達，曰天津、旅順、吉林。吉林之綫所達，曰海參崴、齊齊哈爾、奉天。黑龍江之綫所達，曰吉林、海蘭泡。江蘇之綫所達，曰京師、蕪湖。安徽之綫所達，曰江寧、九江。山西之綫所達，曰京師、西安。山東之綫所達，曰京師、開封、淸江浦。河南之綫所達，曰京師、濟南、西安。陝西之綫所達，曰開封、太原、蘭州、漢口。甘肅之綫所達，曰迪化、西安。新疆之綫所達，曰蘭州。浙江之綫所達，曰上海、福州。江西之綫所達，曰廣州、蕪湖、河口。湖北之綫所達，曰九江、成都、長沙、鄭州。湖南之綫所達，曰漢口、桂林。四川之綫所達，曰漢口。福建之綫所達，曰杭州、廣州。廣東之綫所達，曰福州、梧州、九江。廣西之綫所達，曰長沙、廣州。雲南之綫所達，曰漢口、重慶、八莫、南寧。貴州之綫所達，曰重慶。外蒙則達京師、張家口焉。瀕海之區則設海綫。直隸自大沽以通之罘。江蘇自上海東通長崎，北通之罘、大沽，南通廈門、香港。廣東自香港通海防、新嘉坡、廈門、上海、馬尼喇。山東自之罘通大沽、旅順、威海衞、青島、上海。福建自川石山通臺灣淡水，自廈門通上海、香港。蓋總計陸綫之設，不下四萬里有奇，而水綫不與焉。

電報設局，亦如輪船招商之例，商力舉辦而官董其成，謂官督商辦也。津滬一綫，其始倡以官帑，未幾卽歸商局，醵貲至二百餘萬。而各省電綫不盡由商辦者，良以商人重利，入貲則權子母、計盈虧，其於海防邊備情勢緩急，國內交通利便與否，不以措意。往往一綫，官辦商辦，參互錯綜，大率以官辦補商辦之不足。兩粵電綫，廣州至龍州則屬之官，至梧州則屬之商。欽、廉、雷、瓊及鎭南關、虎門，則官商協力。而滇綫一自鄂入，一自蜀入，一自桂入。西安迄嘉峪關、甘、新、奉、吉、黑等省，通州至承德，陸綫俱官爲之。此類是也。然由滬達粵之綫，本爲防止外綫而設，需費四十餘萬兩，咸由商力措備。其時香港英人並欲引綫達廣州，亦賴華合公司預設綫至九龍，其謀始戢。方華合公司設綫九龍也，華民抗拒，英商撓阻，其勢洶洶。公司商人何獻墀等排衆難而爲之，不爲所屈，卒底於成。中日戰事棘，引襄陽綫千餘里直達西安，俾京、滬軍報不至梗阻。而張家口至恰克圖一綫，以俄使援約相促，亦由商局集金六十餘萬兩，接綫二千七百餘里，經營至二三年之久，工鉅費繁，爲全國最。此外造成之綫，不能里數，其所裨殆非淺鮮矣。

二十五年，大學士徐桐言電報局獲利不貲，並無裨益公家之實。廷臣亦有以招商、電報各局假公濟私爲言者。俱下協辦大學士剛毅查復。剛毅時以事銜命赴蘇，尋疏陳：「電局自恰綫成後，所虧至鉅，俟有贏餘，歲輸南北洋學款十二萬四千兩。」報可。明年，廷臣復言電局利權太重，宜遴員接辦。詔飭宣懷按年册報收支款目，官電應免收費。宣懷上疏，略言：「電局本係集華商合衆之力，以與洋商爭衡，旁觀每驚爲大利所叢，其實析分千百股商，仍皆寸寸銖銖之微利。近年電綫開拓日廣，則局用及修綫養綫之費亦日增。上年因中俄條約，接造恰克圖之綫用費六十餘萬兩，未請官款，悉係電商集貲辦成。沙漠荒僻之區，絕少報費，而常年用數尤鉅。至本年應辦之工，因辦理鐵路，盧溝橋至保定綫已造成，又須造保定至漢口幹綫。因辦理海防，乃須造寧波至溫州之綫。總理衙門因洋人之請，則須造山東泰安、沂州之綫。此外各路加綫要工，絡繹不絕，官款並無可籌，皆借股商之力，以赴公家之急。總局收支各賬，均係按年刊布。各局詳細坐簿，亦任股商隨時查閱。一出一入，衆見衆聞，非如官中所辦報銷，出於一二人之手者可比。原奏所疑各節，似屬不知此中原委。至官報之費，前定章程，擬一半報效，一半給貲，期於官商兼顧，持久不廢，仍宜照舊辦理，以維大局。」報聞。

宣懷時綜司輪、電兩局，疊被指摘。二十八年，言於直督袁世凱：「電報宜歸官有。輪船純係商業，可易督辦，不可歸官。」世凱謀諸執政者，以爲然，聞於上。尋命世凱督辦電局，候補侍郎吳和喜副之。明詔發還商股，不遽予行。衆商洶懼，爭欲持券售之外人。宣懷力遏之，乃已。尋詔原有商股一仍其舊，蓋其時僅易一商股官辦之局而已。

三十四年，郵傳設部已二年，將以全國電局爲實行部轄之計。郵傳部尙書陳璧疏言：「電報爲交通全國機關。各國電報之權皆操諸國家。中國電報，創始原歸商辦。而光緒初年，商股微薄，仍賴官力以爲補助，非完全商辦也。歷年獲利，約計五六百萬。果使全國交通推行無阻，則富商卽可富國，亦何必別議更張？乃觀商綫所至之處，皆屬市鎭都會，而邊遠省分，如雲、貴、廣西、甘肅、新疆，商人以無利可圖，均推歸官辦。雖商力實有未逮，而顧私利、忘遠略，實悖朝廷立部之初心。衡以中國近狀，自非改爲官辦，無以定區畫之方，卽末由收擴充之效。東西各國，電綫如織，策應靈通，故伏莽方生，旋就撲滅。中國電報，無論要荒，卽腹地稍僻者，亦多缺而未舉。一旦有事，道途修阻，聲息不通，實於軍務有礙。況當百度維新，外交內政關係非輕，稍滯交通，輒形扞格。近來科布多、川、藏、蒙古、閩、浙、江西、蘇、松紛紛請設電綫。本年四月，奉旨迅設貴陽至義興電綫。又陸軍部以秋間江、鄂各軍在安徽會操，請設安慶至太湖電綫。外務部請設川、藏通印度電綫，以爲收贖英人江孜綫路張本。湖北官電局以賠累不堪，請改歸部辦。紛來沓至，均爲不可稍緩之圖。核計各省請設各綫，不下萬有餘里，工程當在一百餘萬以上。且此萬餘里，半皆荒村僻壤，報務不多，增一綫卽賠一綫之本，修一里卽虧一里之費。前此添設雲、貴一二邊省電綫，各股商尚慮虧損。今統籌荒瘠之區，更難著手。至利則歸己，損則歸公，恐亦無此情理。此展綫之宜歸官辦者也。各省綫路，待修者衆，朽敗難支，而陝、豫、閩三省尤甚。設遇軍興倉猝，何堪設想。現在遴員調查，通盤籌畫，尙有應移近鐵路者，有關係交涉亟須先占者，有文報日多應行添綫者。次第修舉，工費浩繁，需銀約五六十萬兩。此項巨費，卽盡括商股餘利息項，亦難支抵。此大修之宜歸官辦者也。中國報費昂貴，甲於全球。遠省一二字之費，幾與各國二十字相等。近據寧夏副都統志銳，請核減報費以利交通。又據赴葡部員周萬鵬稱，葡國公會亦以中國報費太昂爲詞。自當酌減，使價目與各國略同，爲入萬國電政會之預備。惟核減電費，以歲入三百餘萬元計算，若減一二成，卽在五六十萬以上。若遞減至四五成，或減至與東西洋相等，爲數尤多。此事一行，則商股年息恐不可保，餘利更不待言。此減費之宜歸官辦者也。凡此三事，實爲電政今日最要之圖，即爲商股今日最損之策。與其苟且因循，日積月累，致官商之兩病，曷若平價收贖，期上下之交益。實見夫今日電報有必須擴充之勢，即有不免折閱之時。在商人祇課贏餘，在國家必求利便。事實不同，斷難强合。臣等擬恪遵光緒二十八年諭旨，改爲官辦，籌還商股。即由部備價收贖，於每股股本外特予加價，以示國家恤商之意。」奏入，允行。

八月，電股收贖完竣。陳璧疏言：「臣部收贖商電，酌核市值贖之，每百圓電股，給予一百七十圓。旋復從衆商之請，加價十圓，作爲優待費。計共二十二萬圓。自頒發收贖章程後，旬月之間，共收回商股二萬一千四百餘股。其未到之五百餘股，委係外埠及內地僻處，遞寄維艱，擬請寬予限期，照章給價，提存現款，以便續領，仍給優待費，以示體恤。此後即全歸國有，與商無涉。收贖之款三百九十六萬，臣部暫由路款借撥，仍須另行設法歸還，以清款目。」又言：「電政爲交通樞機，圖擴充方期發達。今既改歸國有，應將減費、展綫、修綫諸事次第整頓。而減價爲中外衆目所睹，非實行籌辦，尤不足以饜人望而廣招徠。擬自光緒三十五年正月始，酌減電費二成，以所收商報約三百萬圓之額計之，即少收約六十萬圓，不敷在二十萬圓以上。減費之後，報費必增，可供挹注。而一時添綫、修綫，並擴充電話，在在需款。所增之數，必須抵撥，逐漸推廣工程之用。預算短額，擬暫由臣部各路餘利項下，每年分撥二十萬圓，以三年爲限，自第四年起至六年止，每年匀還二十萬圓，一律還清。一轉移間，路款均歸有著，電政亦可漸興，不煩續借他款，實收財政統籌之益。」報可。自時厥後，事權統一，呼應靈通，每歲展拓電綫三四千里以爲常。而取值之廉，迥異疇昔，此則非商辦之所及也。

中國幅員遼闊，文報稽延，至於變起倉猝，往往因消息遲滯，坐誤機宜，釀成鉅患。歷朝變亂之起，大率以此。自有電報，舉向來音信隔絕之弊，一掃而空。若朝陽教匪之倡亂，雲南猛喇游匪魏名高之滋事，均因電報之告警，與軍事佈置之迅速，得以立即剿平。而外則朝鮮之二次內訌，越南事變之先事防禦，亦惟電報是賴。此其明效大驗也。然當創辦之初，鄉僻囿於見聞，外人多所撓阻，艱難曲折，乃克成功。設綫之處，若係邊疆瘴癘、塞外荒涼之地，措手之艱，什伯內地。以故在事人員，得邀奬敍，而近省不得援例以請者此也。

至於意外之損壞，其事尤夥。貴州畢節鄉民之拆綫；山西霍山鄉民之毁桿；湘省澧州民誤以電綫爲外人所設，集衆毁棄；陝之長武、乾州、醴泉、邠州、永壽，甘之涇州、平涼等處，人民謂旱疫爲電綫所致，拆毁殆盡。俱由地方官出貲修復，首犯有論重辟者。二十六年拳匪之變，京師至保定電綫先爲所毁，京津、京德繼之，山西、河南又繼之。馴至晉、豫、直隸、山東四省境內，蕩然無一綫之遺。南北隔閡，中外阻塞，消息不通者數月。而外兵盤踞京、津，初設行軍電綫，嗣擬設大沽至上海水綫，以大東、大北兩公司主其事。宣懷密行作價，購其機器料物，屬於中國商局，其謀竟不得逞。宣懷尋請修復已毀各綫。其經戰事損壞者，商局任之。晉、豫未有戰事，地方官保護不力，甚且指使拆壞者，援畢節、霍山之例，分別賠修。報可。三十年，東三省綫再毀於日俄之戰。迨三十四年，總督徐世昌修復之。此已毀復修各綫之大略情形也。

電報之利於交通，與鐵路相輔而行，缺一不可。然鐵路需費過鉅，每有興築，擬假外貲集事，非如電報工省費輕，商力已足舉辦，其借外債而成者，僅滬、煙、沽正副水綫而已。光緒二十六年，外兵方據京、津，謀設大沽至滬水綫。宣懷以其侵我主權，密向承辦之大東、大北公司購歸商局辦理。方是時，兩公司因利乘便，故昂其值。中國官商交困，復絀於力，於是以購價作爲息借，分三十年償還。殆迫於勢之不得已也。前外人在中國設綫，由商股購回者，如丹國所設之淞滬旱綫、德國所設之京沽幹綫、鐵路至天津支綫是也。電報非僅達於國內已也，必行馳域外，而其用益宏。於是與外國通綫，若法、若英、若俄，既訂通綫費之約，幷分訂聯合其價攤分之約，以相約束焉。

電局既日漸擴充，尤以培養人才爲要。電報學堂創於光緒六年。嗣分設按報、測量、高等諸塾，以宏造就。二十五年，並設電話學科以附益之。

電話初名曰「德律風」。二十五年，宣懷疏言：「德律風創自歐、美。入手而能用，著耳而得聲，坐一室而可對百朋，隔顏色而可親謦欬，此亙古未有之便宜。故創行未三十年，徧於各國。其始止達數十里，現已可通數千里。新機既闢，不可禁遏。日本電報、德律風，統歸遞信省。學生教於一堂，機器出於一廠。中國之有德律風也，自英人設於上海租界始。近年各處通商口岸，洋人紛紛謀設。吳淞、漢口則請借桿掛綫矣，廈門則請自行設綫矣。電報公司竭力堅拒，但恐各國使臣將赴總理衙門要求，又滋口舌。一經應允，爲患甚鉅。況西人眈眈逐逐，欲攘我電報之權利而未得其間。沿江沿海通商各埠，若令皆設有德律風，他日由短綫而達長路，由傳聲而兼傳字，勢必一縱而不可收拾。不特中國電報權利必爲所奪，而彼之消息更速於我。防備不早，補救何從？現在官款恐難籌措。臣與電報各商董再四熟籌，惟有勸集華商貲本，自辦德律風，與電報相輔而行。自通商各口岸次第開辦，再以次及於省會各郡縣，庶可預杜彼族覬覦之謀，保全電報已成之局。」報可。自是京師、天津、上海、奉天、福州、廣州、江寧、漢口、長沙、太原皆設之，此則連類而及者也。

清史稿卷一百五十二

志一百二十七

交通四

郵政

海國大通以來，異域僑民，恆自設信局。咸豐十一年訂約，駐京公使郵件，初與總理衙門交驛代寄。同治五年，改由總稅務司彙各駐京公使文件，遞天津寄上海。光緒五年，增設封河後由天津至牛莊、煙臺、鎭江三路郵差。迄十一年，郵務愈繁，總稅務司乃於天津、鎭江、上海各稅務司處專員理之。此總稅務兼理郵遞之權輿也。

初，光緒二年，總稅務司英人赫德建議創辦郵政。四年，始設送信官局於北京、天津、煙臺、牛莊，以赫德主其事，九江、鎭江亦繼設局。是爲中國試辦郵政之始。十六年，命通商口岸推廣舉辦。十九年，北洋大臣李鴻章、南洋大臣劉坤一以各國增設各地信局，妨推廣之路，請速籌善策。總署付赫德議。

二十一年十二月，署南洋大臣張之洞疏請舉辦郵政。略言：「泰西各國視郵政重同鐵路，特設郵政大臣綜理。取資甚微，獲利甚鉅。卽以英國而論，一歲所收之費，當中銀三四千萬兩。各國通行，莫不視爲巨帑。且權操於上，有所統一，利商利民，而卽以利國。近來英、法、美、德、日本先後在上海設立彼國郵局，其餘各口岸亦於領事署內兼設郵局，侵我大權，攘我大利，實背萬國通例。光緒十一年間，前浙江寧紹台道薛福成據委員李圭條陳，請中國自行設局，以挽利權，並經稅務司葛顯禮前往香港、日本，向彼國商議，收回上海所設英、日兩國郵局，已有端倪。南洋大臣曾國荃曾據咨總理衙門，飭總稅務司赫德議復辦法。赫德亦謂此舉爲裕國便民大政，陳有要端七事。並稱須有奏准飭辦之明文，使各國皆知係中國國家所設，卽可商令各國將在中國所設之郵局撤回，並可商入萬國信會之舉。查各關試辦郵遞有年，未能推行及遠。外國所設信局，並未裁撤。良由稅關所辦郵遞，與國家所設，體制不同，故推廣每多窒礙。現復與葛顯禮面加籌議，知其情形熟悉，各關稅務司熟諳辦法者當不乏人。請飭總理衙門，轉飭赫德，妥議章程開辦。卽推行沿江沿海各省，兼及內地水陸各路。務令各國將所設信局全撤，並與各國聯會，彼此傳遞文函，互相聯絡。如果認眞舉行，各國在華所設信局必肯裁撤。此各國通行之辦法，有利無弊，誠理財之大端，便民之要政也。」

總理衙門疏言：「光緒二年間，赫德因議滇案，請設送信官局，爲郵政發端之始。四年，擬開設京城、天津、煙臺、牛莊、上海五處，略仿泰西郵政辦法，交赫德管理。嗣因各國紛紛在上海暨各口設立郵局，慮佔華民生計。九年，德國使臣巴蘭德來，請派員赴會。十一年，曾國荃咨稱州同李圭條陳郵政利益，並據寧海關稅務司葛顯禮申稱，香港英監督有願將上海英局改歸華關自辦之議。十六年三月，劄行赫德，以所擬辦法無損民局，卽就通商各口推廣辦理。擬俟辦有規模，再行請旨定設。此各稅關試辦郵遞之始也。十八年冬，赫德以數年來創辦艱難，若再不奏請設立官郵政局，恐將另生枝節。十九年五月，李鴻章、劉坤一稱江海關道聶緝槼稟稱，上海英、美工部局現議增設各口信局，異日中國再議推廣，必更維艱。考泰西郵政，自乾隆初年普國始議代民經理，統以大臣，位齊卿貳。各國以爲上下交通，爭相仿效。葛顯禮呈送萬國郵政條例，聯約者六十餘國。大端以先購圖記紙，黏貼信面，送局以抵信資，其費每封口信重五錢者，取銀四分，道遠酌加。其取資既微，又有定期。百貨騰跌，萬里起居，隨時徑達。如有事時，並可查禁敵國私函。誠如張之洞所稱『權有統一，爲利商利民卽以利國』之要政也。湖自十八年以來，美國一國郵局淸單一紙，所收銀圓至六十四兆二十萬九千四百九十圓之多。張之洞所舉英國收數當中銀三四千萬兩，尚係約略之辭。利侔鐵路，誠爲不虛。且西國郵政與電局相輔，以火車輪船爲遞送。近來法國設立公司輪船十艘，通名信船，遇口停泊，信包未到，不能開碇，其鄭重如此。中國工商旅居新舊金山、檀香山、新嘉坡、檳榔嶼、古巴、秘魯者，不下數百萬人，往往有一紙家書十年不達者，緣郵會有扣阻無約國文函之例也。中國郵政若行，卽以獲資置備輪船出洋，藉遞信以流通商貨。其挽回利權，所關尤鉅。臣等博訪周諮，知爲當務之急。爰於十九年劄飭赫德詳加討論。上年六月至十二月，復與總稅務司面商屢次，先後據其遞到四項章程，計四十四款。臣等詳加披閱，大致釐然，自應及時開辦。應請旨敕下臣衙門，轉飭總稅務司赫德專司其事，仍由臣衙門總其成，卽照赫德所擬章程，定期開辦。應製單紙，亦由赫德一手經理。遇有應行酌改增添之處，隨時呈由臣衙門核定，務期有利無弊。至赫德呈內稱萬國聯約郵政公會，係在瑞士國，應備照會，寄由出使大臣轉交其國執政大臣，爲入會之據。自可援萬國通例，轉告各國，將所設信局一律撤回。以上所議，如蒙俞允，卽由臣衙門欽遵分別咨照劄飭辦理。俟辦有頭緒，卽推行內地水陸各路，剋期興辦。並咨行沿江沿海及內地各直省將軍督撫知照，屆期卽將簡要辦法，飭地方州縣曉諭商民，咸知利便。凡有民局，仍舊開設，不奪小民之利。並准赴官局報明領單，照章幫同遞送，期與各電局相爲表裏。

其江海輪船及將來鐵路所通處所，應如何交寄文信，由總稅務司與各局員會商辦理。官郵政局歲入暨開支款目，由總稅務司按結申報，臣衙門彙核奏報。」奉旨：如所議行。此開辦郵政之始末也。自是徧通全國，上下交受其利。

其郵政區域，北部東起朝鮮、渤海，西訖新疆、青海，北起西比利亞、蒙古，南訖江蘇、湖北、四川，而盛京、吉林、黑龍江、直隸、山東、山西、河南、陝西、甘肅括焉。中部東起浙江、福建，西訖西藏、雲南，北起安徽、陝西、河南、甘肅，南訖廣東、廣西、雲南，而江西、湖北、湖南、四川、貴州括焉。東部卽長江下游，東起黃海，西訖湖北、江西，北起山東、河南，南訖福建，而江蘇、安徽、浙江括焉。南部東起臺灣，西訖緬甸，北起江西、貴州、湖南、四川，南訖越南，而福建、浙江、廣東、廣西、雲南括焉。

其郵局，則總局、副總局、分局、支局、代辦處，總計六千二百又一。其郵路里數，則郵差郵路、民船郵路、輪船郵路、火車郵路，總計三十八萬一千里。每面積百里，通郵綫路七里又四九。其郵件，則通常、特種，總計三萬萬六千二百二十一萬六千二百三十九。其包裹，則通常、特種，總計件數三百零二萬二千八百七十二，重量一千零六萬零四百三十三啓羅。其滙兌，則旱滙局、火滙局，總計七百五十八，滙入銀數三百九十三萬六千兩，兌出銀數三百九十八萬四千二百兩，總計銀數七百九十二萬零二百兩。歲入經常二百五十二萬八千五百餘兩，臨時六百八十三萬五千八百餘兩。歲出經常二百八十二萬七千八百餘兩，臨時六百四十六萬六千五百餘兩。出入兩抵，實盈六萬九千九百餘兩。此據宣統三年統計也。

其各國郵局設於中國各口岸者，英國則上海、天津、漢口、煙臺、福州、廈門、廣州、汕頭、寧波九處。德國則上海、北京、天津、漢口、煙臺、福州、廈門、廣州、汕頭、南京、濟南、青島、宜昌、鎮江十四處。法國則上海、北京、天津、漢口、煙臺、福州、廈門、廣州、寧波、重慶、瓊州、北海、龍州、蒙自十四處。日本國則上海、北京、天津、漢口、煙臺、福州、廈門、廣州、汕頭、重慶、南京、牛莊、唐沽、沙市、蘇州、杭州十六處。美國則上海一處。俄國則上海、北京、天津、漢口、煙臺五處。此其大略也。

清史稿卷一百五十三

志一百二十八

邦交一

中國古重邦交。有清盛時，諸國朝聘，皆與以禮。自海道大通而後，局勢乃一變。其始葡萄牙、和蘭諸國，假一席之地，遷居貿易，來往粵東；英、法、美、德諸大國連袂偕來，鱗萃羽集，其意亦僅求通市而已。洎乎道光己亥，禁煙釁起，倉猝受盟，於是畀英以香港，開五口通商。嗣後法蘭西、美利堅、瑞典、那威相繼立約，而德意志、和蘭、日斯巴尼亞、義大里、奧斯馬加、葡萄牙、比利時均援英、法之例，訂約通商，海疆自此多事矣。俄羅斯訂約在康熙二十八年，較諸國最先，日本訂約在同治九年，較諸國最後，中國逼處强鄰，受禍尤烈。其他若秘魯、巴西、剛果、墨西哥諸小邦，不過尾隨大國之後，無他志也。咸豐庚申之役，聯軍入都，乘輿出狩，其時英、法互起要求，當事諸臣不敢易其一字，講成增約，其患日深。至光緒甲午馬關之約，喪師割地，忍辱行成，而列強據利益均霑之例，乘機攘索，險要盡失。其尤甚者，則定有某地不得讓與他國之條，直以中國土疆視爲己有，辱莫大焉。庚子一役，兩宮播遷，八國連師，勢益不支，其不亡者倖耳。

夫中國幅員之廣，遠軼前古，幽陵、交阯之衆，流沙、蟠木之屬，莫不款關奉贄，同我版圖。乃康、乾以來所力征而經營者，任人蠶食，置之不顧，西則浩罕、巴達克山諸部失之於俄，南則越南、緬甸失之英、法，東則琉球、朝鮮失之日本，而朔邊分界，喪地幾近萬里，守夷守境之謂何，此則尤令人痛心而疾首者也。爰志各國邦交始末，以備後人之考鏡焉。

俄羅斯

俄羅斯，地跨亞細亞、歐羅巴兩洲北境。清初，俄東部有羅刹者，由東洋海岸收毳鑛之貢，抵黑龍江北岸，據雅克薩、尼布楚二地，樹木城居之，侵擾諸部。嗣又越興安嶺南向，侵掠布拉特烏梁海四佐領。崇德四年，大兵再定黑龍江，毀其城，兵退而羅刹復城之。

順治中，屢遣兵驅逐，以餉不繼而返。十二年及十七年，俄察罕汗兩附貿易人至京奏書，然不言邊界事。康熙十五年，帝召見其商人尼果賚，貽書察罕汗，令管束羅刹，毋擾邊陲。既而羅刹復肆擾，帝命黑龍江將軍薩布素圍雅克薩城。會荷蘭貢使至，乃賜書付荷蘭轉達其汗。二十五年九月，其新察罕汗復書至，言：「中國前屢賜書，本國無能通解者。今已知邊人搆釁之罪，自當嚴治，即遣使臣詣邊定界，請先釋雅克薩之圍。」許之，遂詔薩布素退師。

二十八年冬十二月，與俄定黑龍江界，立約七條。先是俄使臣費岳多羅額里克謝等由陸路至喀爾喀土謝圖汗境，文移往復。至是始與領侍衞內大臣索額圖等會議於黑龍江：一，循烏倫穆河相近格爾必齊河上游之石大興安嶺以至於海，凡山南流入黑龍江之溪河盡屬中國，山北溪河盡屬俄。一，循流入黑龍江之額爾古訥河爲界，南岸盡屬中國，北岸盡屬俄。乃歸中國雅克薩、尼布楚二城。定市於喀爾喀東部之庫倫。立石於黑龍江兩岸，刊泐會議條款，用滿、漢、拉提諾、蒙古、俄羅斯五體文字。是爲尼布楚條約。自後貿易之使每歲間歲一至，未嘗稍違節制。

三十三年，遣使入貢。時有二犯逃入俄，俄遣人送回，理藩院行文獎之，遂復遣使入貢。帝閱其章奏，諭大學士曰：「外藩朝貢，雖屬盛事，恐傳至後世，未必不因此反生事端。總之，中國安寧則外釁不作，故當以培養元氣爲根本要務。」三十九年，遣使齎表至。

雍正五年秋九月，與俄訂恰克圖互市界約十一條。俄察罕汗卒後，其妃代臨朝，爲叩肯汗。遣使臣薩瓦暨俄官伊立禮，與理藩院尚書圖禮善、喀爾喀親王策淩在恰克圖議定。

喀爾喀北界，自楚庫河以西，沿布爾固特山至博移沙嶺爲兩國邊境，而互市於恰克圖。議定，陳兵鳴礮，謝天立誓。是月，定俄人來京就學額數。俄國界近大西洋者崇天主敎，其南境近哈薩克者崇回敎，其東境近蒙古者崇佛敎。康熙間，嘗遣人至中國學喇嘛經典，並遣子弟入國子監，習滿、漢語言文字，居舊會同館，以滿、漢助敎各一人敎習之。至是，定俄人來學喇嘛者，額數六人，學生額數四人，十年更代爲例。

乾隆二十三年春正月，俄人獻叛人阿睦爾撒納屍。初，厄魯特輝特部阿睦爾撒納背準噶爾來附，帝封爲親王，命副定北將軍班第征準噶爾，降其部衆。已復叛歸，逃入俄，索之，以渡河溺死聞。旣而患痘死，遂移屍至恰克圖來獻。未幾，厄魯特台吉舍楞戕中國都統唐喀祿，叛逃入俄，索之又不與，絕其恰克圖貿易。三十年秋八月，俄綽爾濟喇嘛丹巴達爾扎等請附，又恐俄人追索，中國擒送，遣人來探。瑚圖靈阿以聞，帝命納之。三十三年秋八月，復俄恰克圖互市，理藩院設庫倫辦事大臣掌之。四十四年，再停互市，次年復之。五十四年，又以納叛人閉市，嚴禁大黃、茶葉出口，俄人復以爲請。五十七年，乃與訂恰克圖市約五條。

嘉慶七年秋七月，喀爾喀親王蘊端多爾濟請巡查恰克圖兩國邊界，帝命逾十年與庫倫辦事大臣輪次往查。十年冬十二月，俄商船來粤請互市，不許。

道光二十五年，俄進呈書籍三百餘種。二十八年，俄商船來上海求互市，不許。初嘉、道間，俄由黑海沿裏海南侵游牧各回部。英吉利旣據東南兩印度，漸拓及溫都斯坦而北。於是葱嶺西自布哈爾、浩罕諸部皆倂於俄，夾恆河城郭回國半屬於英，英、俄邊界僅隔印度歌士一大山，連年爭戰。俄思結援中國，遣使約中國以兵二萬由緬甸、西藏夾攻印度。事未行。英旋助土耳其與俄戰，始講和而罷。逮江寧撫議定，法、美未與議者，亦照英例，並在五口通商。而俄人自嘉慶十一年商船來粵駛回後，至是有一船亦來上海求市，經疆臣奏駁，後遂有四國聯盟合從稱兵之事。

咸豐元年，俄人請增伊犁、塔爾巴哈台、喀什噶爾互市，經理藩院議允伊、塔而拒喀什噶爾。文宗卽位，命伊犁將軍奕山等與之定約，成通商章程十七條。三年，俄人請在上海通商，不許。又請立格爾畢齊河界牌，許之。至五年，俄帝尼哥拉斯一世始命木喇福岳福等來畫界。

先是木喇福岳福至莫斯科議新任地諸事，以爲欲開西伯利亞富源，必利用黑龍江航路；欲得黑龍江航路，則江口及附近海岸必使爲俄領，而以海軍協力助之。俄帝遂遣海軍中將尼伯爾斯克爲貝加爾號艦長，使視察堪察加、鄂霍次克海，兼黑龍江探險之任。與木喇福岳福偕乘船入黑龍江，由松花江下駛，卽請在松花江會議。八月開議，以三款要求，旣指地圖語我，謂格爾畢齊河起，至興安嶺陽面各河止，俱屬俄界，而請將黑龍江、松花江左岸及海口分給俄；又以防備英、法爲辭，且登岸設砲，逼遷屯戶。迭由奕山、景淳與之爭議，迄不能決。六年四月，俄人復率艦隊入黑龍江。七年，木喇福岳福歸伊爾庫次克。

時英法聯軍與中國開釁，俄人乘英國請求，遣布恬廷爲公使，來議國境及通商事宜。中國拒之。布恬廷遂下黑龍江，由海道進廣東，與英、法、美公使合致書大學士裕誠，請中國派全權大臣至上海議事。答以英、法、美三國交涉事由廣東總督辦理，俄國交涉事由黑龍江辦事大臣辦理。布恬廷乃與三國公使進上海。木喇福岳福乘機擴地於黑龍江左岸，並廣築營舍。遣使詰責，則答以與俄公使在上海協商。尋遣使告黑龍江將軍奕山，在愛琿議界。奕山遂迎木喇福岳福至愛琿會議。木喇福岳福要求以黑龍江爲兩國國境，提出條件。明年四月，遂定愛琿條約，先劃分中俄東界，將黑龍江、松花江左岸由額爾古訥河至松花江海口爲俄界，右岸順江流至烏蘇里河爲中國界；由烏蘇里河至海之地，有接連兩國界者，兩國共管之。於是繪圖作記，以滿、漢、俄三體字刊立界碑。

時英法聯軍已陷大沽礮臺，俄與美藉口調停，因欽差大臣桂良與英、法締約，遂援例增通商七海口。初，中、俄交涉，向由理藩院行文，至是往來交接用與國禮，前限制條款悉除焉。是年，議結五年塔爾巴哈臺焚俄貨圈案，俄屢索償，至是以茶箱貼補之。九年五月，俄遣伊格那提業福爲駐北京公使。十年秋，中國與英、法再開戰，聯軍陷北京，帝狩熱河，命恭親王議和。伊格那提業福出任調停，恭親王乃與英、法訂北京和約。伊格那提業福要中國政府將兩國共管之烏蘇里河以東至海之地域讓與俄以爲報。十月，與訂北京續約。其重要者：一，兩國沿烏蘇里河、松阿察河、興凱湖、白琳河、瑚布圖河、琿春河、圖們江爲界，以東爲俄領，以西爲中國領；二，西疆未勘定之界，此後應順山嶺、大河，及中國常駐卡倫等處，立標爲界，自雍正五年所立沙賓達巴哈之界碑末處起，往西直至齋桑淖爾湖，自此往西南，順天山之特穆爾圖淖爾，南至浩罕邊境爲界；三，俄商由恰克圖到北京，經過庫倫、張家口地方，准零星貿易，庫倫設領事官一員；四，中國許喀什噶爾試行貿易。十一年夏五月，倉場侍郎成琦與俄人勘分黑龍江東界。秋七月，俄設領事於漢陽。八月，俄人進槍礮。是年，俄人請進京貿易，不許；後援英、法例，改至天津。

同治元年春二月，與俄訂陸路通商章程。俄人初意欲納稅從輕，商蒙古不加限制，張家口立行棧，經關隘免稽查。總署以俄人向在恰克圖等處以貨易華茶出口，今許其進口貿易，宜照洋關重稅，免礙華商生計。又庫倫爲蒙古錯居之地，其爲庫倫大臣所屬者，向止車臣汗、圖什業圖汗等地，此外各游牧處所地曠族繁，不盡爲庫倫大臣所轄，若許俄隨地貿易，稽查難周。又張家口距京伊邇，嚴拒俄商設立行棧。久之，始定章程二十一款於天津，續增稅則一册。三月，俄人以喀什噶爾不靖，請暫移阿克蘇通商，不許。

時俄人在伊犂屬瑪呢圖一帶私設卡倫，阻中國赴勒布什之路，復於沙拉托羅海境率兵攔阻查邊人，聲稱哈薩克、布魯特爲其屬國，又於各卡倫外壘立鄂博。烏里雅蘇台將軍明誼等詰責之，不聽。八月，明誼等與俄人會議地界。俄使以續約第二條載有「西疆尚在未定之界，此後應順山嶺、大河之流，及現在中國常駐卡倫」之語，執爲定論，並出設色地圖，欲將卡外地盡屬俄國。明誼等以爲條約內載自沙賓達巴哈界牌末處起至浩罕邊爲界，袤延萬里，其中僅有三處地名，未詳逐段立界之處。況條約內載「現在中國常駐卡倫等處」並無「爲界」之語，自不當執以爲詞。屢與辨論，不省。忽遣兵隊數百人，執持器械礮車，於伊犂卡倫附近伐木滋擾。是月，俄人請派兵船至滬助剿粵賊，許之。十月，俄人復進槍礮。是年，俄人越界盜耕黑龍江右岸地畝，詰之。

二年四月，俄官布色依由海蘭泡遣人到齊齊哈爾省城借用驛馬，並求通商，請假道前往吉林自松花江回國。黑龍江將軍特普欽以非條約所載，不許。是月，俄人復遣兵隊數百人至塔爾巴哈台巴克圖卡倫住牧。中國諭令撤回，不聽。又遣隊往伊犂、科布多，又派兵數千分赴齋桑淖爾等地耕種建屋，遣兵四出潛立石壘，爲將來議界地步。明誼等議籌防，並與交涉，不省。五月，俄人以哈薩克兵犯伊犂博羅胡吉爾卡倫，擊之始退。六月，復來犯沿邊卡倫，復擊之。七月，俄使進議單，仍執條約第二款爲辭。又以條約所載「西直」字爲「西南」字誤，必欲照議單所指地名分界，不許更易。乃許照議單換約。於是烏里雅蘇台將軍明誼上言：「照議單換約，實與烏梁海蒙古及內服之哈薩克、布魯特並伊犂距近邊卡居住之索倫四愛曼人等生計有妨，請籌安插各項人衆及所有生計。」廷諭令與俄人議，須使俄人讓地安插，及中國人照舊游牧。俄人仍不許。

三年秋八月，俄人復遣兵進逼伊犂卡倫。九月，俄使雜哈勞至塔爾巴哈台與明誼會，仍執議單爲詞。時新疆回氛甚熾，朝廷重開邊釁，遂照議單換約。綜計界約分數段：一爲烏里雅蘇台所屬地，卽烏城界約所立爲八界牌者，自沙賓達巴哈起，往西南順薩彥山嶺至唐努額拉達巴哈西邊末處，轉往西南至賽留格木山嶺之柏郭蘇克山爲止，嶺右歸俄，嶺左歸中國。二爲科布多所屬地，卽科城界約所立牌博二十處者，自柏郭蘇克山起，向西南順賽留格木山嶺至奎屯鄂拉，卽往西行，沿大阿勒台山，至海留圖河中間之山，轉往西南，順此山直至察奇勒莫斯鄂拉，轉往東南，沿齋桑淖爾邊順喀喇額爾齊斯河岸，至瑪呢圖噶圖勒幹卡倫。三爲塔爾巴哈台所屬地，卽自瑪呢圖噶圖勒幹卡倫起，先往東南，後向西南，順塔爾巴哈台山嶺至哈巴爾蘇，轉往西南，順塔境西南各卡倫以迄於阿勒坦特布什山嶺，西北爲俄地，東南爲中國地。四爲伊犂所屬地，卽順阿勒坦特布什等山嶺以北偏西偏屬俄，再順伊犂以西諸卡倫至特穆爾圖淖爾，由喀什噶爾邊境迤邐達天山之頂而至葱嶺，倚浩罕處爲界，期明年勘界立牌。會回亂亟，中、俄道阻，界牌遷延未立。

四年，伊犂將軍明緒因回亂，請暫假俄兵助剿，許之。然俄人延不發兵，僅允餽需假俄邊轉解，及所需糧食槍砲火藥允資借。五年春正月，伊犂大城失守，俄允借兵，仍遲延不至。三月，與俄議改陸路通商章程。俄人欲在張家口任意通商，及删去「小本營生」、天津免納子稅二事。中國以張家口近接京畿，非邊疆可比，不可無限制。「小本營生」字樣若删去，則俄商貨色人數無從稽考。惟天津免納子稅，與他國販土貨出口僅納一正稅相合，遂議免天津子稅。而張家口任意通商，及删去「小本營生」事，並從緩商。五月，俄人請往黑龍江內地通商，不許。是月，俄人占科布多所屬布克圖爾滿河北境。六年六月，俄使倭良嘎哩以西疆不靖，有妨通商，貽書總署責問。是月，俄人占科布多所屬霍呢邁拉扈卡倫及烏里雅蘇台所屬霍呢音達巴罕之烏克果勒地。詰之，不省。

七年二月，俄人越界如庫倫所屬烏雅拉噶哈當蘇河等處採金，阻之，不聽，反以爲俄國游牧地，不認雍正五年所定界址及嘉慶二十三年兩國所繪地圖界址。中國屢與爭議，不決。時新疆毗連俄境未立界牌鄂博，烏里雅蘇台將軍麟興等請派大員會定界址，許之。然遲久未勘。俄人又私伐樹株，標記所侵庫倫所屬地。又於朝鮮慶興府隔江遙對之處建築房屋，朝鮮國王疑懼，咨中國查詢。七月，俄人又如呼倫貝爾所屬地盜伐木植，阻之，不聽。

八年春三月，與俄國續訂陸路通商條約。五月，榮全等與俄立界大臣巴布闊福等會立界牌鄂博，至烏里雅蘇台所屬賽留格木，俄官藉口原約第六條謂非水源所在，辯議三日，始遵紅綫條約，於博果蘇克壩、塔斯啓勒山各建牌博，其由珠嚕淖爾至沙賓達巴哈分界處，原圖所載，險阻難行。俄官輒欲繞道由珠嚕淖爾迤北數十里唐努山之察布雅齊壩上建立鄂博，由此直向西北，繞至沙賓達巴哈。朝旨不許，乃改由珠嚕淖爾東南約十數里哈爾噶小山立第三牌博。又順珠嚕淖爾北唐努山南約二百里察布雅齊壩上立第四牌博，照原圖所繪紅綫以外珠嚕淖爾圈出爲俄國地，哈爾噶小山以東、察布雅齊壩以北，爲中國地。又順珠嚕淖爾北唐努山南直向西行，至珠嚕淖爾末處轉折而北而東，均係紅綫以外科屬阿勒坦淖爾烏梁海地，已分給俄，至庫色爾壩上已接唐努烏梁海向西偏北極邊地，於此壩上立第五牌博。由此向西，無路可通，乃下壩向東北入唐努烏梁海，復轉折而西而北，至唐努鄂拉達巴哈末處，迤西有水西流，名楚拉察河，亦係紅綫以外分給俄者，於此立第六牌博。其東南爲唐努烏梁海邊境，其西北爲俄地。又由楚拉察河順薩勒塔斯臺噶山至蘇爾壩上，立第七牌博。由此壩前進，直至沙賓達巴哈山脉，一綫相連，此處舊有兩國牌博。與此壩相接，因不再立。榮全仍欲復增牌博，俄官允出具印結，聽中國自立，榮全乃遣人立焉。

八月，科布多參贊大臣奎昌又與俄官議立科屬牌博，俄官仍欲以山形水勢爲憑。奎昌等抗辯，非按原圖限道建立不可，遂於科布多東北邊末布果素克嶺至瑪呢圖噶圖勒幹各立牌博，至塔爾巴哈台所屬布倫托海分界。中國因塔城未經克復，道途梗塞，未暇辦理。俄使遽欲於塔城所屬瑪呢圖噶圖勒幹至哈巴爾蘇從北起先建鄂博，並稱無中國大臣會辦，亦可自行建立。中國以分界關兩國地址，決無獨勘之理，允俟明年春融，派員會勘。是年，俄人輪船由松花江上駛抵呼蘭河口，要求在黑龍江內地通商。黑龍江將軍德英以聞，朝旨以非條約所載，不許。

九年正月，俄人來言哈巴爾蘇牌博已於去秋自行建立。中國以不符會辦原議詰之，並命科布多大臣奎昌按圖查勘。二月，俄人復請派員赴齊齊哈爾、吉林與將軍議邊事，命禁阻之。秋八月，奎昌至塔城所屬瑪呢圖噶圖勒幹卡倫，與俄立界大臣穆魯木策傅會勘俄自立牌博，中國亦於俄國自立牌博內建立牌博。復往塔爾巴哈台山嶺等處勘查，直至哈巴爾蘇，共立牌博十。至是分界始竣。十月，庫倫辦事大臣張廷岳等以烏里雅蘇台失陷，烏梁海與俄界毘連，請防侵占。

十年夏五月，俄人襲取伊犁，復欲乘勝收烏魯木齊。帝命將軍、參贊大臣等止其進兵，不省。既又出兵二千，欲勦瑪納斯賊，以有妨彼國貿易爲詞。中國命榮全、奎昌、劉銘傳等督兵圖復烏魯木齊，規收伊犂。俄人既得伊犂，卽令圖爾根所駐索倫人移居薩瑪爾屯。又於金頂寺造屋，令漢、回分駐綏定城、清水河等處。復遣人赴喀喇沙爾、晶河，勸土爾扈特降。又說瑪納斯賊投降。事聞，命防阻。十二月，俄人請援各國例通商瓊州，許之。是年，俄人帶兵入科布多境。諭令退兵，久之始去。

十一年四月，伊犂將軍榮全與俄官博呼策勒傳斯奇會于俄國色爾賀鄂普勒，議交還伊犂事。俄官置伊犂不問，僅議新疆各處如何平定，並以助兵爲言，要求在科布多、烏里雅蘇台、烏魯木齊、哈密、阿克蘇、喀什噶爾等處通商、設領事，及賠補塔城商館，及匡蘇勒官龐齡等被害各節，並請讓科布多所屬喀喇額爾濟斯河及額魯特游牧額爾米斯河歸俄。榮全等拒之。博呼策勒傳斯奇遂置伊犂事不議。已忽如北京總署，請仍與榮全會議。博呼策勒傳斯奇又忽辭歸國。至是接收伊犂又遲延矣。

八月，俄人載貨入烏魯木齊所屬三塘湖，請赴巴里坤、哈密等處貿易。阻之，不聽。既聞回匪有由哈密東山西竄察罕川古之信，乃折回。已復有俄官來文，謂伊犂所屬土爾扈特游牧西湖、晶河、大沿子居民均歸順俄國，中國軍隊不得往西湖各村。中國以當初分界在伊犂迤西，並無西湖之名，西湖係烏魯木齊所屬軍隊，原由總署與俄使議有大略，何可阻止？拒之。時榮全將帶兵由塔赴伊安設台站，俄人以越俄國兵所占地，不許。又阻榮全接濟錫伯銀兩。十月，俄商赴瑪納斯貿易，中途被殺傷五十餘人。十二年夏四月，俄人忽帶兵及哈薩克、漢、回等衆，入晶河土爾扈特遊牧，索哈薩克所失馬，並執貝子及固山達保來綽囉木等，又修治伊犁迤東果子溝大路，更換錫伯各官，圖東犯，又於塔爾巴哈台所屬察罕鄂博山口駐兵，盤詰往來行旅。十三年八月，俄人自庫倫貿易入烏里雅蘇台建房，詰以非條約所載，不省。旋命陝甘總督左宗棠督辦新疆軍務。

光緒元年夏五月，俄游歷官索思諾等來蘭州，言奉國主之命，欲與中國永敦和好，俟中國克復烏魯木齊、瑪納斯，卽便交還。左宗棠以聞。既而左宗棠以新疆與俄境毘連，交涉事繁，請旨定奪。帝命左宗棠主辦。

三年，議修陸路通商章程。俄使布策欲於伊犁未交之先，通各路貿易。中國不允，僅允西路通商，而仍以交收伊犁與商辦各事並行爲言。俄人又以榮全張示激伊犁人民不遵俄令，烏里雅蘇台官吏擅責俄人，江海關道扣留俄船，英廉擅殺哈薩克車隆，及徵收俄稅，指爲違約，謂非先議各事不可。會新疆南路大捷，各城收復，回匪白彥虎等竄入俄，中國援俄約第八款，請其執送。屢與理論，未決。

四年五月，命吏部左侍郎崇厚使俄，議還伊犁及交白彥虎諸事。十二月抵俄。五年二月，與俄外部尙書格爾斯開議。格爾斯提議三端：一通商，一分界，一償款。而通商、分界又各區分爲三。通商之條：一，由嘉峪關達漢口，稱爲中國西邊省分，聽其貿易；一，烏魯木齊、塔爾巴哈台、伊犂、喀什噶爾等處，稱爲天山南北各路，妥議貿易章程；一，烏里雅蘇台、科布多等處，稱爲蒙古地方，及上所舉西邊省分，均設立領事。分界之條：一，展伊犂界，以便控制回部；一，更定塔爾巴哈台界，以便哈薩克冬夏游牧；一，新定天山迤南界，以便俄屬浩罕得淸界綫。崇厚皆允之，惟償款數目未定。崇厚以聞，命塔爾巴哈台參贊大臣錫綸接收伊犂及分界各事。旣議償款盧布五百萬圓，俄亦遣高復滿等爲交還伊犂專使。

崇厚將赴黑海畫押回國，而恭親王奕訢等以崇厚所定條欵損失甚大，請飭下李鴻章、左宗棠、沈葆楨、金順、錫綸等，將各條分別酌核密陳。於是李鴻章等及一時言事之臣交章彈劾，而洗馬張之洞抗爭尤力。略謂：「新約十八條，其最謬妄者，如陸路通商由嘉峪關、西安、漢中直達漢口，秦隴要害，荆楚上游，盡爲所窺。不可許者一。東三省國家根本，伯都訥吉林精華，若許其乘船至此，卽與東三省任其游行無異，是於綏芬河之西無故自蹙地二千里；且內河行舟，乃各國歷年所求而不得者，一許俄人，效尤踵至。不可許者二。朝廷不爭稅課，當恤商民。若準、回兩部，蒙古各盟，一任俄人貿易，槪免納稅，華商日困；且張家口等處內地開設行棧，以後逐漸推廣，設啓戎心，萬里之內，首尾銜接。不可許者三。中國屏藩，全在內外蒙古，沙漠萬里，天所以限夷狄。如蒙古全站供其役使，一旦有事，音信易通，必撤藩屏，爲彼先導。不可許者四。條約所載，俄人准建卡三十六，延袤廣大，無事而商往，則譏不勝譏；有事而兵來，則禦不勝禦。不可許者五。各國商賈，從無許帶軍器之例。今無故聲明人帶一鎗，其意何居？不可許者六。俄人商稅，種種取巧，若各國希冀均霑，洋關稅課必至歲絀數百萬。不可許者七。同治三年新疆已經議定之界，又欲內侵，斷我入城之路。新疆形勢，北路荒涼，南城富庶，爭磽瘠，棄膏腴，務虛名，受實禍。不可許者八。伊犂、塔爾巴哈台、科布多、烏里雅蘇台、喀什噶爾、烏魯木齊、古城、哈密、嘉峪關等處准設領事官，是西域全疆盡由出入。且各國通例，惟沿海口岸准設外邦領事。若烏里雅蘇台等，乃我邊境，今日俄人作俑，設各國援例，又將何以處之？不可許者九。名還伊犂，而三省山嶺內卡倫以外盤踞如故，割霍爾果斯河以西、格爾海島以北，金頂寺又爲俄人市廛，約定俄人產業不更交還，地利盡失。不可許者十。」又言：「改議之道：一在治崇厚以違訓越權之罪；一在請諭旨將俄人不公平，臣民公議不願之故，布告中外，行文各國，使評曲直；一在據理力爭，使知使臣畫押，未奉御批示覆，不足爲據；一在設新疆、吉林、天津之防，以作戰備。」疏入，命與修撰王仁堪等及庶吉士盛昱所奏，併交大學士等議，並治崇厚罪。

六年正月，命大理寺少卿曾紀澤爲使俄大臣，續議各款。時廷臣多主廢約，曾紀澤以爲廢約須權輕重，因上疏曰：「伊犂一案，大端有三：曰分界，曰通商，曰償款。三端之中，償款固其小焉者也。卽通商一端，亦較分界爲稍輕。查西洋定約之例有二，一則長守不渝，一可隨時修改。長守不渝者，分界是也。分界不能兩全，此有所益，則彼有所損，是以定約之際，其愼其難。隨時修改者，通商是也。通商之損益，不可逆睹，或開辦乃見端倪，或久辦乃分利弊，是以定約之時，必商定年限修改，所以保其利而去其弊也。俄約經崇厚議定，中國誠爲受損，然必欲一時全數更張，而不別予一途以爲轉圜之路，似亦難降心以相從也。臣以爲分界既屬永定，自宜持以定力，百折不回。至於通商各條，惟當卽其太甚者，酌加更易，餘者宜從權應允。」

時俄人以中國治崇厚罪，增兵設防，爲有意尋衅，欲拒紀澤不與議事。英、法二使各奉本國命，亦以因定約治使臣罪爲不然，代請寬免。中國不得已，允減崇厚罪，詔仍監禁。已又與俄使凱陽德先議結邊界各案。

六年七月，紀澤抵俄，侍郎郭嵩燾疏請準萬國公法，寬免崇厚罪名，紀澤亦請釋崇厚，許之。初紀澤至俄，俄吉爾斯、布策諸人咸以非頭等全權大臣，欲不與議，遣布策如北京議約。已成行，而朝旨以在俄定議爲要，命紀澤向俄再請，始追回布策。紀澤與議主廢約。俄人挾崇約成見，屢與忤。紀澤不得已，乃遵總署電，謂可緩索伊犂，全廢舊約。尋接俄牒，允還帖克斯川，餘不容議。布策又欲俄商在通州租房存貨，及天津運貨用小輪船拖帶。紀澤以非條約所有，拒之。而改約事仍相持不決。

十一月，俄牒中國，允改各條，其要有七：一，交還伊犂；二，喀什噶爾界務；三，塔爾巴哈台界務；四，嘉峪關通商，允許俄商由西安、漢中行走，直達漢口；五，松花江行船至伯都訥；六，增設領事；七，天山南北路貿易納稅。曾紀澤得牒，以俄旣許讓，則緩索之說，自可不議。於是按約辯論：於伊犂，得爭回南境；喀什噶爾，得照兩國現管之地，派員再勘；塔爾巴哈台，得於崇厚、明誼所訂兩界之間，酌中勘定；嘉峪關通商，得仿照天津辦理，西安、漢中兩路及漢口字均刪去；松花江行船，因愛琿條約誤指混同江爲松花江，又無畫押之漢文可據，致俄人歷年藉口，久之始允將專條廢去，聲明愛琿舊約如何辦法，再行商定；增設領事，俄人請設烏魯木齊一處，總署命再商改，始將烏魯木齊改爲吐魯番，餘俟商務興盛時再議增設；天山南北路貿易納稅，將原約「均不納稅」字改爲「暫不納稅」，俟商務興盛再訂稅章」。此外，償欵，崇厚原約償五百萬盧布，俄人以伊犂南境旣已讓還，欲倍原數，久之始允減定爲盧布九百萬。紀澤又以此次改約並未用兵，兵費之名絕不能認。於是將歷年邊疆、腹地與俄人未結之案，有應賠應卹者一百九案，併入其中，作爲全結。又於崇厚原訂俄章字句有所增減。如條約第三條刪去伊犂已入俄籍之民，入華貿易游歷許照俄民利益一段；

第四條俄民在伊犁置有田地，照舊管業，聲明伊犁遷出之民，不得援例，且聲明俄民管業既在貿易圈外，應照中國民人一體完納稅餉；並於第七條伊犁西境安置遷民之處，聲明係安置因入俄籍而棄田地之民；第六條寫明所有前此各案，第十條吐魯番非通商口岸而設領事，暨第十三條張家口無領事而設行棧，均聲明他處不得援以爲例；第十五條修約期限，改五年爲十年。章程第二條貨色包件下添註牲畜字樣，其無執照商民，照例懲辦，改爲從嚴罰辦；第八條車脚運夫，繞越捷徑，以避關卡查驗，貨主不知情，分別罰辦之下，聲明海口通商及內地不得援以爲例。是爲收回伊犁條約。又同時與俄訂陸路通商章程。七年正月，與俄外部尙書吉爾斯及前駐京使臣布策，在俄都畫押鈐印，旋批准換約。七月，賀俄君卽位，遞國書。索逆犯白彥虎等，俄以白彥虎等犯係屬公罪，不在條約所載之列，不允交還，允嚴禁。

尋命伊犁將軍金順、參贊大臣升泰接收伊犁。八年二月，接收訖。金順進駐綏定城。升泰會同俄官勘分地界，並以哈密幫辦大臣長順會辦西北界務，巴里坤領隊大臣沙克都林扎布會辦西南界務。四月，俄人帶兵潛入科布多所屬哈巴河，淸安等以聞。因言圖內奎峒山、黑伊爾特什河、薩烏爾嶺等處形勢，與積年新舊圖說不符。朝旨命就原圖應勘之處，力與指辯，酌定新界。

十一月，分界大臣長順等與俄官佛哩德勘分伊犂中段邊界。先是距那林東北百餘里之格登山有高宗平準噶爾銘勳碑，同治三年已畫歸俄，至是爭回，立界約三條。

九年，督辦新疆軍務大臣劉錦棠以新疆南界烏什之貢古魯克地爲南北要津，請按約索還。先是，舊約所載伊犂南界，係指貢古魯克山頂而言。上年沙克都林扎布與俄使勘分南界，由貢古魯克等處卡倫繞貢古魯克山麓至別疊里達坂設立界牌，侵佔至畢底爾河源，故錦棠以爲言。朝旨命長順等據理辯論。既而沙克都林扎布又與俄官咩登斯格勘伊犂南界，俄人必欲以薩瓦巴齊爲界，沙克都林扎布以爲薩瓦巴齊在天山之陽，距天山中梁尚遠，不許，乃以天山中梁爲界。又立牌博於別疊里達坂，是爲喀什噶爾界約。

七月，分界大臣升泰等與俄官巴布闊福等勘分科、塔界務。巴布闊福等欲照圖中直綫，以哈巴河爲界。升泰等以哈巴河地居上游，爲科境之門戶，塔城之藩籬，若劃分歸俄，不惟原住之哈薩克、蒙、民等無地安插，卽科屬之烏梁海、塔屬之土爾扈特等處游牧之所，亦俱受逼，界址旣近，釁端必多，拒之。俄使乃允退離哈巴河迤西約八十餘里之畢里克河劃分。升泰等以畢里克係小河，原圖並未繪刊，若以此劃界，則哈巴河上游仍爲俄所佔，復與力爭。俄使乃允復退出五十里，議定在於阿拉喀別克河爲界，計距哈巴河至直綫共一百三十餘里，卽原圖黃綫之旁所開之小河也。餘均照黃綫所指方位劃分。至兩國所屬之哈薩克，願歸俄者歸俄，願歸中國者歸中國。如有人歸中國而產業在俄，或人居俄而產業在中國，均照伊犁辦法，以此次議定新界換約日爲始，限一年遷移。約定，又與俄官斐里德勘塔城西南未分之界。俄使意欲多分，升泰以此段界務，新約第七條內業經指明，係順同治三年塔城界約所定舊界，卽原約第二條內所指依額爾格圖巴爾魯克、莫多巴爾魯克等處卡倫之路辦理，是原有圖線條約可循，非若他處尙須勘酌議分可比，不許。俄使乃以巴爾魯克山界內住牧之哈薩克久已投俄，一經定界，不免遷移，請借讓安插，許之。仍援舊約第十條所開塔屬原住小水地方居民之例，限十年外遷，隨立牌博。

九月，分界大臣額爾慶額等與俄官撇斐索富勘分科布多界。自阿拉克別克河口之喀拉素畢業格庫瑪小山梁起，至塔木塔克薩斯止，共立牌博四，又立牌博於阿克哈巴河源。先是喀什噶爾西邊界務已經長順與俄人劃分，以依爾克池他木爲界，而幫辦軍務廣東陸路提督張曜以爲有誤，請飭覆查。長順以勘界係依紅綫，依爾克池他木雖舊圖不載，而新圖正在紅綫界限，不容有誤。尋總署以約內有現管爲界一語，意曾紀澤定約時，必因新圖不無縮入，又知左宗棠咨報克復喀城，有佔得安集延遺地，邊界展寬之說，故約內添此一語。旣以現管爲界，卽可不拘紅綫，仍命長順與爭。俄人以喀拉多拜、帖列克達灣、屯木倫三處雖現爲中國所管，然均在綫外百數十里，執不允，仍依紅綫履勘，自喀克善山起，至烏斯別山止，共立牌博二十二，指山爲界者七，遂定議。是爲續勘喀什噶爾界約。是年，塔爾巴哈台參贊大臣錫綸與俄人會議俄商在塔貿易新圈地址。

十年三月，塔爾巴哈台參贊大臣錫綸與俄人會定哈薩克歸附條約，凡在塔城境內混居之哈薩克提爾賽呼克部、拜吉格特部、賽波拉特部、托勒圖勒部、滿必特部、柯勒依部、圖瑪台部各大小鄂拓克，約五千餘戶，除願遷回俄境外，其自願歸中國者一千八百戶，均由中國管轄，並訂管轄條欵。七月，法因越南與中國開釁，法人請俄國保護在華之旅人敎士及一切利益，俄使允保護，牒中國。

十一年三月，總署以吉林東界牌博中多舛錯，年久未修，請簡大員會勘，據約立界。先是俄人侵佔琿春邊界，將圖們江東岸沿江百餘里誤爲俄國轄地，並於黑頂子安設俄卡，招致朝鮮流民墾地。前督辦寧古塔等處事宜吳大澂，請飭查令俄人交還。朝廷乃命吳大澂等爲欽差大臣，與俄人訂期會勘。大澂等以咸豐十年北京條約中俄東界順黑龍江至烏蘇里河及圖們江口所立界牌，有俄國「阿」「巴」「瓦」「噶」「達」「耶」「熱」「皆」「伊」「亦」「喀」「拉」「瑪」「那」「倭」「怕」「啦」「薩」「土」「烏」二十字頭，十一年成琦勘界圖內尚有「伊」「亦」「喀」「拉」「瑪」「那」「倭」「怕」「啦」「薩」「土」「烏」十二字頭，何以官界記文內僅止「耶」「亦」「喀」「拉」「那」「倭」「怕」「土」八字頭？圖約不符。又界牌用木難經久，應請易石，及補立界牌。又以俄人所佔黑頂子地，卽在「土」字界牌以內，尤爲重要。又以自琿春河源至圖們江口五百餘里，處處與俄接壤，無一界牌。又成琦所立界牌八處，惟「土」字一牌之外，尙有「烏」字一牌。以交界記文而論，圖們江左邊距海不過二十里，立界牌一，上寫俄國「土」字頭，是「土」字一牌已在交界盡處，更無補立「烏」字界牌之地，二者必有一誤。又補立界牌，無論「烏」字、「土」字，總以圖們江左邊距海二十里之地爲斷。十二年夏，吳大澂等赴俄境岩杵河，與俄勘界大員巴啦諾伏等商議界務。大澂等首議補立「土」字界牌，因咸豐十一年所立「土」字界牌之地，未照條約記文「江口相距二十里」之說。大澂等與之辯論，俄員以爲海灘二十里，俄人謂之海河，除去海河二十里，方是江口。大澂等以爲江口卽海口，中國二十里卽俄國十里，沙草峯原立「土」字界牌，旣與條約記文不符，此時卽應更正。巴啦諾伏仍以舊圖紅線爲詞。久之，始允於沙草峯南越嶺而下至平岡盡處立「土」字牌，又於舊圖內「拉」字、「那」字兩牌之間，補立「瑪」字界牌，條約內「怕」字、「土」字兩牌之間，補立「啦」「薩」二字界牌，悉易以石。又於界牌相去甚遠之處，多立封堆，或掘濠爲記。至俄人所佔黑頂子地，亦允交還。大澂等又以寧古塔境內「倭」字、「那」字二界牌，與記文條約不符，請更正，緣「倭」字界牌本在瑚布圖河口，因當時河口水漲，木牌易於衝失，權設小孤山頂，離河較遠。大澂等以爲若以立牌之地卽爲交界之所，則小孤山以東至瑚布圖河口一段又將割爲俄地。乃與巴啦諾伏議定，將「倭」字石界牌改置瑚布圖河口山坡高處，「那」字界牌原在橫山會處，距瑚布圖河口百餘里，僅存朽爛木牌二尺餘，因易以石，仍立橫山會處，迤西卽係小綏芬河源水向南流處，又於交界處增立銅柱。是爲中俄琿春東界約。

是年，俄莫斯克瓦商人欲攜貨赴科布多、哈密、肅州、甘州、涼州、蘭州等處貿易。中國以科布多、哈密、肅州皆係條約訂明通商處所，自可前往；甘州、涼州、蘭州係屬內地，非條約所載，不許。十四年，俄人在烏梁海所屬，掘金開地建房，阻之不聽。十五年，俄人越界入黑龍江所屬，以刈草爲名，搭棚占地。總署以詢北洋大臣李鴻章，鴻章請但許刈草，不許搭棚，切與要約，以示限制，從之。十六年，俄商請照約由科布多運貨回國，許之。初，俄商由陸路運貨回國，舊章祇有恰克圖一路。光緒七年，改訂新約，許由尼布楚、科布多兩路往來運貨。至是，許由科布多行走，其收繳執照諸辦法，由科布多參贊大臣派員查驗。是年，出使大臣洪鈞以俄人在恰克圖境穴地取金，請自設廠掘金，不果。俄人又勾結藏番私相餽贈。十七年，俄遣兵至海參崴開辦鐵路。是年，俄太子來華游歷，命李鴻章往煙台欵接。初，俄欲中國簡親藩接待，未允，乃遣鴻章往，有加禮。

十八年，與俄人議接琿春、海蘭泡陸路電綫。先是中國陸路電綫創自光緒六年，惟丹國大北公司海綫，先於同治十年由香港、廈門迤邐至上海，一通新加坡、檳榔嶼以達歐洲，名爲南綫；一通海參崴，由俄國亞洲旱綫以達歐洲，名爲北綫。俄、丹早有連綫之約。嗣丹復與英合辦水綫。逮各省自設陸綫，併拆去英、丹在滬、粤已成之陸綫。迨中國吉林、黑龍江綫成，與俄之東海濱境內近接。大北公司等深慮中俄綫接，分奪其利，屢起爭議。至是，命鴻章與俄使喀希呢議約，酌擬滬、福、廈、港公司有水綫處，不與爭減，此外各口電價，亦不允水綫公司爭減，遂定議。是爲中俄邊界陸路電綫相接條約。

是年，俄入帕米爾。帕米爾高原在中國回疆邊外，舊爲中國所屬。自俄、英分爭，而迤北、迤西稍稍歸屬於俄，迤南小部則附於英屬之阿富汗，惟東路、中路久服中國，迄今未變。俄欲取帕米爾以通印度，英人防之，以劃淸阿富汗邊界爲辭，欲使中國收轄帕境中間之地，勘明界址；俄人亦欲會同中國勘界分疆，不使英與聞。至是，俄兵入帕，英領事璧利南以從前英、俄立約，喀什噶爾、阿富汗之間並無俄地，願出作證，又據所繪圖，力闢俄圖。俄人不顧，欲以郎庫郎里湖爲界，移軍而南，將據色勒庫爾。色勒庫爾乃莎車境，益逼近新疆南境。陝甘總督楊昌濬請設防，許之。旣因出使大臣洪鈞所繪地圖有誤，李鴻章據薛福成所寄圖，謂：「喀約旣稱烏斯別里南向係中國地界，自應認定『南向』二字方合，若無端插入『轉東』二字，所謂謬以千里；況烏斯別里爲葱嶺支脈，如順山梁爲自然界，以變一直往南之說，不特兩帕盡棄，喀什噶爾頓失屛蔽，葉爾羌、西藏等全撤藩籬，且恐後此藉口於交界本循山脊而行，語更寬混，尤難分劃，此固萬難允也。如彼以喀約語太寬混爲辭，擬仿照北亞墨利加英、美用經緯度分界之法，以烏斯別里山口之經綫爲界，北自烏斯別里山口一直往南，至阿富汗界之薩雷庫里湖爲止，方與經綫相合。如此，則大帕米爾可得大半，小帕米爾全境俱在綫內，其簡當精確，更勝於自然界，而與原議之約亦相符合。否則阿里楚爾山環三面，惟東一面與喀境毗連，界亦自然。何彼竟舍外之山梁，而專用內之山梁，以求多占地界耶？」議久不決。是年，俄茶在戈壁被焚，索償，允由攬運俄茶之人分償，俄使欲公家代償，不允。

十九年四月，議收俄國借地。初，俄借塔爾巴哈台所屬之巴爾魯克山，給所屬哈薩克游牧，限十年遷回。至是限滿，伊犂將軍長庚請遣員商辦，俄人請再展十年，不許。久之，俄始允還地遷民，遂立交山文約，聲明限滿不遷，卽照人隨地歸之約。又續立收山未盡事宜文約，以清釐兩屬哈薩克欠債及盜牲畜等事。

二十年，與俄復議帕界。俄初欲據郎庫里、阿克塔什，出使大臣許景澄以此爲中國地，力爭不許。既而俄允於色勒庫爾山嶺之西，請中國指實何地相讓，中國仍以自烏仔別里至薩雷庫里湖爲言，俄人不允。總署欲改循水爲界，擬循阿克拜塔爾河，南踰阿克蘇河，東南循河至阿克塔什平地，轉向西南，循伊西提克河，直至薩雷庫里湖，各將分界水名詳敍，仍未決。是年俄嗣皇卽位，遣布政使王之春爲專使往賀。

明年春，與日本講成，割臺灣及遼河以南地，俄聯法、德勸阻遼南割地，日本不允。俄忽調戰艦赴煙台，日本允還遼，惟欲於二萬萬外加償費。俄皇特命戶部大臣威特見出使大臣許景澄，云欲爲中國代借鉅款，俾早日退兵。許景澄以聞。總署命與俄商辦，遂訂借法銀四萬萬佛郎，以海關作保，年息四釐，分年償還。是爲中俄四釐借款合同。

九月，俄人分赴東三省勘路。初俄與造悉畢爾鐵路，欲在滿洲地方借地接修。總署議自俄境入華境以後，由中國自造。十月，俄水師輪船請暫借山東膠澳過冬，許之。山東巡撫李秉衡上言：「煙台芝罘島並非不可泊船，膠州向非通商口岸，應請飭俄使進泊後，退出須定期限。」報可。十二月，賞俄使喀希呢及法、德二使頭等第三寶星。

二十二年四月，俄皇尼哥拉斯二世加冕，命李鴻章爲專使，王之春爲副使，贈俄皇頭等第一寶星。九月，與俄訂新約。時李鴻章尚未回國，俄使喀希呢特密約求總署奏請批准。約成，俄使貴族鄔多穆斯契以報謝加冕使來北京，議立華俄銀行，遂命許景澄與俄結華俄道勝銀行契約，中國出股本銀五百萬兩，與俄合辦。別立中國東省鐵路公司，又立條例九章，其第二章銀行業務之第十項，規定對於中國之業務：一，領收中國內之諸稅；二，經營地方及國庫有關係之事業；三，鑄造中國政府允許之貨幣；四，代還中國政府募集公債之利息；五，布設中國內之鐵道電綫，並訂結東清鐵道會社條約，以建造鐵路與經理事宜悉委銀行。

二十三年十一月，俄以德佔膠州灣爲口實，命西伯利亞艦隊入旅順口，要求租借旅順、大連二港，且求築造自哈爾濱至旅順之鐵道權。十二月，俄以兵入金州城徵收錢糧，阻之，不省。鄉民聚衆抗拒，俄人遂於貔口槍斃華民數十。奉天將軍依克唐阿以聞，命出使大臣楊儒迅與俄人商辦，議久不決。俄皇謂許景澄曰：「俄船借泊，一爲膠事，二爲度冬，三爲助華防護他國佔據。」景澄再與商，不應。二十四年二月，命許景澄專論旅、大俄船借泊及黃海鐵路事，俄以德既占膠州，各國均有所索，俄未便不租旅、大。又鐵路請中國許東省公司自鴨綠江至牛莊一帶水口擇宜通接，限三月初六日訂約，過期俄即自行辦理，詞甚決絕。既而俄提督率兵登岸，張接管旅、大示，限中國官吏交金州城。中國再與交涉，俄始允兵屯城外。遂訂約，將旅順口及大連灣暨附近水面租與俄。已畫押遣員分勘，將軍伊克唐阿以「附近」二字太寬泛，電總署力爭，謂金西、金東各島，離岸一二十里、三四十里不等，謂之「附近」尚可，至索山以南廟兒七島，近者三四十里，遠者二百餘里，在山東登萊海面，非遼東所屬，不得謂之「附近」。爭之再三，俄請將廟羣島作爲隙地，免他國佔據。總署告以中國但可允認不讓與他國享用並通商等利益，不能允作隙地，致損主權。俄人又請允許立字不設礮臺、不駐兵。總署仍與力駁，不省。久之，始允照中國議，删去「作爲隙地」及「不設礮臺」等語；復於專條廟羣島下增繕「不歸租界之內」字，而金州東海海陽、五蟒二島仍租俄。

七月，出使大臣許景澄、楊儒與東省鐵路公司續訂合同。初，中、俄會訂條約，原許東省鐵路公司由某站起至大連灣，或酌量至遼東半島營口、鴨綠江中間沿海較便地方，築一枝路，未行。至是與議，許景澄與俄外部商明枝路末處在大連灣海口，不在遼東半島沿海別處，列入專條訂合同。俄人嗣以造路首重運料，擬照原合同所許各陸路轉運之事，訂定暫築通海口枝路暨行船辦法，並自行開採煤礦木植等事。許景澄等以原合同第一款，載明中國在鐵路交界設關，照通商稅則減三分之一，此係指陸路而言，今大連灣海口開作商埠，貨物來往內地，竟援減徵稅，恐牛莊、津海兩關必致掣礙。至內地與租地交界，視中俄兩國交界有別，設關處所亦須變通，擬改定專欵。俄人尙欲幷開各礦產，拒之，並議限制轉運開採各事。又商加全路工竣年限，俾暫築枝路屆期照拆。凡七欵：一，枝路名東省鐵路南滿洲枝路；二，造路需用料件，許公司用輪船及別船樹公司旗，駛行遼河並枝河及營口並隙地各海口，運卸料件；三，公司爲運載料件糧草便捷起見，許由南路暫築枝路至營口及隙地海口，惟造路工竣，全路通行貿易後，應將枝路拆去，不得逾八年；四，許公司採伐在官樹株，每株由總監工與地方官酌定繳費，惟盛京御用產物，暨關係風水，不得損動，並許公司所過開採煤礦，亦由總監工與地方官酌定，計斤納稅；五，俄可在租地內自酌稅則，中國可在交界徵收貨物從租界運入內地，或由內地運往租地之稅，照海關進出口稅則無增減，並允俄在大連灣設關，委公司代徵，別遣文官駐紮爲稅關委員；六，許公司自備行海商船，照各國通商例，如有虧折，與中國無涉，應照原合同十二條價買及歸還期限辦理；七，造路方向所過地方，應俟總監工勘定，由公司或北京代辦人與鐵路總辦公司商定。復定鐵路經過奉天，應繞避陵寢，俄允繞距三十里，遂畫押。

二十五年，盛京將軍文興等遣知府福培、同知涂景濤與俄員倭高格伊林思齊等，勘分旅大租界。俄員擬先從租地北界西岸亞當灣起勘。福培等以中國輿圖無亞當灣地名，應照總署電，亞當卽普蘭店之文爲憑，當從普蘭店西海灣之馬虎島起。俄員以續約明言西亞當灣北起，無普蘭店字，堅不允改。遂從北界西岸起，次第立碑，至大海濱，凡三十有一碑，北刻漢文，南鐫俄國字母。復立小碑八，以數目爲號。界綫由西至東，長九十八里餘九十四弓。界既定，與俄員會議分界專條，又將所繪界圖，用華、俄文註明，畫押蓋印，互換後，分呈俄使及總署批定完結。初由李鴻章、張蔭桓與俄使巴布羅福訂此約於北京，至是，命王文韶、許景澄加押。

時中國欲自造山海關至營口枝路，英欲投資。俄使牒總署，謂借用外國資本，與續約相背。俄人又以東省鐵路將興工，擬在北京設東省鐵路俄文學堂，招中國學生學習俄國語言文字，以備鐵路調遣之用。許之。是年，俄以遼東租借地爲「關東省」。

二十六年，拳匪亂，各國聯軍入北京，俄乘勢以兵佔東三省，藉口防馬賊、保鐵路。初，奉天土匪先攻俄鐵道警衞兵，亂兵燒天主教堂，破毀鐵嶺鐵道，掠洋庫；旋攻遼陽鐵道，俄鐵道員咸退去，同時黑龍江亦礮擊俄船。俄聞警，遣軍分道進攻，由璦琿、三姓、寧古塔、琿春進據奉天，乃迫將軍增祺訂奉天交地約，擬在東三省駐兵，政賦官兵均歸俄管轄。時朝廷以慶親王、李鴻章爲全權與各國議欵，並命駐俄欽使楊儒爲全權大臣，與俄商辦接收東三省事。楊儒與爭論久，始允作廢。而俄人別出約稿相要，張之洞等連電力爭，遂暫停議。

二十七年七月，各國和議成，李鴻章乃手擬四事：一，歸地；二，撤兵；三，俄國在東三省，除指定鐵路公司地段，不再增兵；四，交還鐵路，償以費用。與俄使開議於北京。講未成而鴻章卒，王文韶繼之。二十八年三月，訂約四條。

四月，俄人强占科布多所屬阿拉克別克河，參贊大臣瑞洵以聞，命外務部商辦，不得要領。七月，鐵路公司與華俄道勝銀行訂立正太鐵路借款及行車合同，又與俄續訂接綫展限合同。九月，交還關外鐵路及撤退錦州遼河西南部之俄軍，是爲第一期撤兵。至翌年三月第二期，金州、牛莊、遼陽、奉天、鐵嶺、開原、長春、吉林、寧古塔、琿春、阿拉楚喀、哈爾濱駐紮之俄兵仍不如期撤退，俄代理北京公使布拉穆損向外務部新要求七款，拒之，俄使撤回要求案。會俄使雷薩爾復任，復提新議五款，宣言東省撤兵，斷不能無條件，縱因此事與日本開戰，亦所不顧。

三十年，日、俄開戰，中國守中立。是年，俄造東三省鐵路成，又改定中俄接線續約，議照倫敦萬國公會所訂條例各減價。三十一年，日本戰勝，旅順、大連租借權移歸日本，俄專力於東清鐵道。於是有哈爾濱行政權之交涉。哈爾濱爲東清鐵道中心地，初祗俄人住居。自三十一年開放爲通商口岸，各國次第置領事，按中國各商埠辦法，中國有行政權。乃俄人謂哈爾濱行政權當歸諸東清鐵道會社，中國拒之。旣而俄領事霍爾哇拖忽布東清鐵道市制，凡居住哈爾濱市內中外人民，悉課租稅。命東三省總督徐世昌與俄人交涉，不洽。宣統元年，俄領事赴北京與外務部議，外務部尚書梁敦彥與霍爾哇拖議設自治會於東清鐵道界內，以保中國主權，亦不違反東淸鐵道會社諸條約，遂議結。而松花江航權之議又起。

初，中俄條約所指之松花江，係指黑龍江下流而言，未許在內地松花江通航也。俄謂咸豐八年、光緒七年所結條約，係指松花江全部而言。至是，命濱江關道施肇基與俄領事開議，俄人仍執舊約爲詞。中國以日、俄訂立樸資茅斯約，已將中、俄在松花江獨得行船之權利讓出，舊約不適用。相與辯論不決。旣而俄人又欲干預中國管理船舶之權，及防疫並給發專照等事，復嚴拒之。俄人仍執全江貿易自由，不認商埠、內地之區別，又以江路與陸路爲一類，不與海路幷論，久之始就範。明年締約：一，滿洲界內之松花江，許各國自由航行；二，船泊稅依所載貨物重量收納；三，兩國國境各百里之消費貨各免稅；四，穀物稅比從來減三分之一；五，內地輸出貨在松花江稅關照例納稅。此約成，於是各國得航行於松花江內，而北滿之局勢一變。時中國與俄訂東省鐵路公議會大綱，俄人以中國開放商埠，與東淸鐵路地段性質不同，東淸鐵路地段內有完全行政之權，意在於東淸鐵路界內施行其行政權。政府以俄侵越主權，嚴拒之。幷通告各國曰：「東淸鐵路合同首段卽載明中政府與華俄道勝銀行合夥開設生意，曰『合夥開設生意』，明係商務之性質，與行政上之權限絲毫不得侵越。乃俄引此合同第六條爲據，謂有『由公司一手經理』字樣爲完全行政之權，不知其一手經理，卽合同所指鐵路工程實在必需之地段，而公司經理之權限，不得越出鐵路應辦之事，絕無可推移到行政地位。又宣統元年中、俄兩國所訂東省鐵路界內公議會大綱條款，自第一條以至第五條，均係聲明鐵路界內中國主權不得稍有損失。又光緒三十一年俄、日在美國議定條約，第三條載明俄、日兩國政府統行歸還中國全滿洲完全專主治理之權。又俄政府聲明俄國在滿洲並無地方上利益或優先及獨得讓與之件，致侵害中國主權，或違背機會均等主義。豈能强解商務合同，並以未經中國明認宣布之言爲依據，而轉將兩國之約廢棄不論耶？」俄人屈於詞，乃定議。

宣統二年，屆中俄通商條約期滿，應改訂，因與駐京俄使交涉，俄使堅執舊約。正爭議間，俄使奉本國政府電旨，轉向中國提出要求案：一，兩國國境各百里內，俄制定之國境稅率，不受限制，兩國領土內之產物及工商品，皆無稅貿易；二，旅中國俄人訟案，全歸俄官審理，兩國人民訟案，歸兩國會審；三，蒙古及天山南北兩路，俄人得自由居住，爲無稅貿易；四，俄國於伊犂、塔爾巴哈台、庫倫、烏里雅蘇台、喀什噶爾、烏魯木齊、科布多、哈密、古城、張家口等處，得設置領事官，並有購置土地建築房屋之權。久之，始復俄使云：一，國境百里內，中國確遵自由貿易之約，並不限制俄國之國境稅率；二，兩國人民訟案，應照舊約辦理；三，蒙古、新疆地方貿易，原定俟商務興盛，卽設定稅率；四，科布多、哈密、古城三處，旣認爲貿易隆盛，中國依俄國設領事之要求，俄國亦應依原約，允中國制定關稅。俄使以告本國政府，俄以制定關稅不應與增設領事並提，更向中國質問，並命土耳其斯坦駐軍進伊犂邊境，遂允之。俄人又遣兵駐庫倫，向外務部邀求開礦優先權，拒之。會革命軍興，庫倫獨立，事益不可問矣。

清史稿卷一百五十四

志一百二十九

邦交二

英吉利

英吉利在歐羅巴西北。清康熙三十七年置定海關，英人始來互市，然不能每歲至。雍正三年來粵東，所載皆黑鉛、番錢、羽緞、哆囉、嗶嘰諸物，未幾去。七年，始通市不絕。乾隆七年冬十一月，英巡船遭風，飄至廣東澳門，總督策楞令地方官給貲糧、修船舶遣之。二十年，來寧波互市。時英商船收定海港，運貨寧波，踰年遂增數舶。旋禁不許入浙，並禁絲觔出洋。二十四年，英商喀喇生、通事洪任輝欲赴寧波開港。既不得請，自海道入天津，仍乞通市寧波，並訐粵海關陋弊。七月，命福州將軍來粵按驗，得其與徽商汪聖儀交結狀，治聖儀罪，而下洪任輝於獄。旋釋之。二十七年夏五月，英商咯囒等以禁止絲觔，其貨艱於成造，仍求通市。粵督蘇昌以聞，許之，然仍限每船只許配買土絲五千觔，二蠶湖絲三千觔，至頭蠶湖絲及綢緞綾匹仍禁。

五十八年，英國王雅治遣使臣馬戛爾尼等來朝貢，表請派人駐京，及通市浙江寧波、珠山、天津、廣東等地，並求減關稅，不許。六十年，復入貢，表陳「天朝大將軍前年督兵至的密，英國曾發兵應援」。的密卽廓爾喀也。奏入，敕書賜賚如例。

嘉慶七年春三月，英人窺澳門，以兵船六泊雞頸洋，粵督吉慶宣諭回國，至六月始去。十年春三月，英王雅治復遣其臣多林文附商船來粵獻方物。十三年秋九月，復謀襲澳門，以兵船護貨爲詞，總督吳熊光屢諭使去，不聽，遂據澳，復以兵船闖入虎門，進泊黃埔。命剿辦絕市，褫熊光職，英人始於十月退師。明年春二月，增築澳門礮臺。夏五月，定廣東互市章程。十九年冬十一月，禁英人傳教。二十年春三月，申鴉片煙禁。

二十一年夏六月，英國遣其臣加拉威禮來粵東投書，言英太子攝政已歷四年，感念純皇帝聖恩，遣使來獻方物，循乾隆五十八年貢道，由海洋舟山至天津赴都，懇總督先奏。時總督蔣攸銛方入朝，巡撫董教增權督篆，許其晉見，援督撫大吏見暹邏諸國貢使禮，加拉威禮不受，再三議相見儀，教增不得已許之。其日總督及將軍、兩副都統、海關監督畢坐節堂，陳儀衞，加拉威禮上謁，免冠致敬，通事爲達意，敎增離坐起立相問答，允爲入告，加拉威禮徑出。比敎增奏入，而貢使羅爾美都、副貢使馬禮遜乘貢舟五，已達天津。帝命戶部尙書和世泰、工部尙書蘇楞額往天津，率長蘆鹽政廣惠伴貢使來京，一日夜馳至圓明園，車路顚簸，又衣裝皆落後。詰朝，帝升殿受朝會，時正使已病，副使言衣車未至，無朝服不能成禮，和世泰懼獲譴，詭奏二貢使皆病，遂却其貢不納，遣廣惠伴押使臣回粵。初英貢使齎表，帝覽表文，抗若敵體，又理藩院迓接不如儀，帝故疑其慢，絕不與通。羅爾美都等旣出都，有以實入告者，帝始知非貢使罪，復降諭錫賚，追及良鄉，酌收貢物，仍賜國王珍玩數事，並敕諭國王歸咎使臣不遵禮節謝宴，英使怏怏去。七月，降革蘇楞額、和世泰、廣惠等有差。

道光元年，復申鴉片煙禁。七年，廣東巡撫朱桂楨毀英商公局，以其侵佔民地也。十三年，英罷商公司。西洋市廣東者十餘國皆散商，惟英有公司。公司與散商交惡，是年遂散公司，聽商自運，而第征其稅。明年，粵督盧坤誤聽洋商言，以英公司雖散，而粵中不可無理洋務之人，遂奏請飭英仍派遣公司大班來粵管理貿易。英王乃遣領事律勞卑來粵。尋代以義律。義律議在粵設審判署，理各洋交涉訟事，其貿易仍聽散商自理。

十六年，定食鴉片煙罪。初，英自道光元年以後，私設貯煙大舶十餘隻，謂之「躉船」，又省城包買戶，謂之「窰口」。由窰口兌價銀於英館，由英館給票單至躉船取貨。有來往護艇，名曰「快蟹」，礮械畢具。太常寺卿許乃濟見銀輸出歲千餘萬，奏請弛煙禁，令英商仍照藥材納稅，入關交行後，只許以貨易貨，不得用銀購買，以示限制。已報可，旋因疆臣奏請嚴販賣吸食罪名，加重至死，而私販私吸如故。十八年，鴻臚寺卿黃爵滋請嚴吸食罪，行保甲連坐之法，且謂其禍烈於洪水猛獸。疏上，下各督撫議，於是請禁者紛起。

湖廣總督林則徐奏尤剴切，言：「鴉片不禁絕，則國日貧，民日弱，十餘年後，豈惟無可籌之餉，抑且無可用之兵。」帝深然其言，詔至京面授方略，以兵部尚書頒欽差大臣關防，赴粵東查辦。明年春正月，至粵東，與總督鄧廷楨會申煙禁，頒新律：以一年又六月爲限，吸煙罪絞，販煙罪斬。時嚴捕煙犯，洋人泊零丁洋諸躉船將徙避，則徐咨水師提督各營分路扼守，令在洋躉船先繳煙方許開艙。又傳集十三行商人等，令諭各商估煙土存儲實數，並索歷年販煙之查頓、顛地二人，查頓遁走。義律託故回澳門。及事亟，斷水陸餉道，義律乃使各商繳所存煙土，凡二萬二百八十三箱，則徐命悉焚之，而每箱償以茶葉五觔，復令各商具「永不售賣煙土」結。於是煙商失利，遂生觖望。

義律恥見挫辱，乃鼓動國人，冀國王出干預。國王謀於上下議院，僉以此類貿易本干中國例禁，其曲在我。遂有律士丹者，上書求禁，並請禁印度栽種。又有地爾洼，作鴉片罪過論，以爲既壞中國風俗，又使中國猜忌英人，反礙商務。然自燒煙之信傳入外洋，茶絲日見翔踊，銀利日長，義律遂以爲鴉片興衰，實關民生國計。

時林則徐令各洋船先停洋面候查，必無攜帶鴉片者，始許入口開艙。各國商俱如命。獨義律抗不遵命，謂必俟其國王命定章程，方許貨船入口，而遞書請許其國貨船泊近澳門，不入黃埔。則徐嚴駁不許，又禁絕薪蔬食物入澳。義律率妻子去澳，寄居尖沙嘴貨船，乃潛招其國兵船二，又取貨船配以礮械，假索食，突攻九龍山。參將賴恩爵礮沈其雙桅船一，餘船留漢仔者亦爲水師攻燬。義律求澳人轉圜，願遵新例，惟不肯卽交毆斃村民之犯；又上書請毋逐尖沙嘴貨船，且俟其國王之命。水師提督關天培以不交犯，擲還其書。冬十月，天培擊敗英人，義律遁。十一月，罷英人互市，英貨船三十餘艘皆不得入。又搜捕偵探船，日數起。英商人人怨義律，義律不得已，復遣人投書乞恩，請仍回居澳門。林則徐以新奉旨難驟更，復嚴斥與之絕。而英貨船皆泊老萬山外洋不肯去，惟以厚利啗島濱亡命漁舟蜑艇致薪蔬，且以鴉片與之市。是月，廣東增嚴海防。

二十年春正月，廣東游擊馬辰焚運煙濟英匪船二十餘。夏五月，林則徐復遣兵逐英人於磨刀洋。時義律先回國請益兵，其國遂命伯麥率兵船十餘及印度兵船二十餘來粵，泊金星門。則徐以火艘乘風潮往攻，英船避去。英人見粵防嚴，謀擾閩，敗於廈門。六月，攻定海，殺知縣姚懷祥等。事聞，特旨命兩江總督伊里布爲欽差大臣，赴浙督師。七月，則徐遣副將陳連升、游擊馬辰，率船五艘攻英帥士密於磨刀洋。馬辰一艘先至，乘風攻之，礮破其船。

八月，義律來天津要撫。時大學士琦善任直隸總督，義律以其國巴里滿衙門照會中國宰相書，遣人詣大沽口上之，多所要索：一，索貨價；二，索廣州、厦門、福州、定海各港口爲市埠；三，欲敵體平行；四，索犒軍費；五，不得以外洋販煙之船貽累岸商；六，欲盡裁洋商浮費。琦善力持撫議，旋宴其酋目二十餘人，許陳奏。遂入都面陳撫事。乃頒欽差大臣關防，命琦善赴粵東查辦。是月，免浙江巡撫烏爾恭額，以失守海疆，又英人投書不受故也。義律既起椗，過山東，巡撫託渾布具犒迎送，代義律奏事，謂義律恭順，且感皇上派欽差赴粵查辦恩。罷兩廣總督林則徐，上諭切責，以怡良暫署總督事。會義律南行過蘇，復潛赴鎮海。時伊里布駐浙，接琦善議撫咨，遣家丁張喜赴英船犒師。英水師統領伯麥踞定海數月，聞撫事定，聽洋艘四出游弈。至餘姚，有土人誘其五桅船入攔淺灘，獲黑白洋人數十。伊里布聞之，飛檄餘姚縣設供張，委員護入粵。

冬十月，琦善抵廣州，尋授兩廣總督。義律請撤沿海諸防。虎門爲廣州水道咽喉，水師提督駐焉。其外大角、沙角二礮臺，燒煙後，益增戍守。師船、火船及蜑艇、扒龍、快蟹，悉列口門內外，密布横檔暗樁，至是裁撤殆盡。義律遂日夜增船櫓，造攻具；首索煙價，繼求香港，且行文趣琦善速覆。十二月五日，突攻沙角礮臺，副將陳連升等兵不能支，遂陷，皆死之。英人又以火輪、三板赴三門口，焚我戰船十數艘，水師亦潰。英人乘勝攻大角礮臺，千總黎志安受傷，推礮落水，潰圍出，礮臺陷。英人悉取水中礮，分兵戍守，於是虎門危急。水師提督關天培、總兵李廷鈺、游擊馬辰等守靖遠、威遠礮臺，僅兵數百，遣弁告急，不應。廷鈺至省泣求增兵，以固省城門戶。琦善恐妨撫議，不許。文武僚屬皆力請，始允遣兵五百。義律仍挾兵力索煙價及香港。二十一年春正月，琦善以香港許英，而未敢入奏，乃歸浙江英俘易定海。義律先遣人赴浙繳還定海，續請獻沙角、大角礮臺以易之。琦善與訂期會於蓮花城。義律出所定貿易章程，並給予香港全島，如澳門故事，皆私許之。

既而琦善以義律來文入奏，帝怒不許。罷琦善並伊里布，命宗室奕山爲靖逆將軍，尚書隆文、湖南提督楊芳爲參贊大臣，赴粵勦辦。時義律以香港已經琦善允給，徧諭居民，以香港爲英屬埠。又牒大鵬營副將令撤營汛。粵撫怡良聞之，大駭，奏聞。帝大怒，命籍琦善家。遂下詔暴英人罪，促奕山等兼程進，會各路官兵進勦。尋以兩江總督裕謙爲欽差大臣，赴浙視師。時定海、鎭海等處英船四出游弈，裕謙遣兵節次焚勦，並誅其酋目一人。二月，英人犯虎門，水師提督關天培死之；乘勝薄烏涌，省城大震。十三日，參贊楊芳抵粵，各路官兵未集，而虎門內外舟師悉被燬。楊芳議以堵爲勦，使總兵段永福率千兵扼守東勝寺，陸路總兵長春率千兵扼鳳凰岡水路。英人率師近逼，雖經鳳凰岡官兵擊退，仍乘潮深入，飛礮火箭並力注攻。會美領事以戰事礙各國商船進口，赴營請進埔開艙，兼爲英人說和，謂英人繳還定海，惟求通商如舊，並出義律書，有「惟求照常貿易，如帶違禁物，卽將貨船入官」之文。時定海師船亦至粵，楊芳欲藉此緩兵退敵，遂與怡良聯銜奏請。帝以其復踵請撫故轍，嚴旨切責不許。三月，詔林則徐會辦浙江軍務，尋復遣戍新疆。

四月，奕山以楊芳、隆文等軍分路夜襲英人，不克。英人遂犯廣州城。不得已，仍議款。義律索煙價千二百萬。美商居間，許其半。議旣定，奕山奏稱義律乞撫，求許照舊通商，永不售賣鴉片，將所償費六百萬改爲追交商欠。撫議旣定，英人以撤四方礮臺兵將擾佛山鎭，取道泥城，經蕭關、三元里，里民憤起，號召各鄉壯勇，四面邀截，英兵死者二百餘，殪其渠帥伯麥等。義律馳援，復被圍。亟遣人突出告急於廣州知府余葆純，葆純馳往解散，翼義律出圍登舟免。時三山邨民亦擊殺英兵百餘。佛山義勇圍攻英民於龜岡礮臺，殲英兵數十，又擊破應援之杉板船。新安亦以火攻燬其大兵船一，餘船遁。義律牒總督示諭，衆始解散。

義律受挫，久之，始變計入閩，攻廈門，再陷。復統兵攻定海，總兵葛雲飛等戰沒。裕謙以所部兵赴鎮海，方至，而英人自蛟門島來攻。時鎮海防兵僅四千，提督余步雲與總兵謝朝恩各領其半。步雲違裕謙節制，不戰先走。英遂據招寶山，俯攻鎮海，陷之。裕謙赴水死，謝朝恩亦戰歿。英人乘勝據寧波。八月，英人攻雞籠，爲臺灣道姚瑩所敗。九月，命大學士宗室奕經爲揚威將軍，侍郎文蔚、副都統特依順爲參贊大臣，赴浙，以怡良爲欽差大臣，赴閩，會辦軍務。二十二年春正月，大兵進次紹興，將軍、參贊定議同日分襲寧波、鎮海。豫洩師期，及戰，官軍多損失。是月，姚瑩復敗英人於大安。二月，英人攻慈谿營，金華協副將朱貴及其子武生昭南、督糧官卽用知縣顏履敬死之。是月，起用伊里布。先是伊里布解任，並逮其家人張喜入都遣戍。至是，浙撫劉韻琦請起用，報可。旋以耆英爲杭州將軍，命臺灣設防。

夏四月，英人犯乍浦，副都統長喜、同知韋逢甲等戰死。時伊里布已來浙，卽命家人張喜見英酋，告以撫事有成，令先退至大洋，卽還所俘英人。英人如約，遂以收復乍浦奏聞。英人連陷寶山、上海，江南提督陳化成等死之，遂犯松江，陷鎮江，殺副都統海齡。淮揚鹽商懼甚，賂英師乞免。

秋七月，犯江寧。英火輪兵船八十餘艘溯江上，自觀音門至下關。時耆英方自浙啓行，伊里布亦奉詔自浙馳至，遣張喜詣英船道意。英人要求各欵：一，索煙價、商欠、兵費銀二千一百萬；一，索香港爲市埠，並通商廣州、福州、廈門、寧波、上海五口；一，英官與中國官用敵體禮；餘則劃抵關稅、釋放漢奸等款，末請鈐用國寶。會耆英至，按款稍駮詰。英突張紅旗，揚言今日如不定議，詰朝攻城，遂即夜覆書，一如所言。翼日，遣侍衞咸齡、布政司黃恩彤、寧紹台道鹿澤長往告各款已代請，俟批回即定約。奏上，許之。時耆英、伊里布、牛鑑以將修好，遣張喜等約期相見。馬利遜請以本國平行禮見。耆英等遂詣英舟，與璞鼎查等用舉手加額禮訂約，復親具牛酒犒師，畫諾於靜海寺，是爲白門條約。自此煙禁遂大開矣。而英猶以臺灣殺英俘，爲總兵達洪阿、兵備道姚瑩罪來詰，不得已，罷之。

十二月，以伊里布爲欽差大臣，赴廣東督辦通商事。二十三年夏，伊里布卒，詔耆英往代。先許英廣州通市。初，英粵東互市章程，各國皆就彼掛號始輸稅。法人、美人皆言「我非英屬」，不肯從，遂許法、美二國互市皆如英例。

二十四年，英人築福州烏石山，英領事官見浙閩總督劉韻珂，請立商埠，欲於會城內外自南臺至烏石山造洋樓，阻之。值交還欠款，照江寧約，已付甲辰年銀二百五十萬，應將舟山、鼓浪嶼退還中國。英公使藉不許福州城內建樓事，不與交還。屢經辯論，始允退還鼓浪嶼，然執在彼建屋如故。

福州既得請，遂冀入居廣州城。廣州民憤阻，揭帖議劫十三洋行，英酋逸去，入城之議遂不行。二十六年秋七月，英人還舟山。十二月，請與西藏定界通商，以非條約所載，不許。二十八年，英酋文翰復請入廣州城互市，總督徐廣縉拒之。越日，英舟闖入省河，廣縉單舸往諭，省河兩岸義勇呼聲震天。文翰請仍修舊好，不復言入城事。

咸豐元年，文宗嗣位，英人以火輪船駛赴天津，稱來弔大行皇帝喪。直隸總督以聞，命却之。三年，洪秀全陷江寧，英以輪船駛至江寧，迎入城，與通欵，英人言：「不助官，亦不助洪。」四年，劉麗川據上海作亂。初，英人阻官軍進兵，江督怡良等詰之。既而英人欲變通貿易章程，聯法、美二國請於粵督葉名琛，不許，遂赴上海見蘇撫吉爾杭阿。九月，赴天津。帝命長蘆鹽政崇綸等與相見，拒其遣使駐京諸條，久之始去。

六年秋九月，英人巴夏里致書葉名琛，請循江寧舊約入城，不省。英人攻粵城，不克逞，復請釋甲入見，亦不許。冬十月，攻虎門橫檔各礮臺，又爲廣州義勇所却，乃馳告其國。於是簡其伯爵額爾金來華，擬由粵入都，先將火輪兵船分泊澳門、香港以俟。額爾金至粵，初謀入城，不可。與水師提督、領事等議欵，牒粵中官吏，俟其復書定進止，名琛置不答。七年冬十二月，英人遂合法、美、俄攻城，城陷，執名琛去。因歸罪粵中官吏，上書大學士裕誠求達。裕誠覆書，令赴粵與新命粵督黃宗漢商辦，不省。

八年夏四月，聯兵犯大沽，連陷前路礮臺。帝命科爾沁親王僧格林沁率師赴天津防剿，京師戒嚴。帝命大學士桂良、吏部尚書花沙納赴天津查辦，復起用耆英偕往。耆英至，往謁英使，不得見，擅自回京，賜自盡。英有里國太者，嘉應州人也，世仰食外洋，隨英公使額爾金爲行營參贊。聞桂良至，即持所定新議五十六條，要桂良允許，桂良辭之。津民憤，與英人鬬，擒里國太將殺之。桂良、譚廷襄恐誤撫局，亟遣人釋里國太，送回舟。時廷臣交章請罷撫議，以彊事棘，不得已，始命桂良等與定和約五十六款。六月，遣桂良、花沙納巡視江蘇，籌議諸國通商稅則。冬十月，定通商稅則。時英人以條約許增設長江海口商埠，欲先察看沿江形勢。定約後，即遣水師、領事以輪船入江，溯流至漢口，踰月而返。

是年，議通商善後事。時各國來天津換約，均因桂良原議，改由北塘海口入。獨英船先抵天津海口，俄人繼之，突背前約，闖入大沽口。直隸總督恆福遣人持約往，令改道，不聽。九年夏五月，英船十餘艘駛至灘心。越日，豎紅旗挑戰，拽倒港口鐵鏁、鐵椿，遂逼礮臺，開礮轟擊。時僧格林沁防海口，開礮應之，沈燬其數船。英人復以步隊接戰，又敗之。十年夏六月，復犯天津海口，直隸提督樂善守北岸礮臺，拒戰，中礮死。時僧格林沁尚守南岸礮臺。詔罷兵議撫，乃自天津退軍張家灣，英遂乘勢陷天津。尋復遣僧格林沁進軍通州。帝仍命大學士桂良往天津議撫。桂良抵津，牒洋人商和局。英公使額爾金、參贊巴夏里請增軍費及在天津通商，並請各國公使帶兵入京換約。桂良以聞，嚴旨拒絕，仍命僧格林沁等守通州。

八月，英人犯通州，帝命怡親王載垣赴通議欵。時桂良及軍機大臣穆蔭皆在，英使額爾金遣其參贊巴夏里入城議和，請循天津原議，並約法使會商。翼日，宴於東獄廟。巴夏里起曰：「今日之約，須面見大皇帝，以昭誠信。」又曰：「遠方慕義，欲觀光上國久矣，請以軍容入。」王憤其語不遜，密商僧格林沁，擒送京師，兵端復作。時帝適秋獮，自行在詔以恭親王奕訢爲全權大臣，守京師，並詔南軍入援。時團防大臣、大學士周祖培，尚書陳孚恩等議籌辦團練城守事。恭親王、桂良駐城外，而英師已薄城下，焚圓明園。英人請開安定門入與恭親王面議和，乃約以次日定和議，而釋巴夏里於獄，遣恆祺送歸。九月，和議成，增償兵費八百萬，並開天津商埠，復以廣東九龍司地與英人。是年，用里國太幫辦稅務。

十一年春二月，英人始立漢口、九江市埠，均設洋關。九月，總署因與英使卜魯士議暫訂長江通商章程十二欵，納稅章程五款。是月，交還廣東省城。卜魯士始駐京。同治元年，粵賊陷蘇、松、常、太各城，各國懼擾上海商務，謀自衞。英水師提督何伯隨法、美攻剿，復青浦、寧波諸處。捷聞，嘉獎。九月，與英人續訂長江通商章程。二年春，以英將戈登統常勝軍，權授江蘇總兵。四年秋七月，英交還大沽礮臺。

五年春正月，與英人議立招工章程。七年十二月，臺灣英領事吉必勳因運樟腦被阻，牽及教堂，洋將茄當踞營署，殺傷兵勇，焚燒軍火局庫，索取兵費。事聞，詰英使，久之，始將吉必勳撤任。未幾，英兵船在潮州，又有毀燒民房、殺死民人事，幾釀變。八年九月，與英換新約，英使阿禮國請朝覲，不許。九年，請辦電綫、鐵路，不許。旣而請設水底電綫於中國通商各口，許之。十年，請開瓊州商埠。先是同治七年修新約，英使阿禮國允將瓊州停止通商，以易溫州。至是，英使威妥瑪與法、俄、美、布各國咸以爲請，允仍開瓊州。十二年，穆宗親政，始覲見。初因覲見禮節中外不同，各國議數月不決，英持尤力，至是始以鞠躬代拜跪，惟易三鞠躬爲五，號爲加禮。

光緒元年正月乙卯，英繙譯官馬嘉理被戕於雲南。先是馬嘉理奉其使臣威妥瑪命，以總署護照赴緬甸迎探路員副將柏郎等，偕行至雲南騰越廳屬蠻允土司地被戕。時岑毓英以巡撫兼署總督。威妥瑪疑之，聲言將派兵自辦。帝派湖廣總督李瀚章赴滇查辦。威妥瑪遂出京赴上海，於是有命李鴻章、丁日昌會同商議之舉。威妥瑪至津見李鴻章，以六事相要，鴻章拒之。政府派前兵部侍郎郭嵩燾使英，威妥瑪亦欲拒議。又駐滬英商租上海、吳淞間地敷設鐵軌，行駛火車，總督沈葆楨以英人築路租界外，違約，飭停工。至是，威妥瑪遣其漢文正使梅輝立赴滬商辦，鴻章乃與約，令英商停工，而中國以原價購回自辦。初上海旣通商，租界內仍有釐捐局，專收華商未完半稅之貨。至是，威妥瑪欲盡去釐捐局，界內中國不得設局徵收釐稅，鴻章請政府勿許。

二年五月，諭：「馬嘉理案，疊經王大臣與英使威妥瑪辯論未洽，命李鴻章商辦早結。」六月，命鴻章爲全權大臣，赴煙台，與威妥瑪會商，相持者逾月，議始定。七月，鴻章奏稱：「臣抵煙台，威妥瑪堅求將全案人證解京覆訊，其注意尤在岑毓英主使。臣與反復駁辨，適俄、德、美、法、日、奥六國使臣及英、德水師提督均集煙台，往來談讌，因於萬壽聖節，邀請列國公使、提督至公所燕飲慶賀，情誼聯洽。翌日，威使始允另議辦法，將條欵送臣查核。其昭雪滇案六條，皆總理衙門已經應允，惟償欵銀數未定。其優待使臣三條：一，京外兩國官員會晤，禮節儀制互異，欲訂以免爭端；一，通商各口會審案件；一，中外辦案觀審，兩條可合併參看。觀審一節，亦經總署於八條內允行。至通商事務原議七條：一，通商各口，請定不應抽收洋貨釐金之界，並欲在沿海、沿江、沿湖地面，添設口岸；一，請添口岸，分作三項，以重慶、宜昌、溫州、蕪湖、北海五處爲領事官駐紮，湖口、沙市、水東三處爲稅務司分駐，安慶、大通、武穴、陸溪口、岳州、瑪斯六處爲輪船上下客商貨物；一，洋藥准在新關併納稅釐；一，洋貨半稅單，請定劃一欵式，華、洋商人均准領單，洋商運土貨出口，商定防弊章程；一，洋貨運回外國，訂明存票年限；一，香港會定巡船收稅章程；一，各口未定租界，請再議訂。以上如洋藥釐稅由新關併徵，既免偷漏，亦可隨時加增；土貨報單嚴定章程，冀免影射冒騙諸弊；香港妥議收稅辦法，均尚於中國課餉有益。其餘亦與條約不背。英使又擬明年派員赴西藏探路，請給護照，因不便附入滇案、優待、通商三端之內，故列爲專條。免定口界、添設口岸兩事，反覆爭論，乃允免定口界，僅於租界免抽洋貨釐金，且指明洋貨、土貨仍可抽收。將來洋藥加徵，稍資撥補，似於大局無甚妨礙。至添口岸一節，總署已允宜昌、溫州、北海三處，赫德續請添蕪湖口，亦經奏准。今仍堅持前議，准添四口，作爲領事官駐紮處所。其重慶派英員駐寓，總署已於八條內議准，未便卽作口岸，聲明俟輪船能上駛時，再行議辦。至沿江不通商口岸上下客商貨物一節，自長江開碼頭後，輪船隨處停泊，載人運物，因未明定章程，礙難禁阻。英使旣必欲議准，似不在停泊處所之多寡，要在口岸內地之分明。臣今與訂『上下貨物，皆用民船起卸，仍照內地定章，除洋貨稅單查驗免釐外，有報單之土貨，只准上船，不准卸賣，其餘應完稅釐，由地方官一律妥辦』等語，是與民船載貨查收釐金者一律，只須各地方關卡員役查察嚴密耳。英使先請湖口等九處，臣與釐定廣東之水東係沿海地方，不准驟開此禁，岳州距江稍遠，不准繞越行走，姑允沿江之大通、安慶、湖口、武穴、陸溪口、沙市六處，輪船可暫停泊，悉照內地抽徵章程。臣復與德國使臣巴蘭德議及德國修約添口，卽照英國議定辦理。威妥瑪請半年後，開辦口岸租界，免洋貨釐，洋藥並納釐稅，須與各國會商，再行開辦，因准另爲一條。至派員赴西藏探路一節，條約旣准游歷，亦無阻止之理。臣於原議內由總理衙門、駐藏大臣查度情形字樣，屆時應由總理衙門妥愼籌酌。迨至諸議就緒，商及滇案償款。英使謂去冬專爲此事，調來飛游幫大兵船四隻，保護商民，計船費已近百萬。臣謂兩國並未失和，無認償兵費之例，囑其定數。英使謂吳淞鐵路正滋口舌，如臣能調停主持，彼卽擔代，仍照原議作二十萬，遂定議。因於二十六日，將所繕會議條欵華、洋文四分，彼此畫押蓋印互換。至滇邊通商，威使面稱擬暫緩開辦，求於結案諭旨之末，豫爲聲明。」疏入，報聞。鴻章仍回直督本任。約成互換，是爲煙台條約。約分三端：一曰昭雪滇案，二曰優待往來，三曰通商事務。又另議專案一條。是年，遣候補五品京堂劉錫鴻持璽書往英，爲踐約惋惜滇案也。

三年，英窺喀什噶爾，以護持安集延爲詞。陝甘總督左宗棠拒之。英人欲中國與喀什噶爾劃地界，又請入西藏探路，皆不行。是年始於英屬地星嘉坡設領事。四年秋八月，福建民燬英烏石山教堂，英人要求償所失乃已。五年，英欲與中國定釐稅併徵確數。總署擬仍照煙台原議條欵，稅照舊則，釐照舊章。

七年十月，李鴻章復與威妥瑪議洋藥加徵稅釐。初，洋藥稅釐併徵之議，始發於左宗棠，原議每箱徵銀一百五十兩。其後各督撫往來商議，訖無成說。滇案起，鴻章乃與威妥瑪議商洋藥加徵稅釐。威妥瑪謂須將進出口稅同商，定議進口稅值百抽十，而出口稅以英商不願加稅爲辭，並主張在各口新關釐稅並加，通免內地釐金。鴻章以欲通免釐金，當於海關抽稅百二十兩，須加正稅三倍。如不免釐金，則須增加一倍至六十兩。既，威妥瑪接到本國擬定鴉片加稅章程數條：「一，釐稅併徵增至九十兩；二，增正稅至五十兩，各口釐金仍照舊收；三，擬由中國通收印度鴉片，而印度政府或約於每年減種鴉片，或由兩國商定當減年限，至限滿日停種，至每石定價，或按年交還，或另立付價，時候亦由兩國訂明，其價或在香港撥還，或在印度交兌，其事則官辦商辦均可；四，擬立專辦洋藥英商公司，每箱應償印度政府一定價值，應納中國國家一定釐稅，至繳清此項釐稅後，其洋藥在中國即不重徵，印度政府約明年限，將鴉片逐漸裁止。」初，威妥瑪於進口已允值百抽十，至是因洋藥稅釐未定，又翻。又欲於各口租界外，酌定二三十里之界，免收洋貨釐。鴻章以租界免釐，載在條約，業經開辦有年，何得復議推廣？拒之。威妥瑪又請由香港設電綫達粵省，其上岸祗准在黃埔輪船停泊附近之處，由粵省大吏酌定。

九年三月，上諭：「洋藥稅釐併徵，載在煙台條約，總理衙門歷次與英使威妥瑪商議，終以咨報本國爲詞，藉作延宕。威妥瑪現已回國，著派出使大臣曾紀澤妥爲商辦，如李鴻章前議一百一十兩之數，併在進口時輸納，即可就此定議。洋藥流毒多年，自應設法禁止。英國現有戒煙會，頗以洋藥害人爲恥。如能乘機利導，與英外部酌議洋藥進口、分年遞減專條，逐漸禁止，尤屬正本清源之計。並著酌量籌辦。」紀澤奉旨與英外部議，三年始定。十一年六月，奏曰：「臣遵旨與英外部尚書伯爵葛蘭斐爾，侍郎龐斯茀德、克雷等商論，力爭數目，最後乃得照一百一十兩之數。今年二月，准彼外部允照臣議，開具節略，咨送臣署，且欲另定專條，聲明中國如不能令有約諸國一體遵照，英國卽有立廢專約之權。臣復力爭，不允載入專條，彼乃改用照會。詳勘所送節略，卽係商定約稿。其首段限制約束等語，緣逐年遞減之說，印度部尚書堅執不允。其侍郎配德爾密告臣署參贊官馬格里云，照專條辦法，印度每年已減收英金七十萬餘鎊，中國欲陸續禁減洋藥入口，惟有將來陸續議加稅金，以減吸食之人，而不能與英廷豫定遞減之法。遂未堅執固爭，而請外部於專案首段，加入於行銷洋藥之事須有限制約束一語，以聲明此次議約加稅之意，而暗伏將來修約議加之根。至如何酌定防弊章程，設立稽徵總口，煙台條約第三端第五節固已明定要約。臣此次所定專條第九款又復聲明前說，將來派員商定，自不難妥立章程，嚴防偷漏。其餘各條，核與疊准總理衙門函電吻合。旋承總署覆電照議畫押。時適英外部尚書葛蘭斐爾退位，前尚書侯爵沙力斯伯里推爲首相，仍兼外部。六月三日，始據來文定期七日畫押。臣屆期帶同參隨等員前往外部，與沙力斯伯里將續增條約專條漢文、英文各二分，互相蓋印畫押。按此次所訂條約，除第二條稅釐併徵數目，恪遵諭旨，議得百一十兩外，又於第五條議得洋藥於內地拆包零售，仍可抽釐，是內地並未全免稅捐。將來若於土煙加重稅釐，以期禁滅，則洋藥亦可相較均算，另加稅釐。臣於專條中並未提及土煙加稅之說，以期保我主權。」疏入，得旨允行。旋兩國派員互換，是爲煙台續約。

秋八月，英人議通商西藏。是歲英窺緬甸，踞其都。滇督岑毓英奏請設防，旋遣總兵丁槐率師往騰越備之。中國以緬甸久爲我屬，電曾紀澤向英外部力爭，令存緬祀立孟氏。英外部不認緬爲我藩屬，而允立孟氏支屬爲緬甸敎王，不得與聞政令。紀澤未允，外部尚書更易敎王之說亦置諸不議矣。既，英署使歐格訥以煙台約有派員入藏之文，堅求立見施行。總署王大臣方以藏衆不許西人入境，力拒所請。會歐格訥以緬約事自詣總署，言緬甸前與法私立盟約，是以興師問罪。今若重立緬王，則法約不能作廢，故難從命。今欲依緬甸舊例，每屆十年，由緬甸長官派員赴京，而勘定滇、緬邊界，設關通商，以踐前約。王大臣等以但言派員赴京，並未明言貢獻，辨爭再四，始改爲呈進方物，循例舉行，而勘界、通商，則皆如所請。歐格訥始允停止派員入藏，藏、印通商，仍請中國體察情形，再行商議。議既定，總署因與歐格訥商訂草約四條，得旨允行。十二年九月，請英退朝鮮巨文島，不聽。十月，議瓊州口岸。英領事以條約有牛莊、登州、臺灣、潮州、瓊州府城口字樣，謂城與口皆口岸，中國以英約十一款雖有瓊州等府城口字樣，而煙台續約第三端，聲明新舊各口岸，除已定有各國租界，應無庸議云云。英約天津郡城海口作通商埠，紫竹林已定有各國租界，城內亦不作爲口岸，以此例之，則瓊州海口係口岸，瓊州府城非口岸也。十三年秋七月，與英換緬約於倫敦。

十四年春，英人廝葛藟督兵入藏，藏人築卡禦之，爲英屬印兵所逐。藏人旋又攻哲孟雄境之日納宗，又敗。先是，藏地國初歸附，自英侵入印度後，藏遂與英鄰。乾隆年，英印度總督曾通使班禪求互市，班禪謂當請諸中國，議未協而罷。哲孟雄者，藏、印間之部落也。道光間，英收爲印屬。及煙臺訂約有派員入藏之說，而藏人未知，遂築礮臺於邊外之隆吐山，冀阻英兵使不得前。英人以爲言，帝諭四川總督劉秉璋，飛咨駐藏大臣文碩、幫辦大臣升泰，傳各番官嚴切宣示，迅撤卡兵。於時升泰尚未抵任，文碩未諳交涉，輒以拒英護藏覆奏。於是嚴旨切責，以長庚代之。仍有旨催令升泰赴藏，傳齊番官，諭以：「上年與英人訂議，緩辦通商，正朝廷護持黃敎、覆庇藏番，代籌一永保安全之至計。但令迅速撤卡，印督已言明彼決不越藏、中定界熱勒巴拉山嶺一步。彼此未經開戰，無論此地屬藏屬哲，將來尚可從容辨論。」時十四年正月也。

寄諭未至，英兵已進攻隆吐，毀其壘，藏番悉潰。乃欲藉通商以緩師，文碩復左右之，竟以藏人與英自行立約入奏。四月丁亥，諭曰：「印、藏通商一事，英人約定并不催辦。此次開衅，與通商絕無干涉。文碩始終不明機要，乃欲藉通商爲轉圜，不思藏爲中國屬地，豈有聽其自行與人立約之理！升泰、文碩接奉此旨，卽傳集番官，諭以事須稟明駐藏大臣具奏，由總理衙門核定，候旨遵辦。」五月庚申，又諭曰：「使英大臣劉瑞芬電稱，『印督近又函達藏官，但令藏衆退回原界，便可仍舊和好，絕不欲侵入藏地，致礙兩國睦誼。』向來藏務專歸商上，第穆呼圖克圖人尙和平曉事，現在掌辦商上，責有專歸。升泰接奉此旨，卽傳諭第穆，令其妥爲了結。」

未幾，升泰抵任受事。九月，奏言：「藏番自作不靖，肇起兵戈。所有隆吐山南北本皆哲孟雄地，英人雖視爲保護境內，實則哲孟雄、布魯克巴皆西藏屬藩，每屆年終，兩部長必與駐藏大臣呈遞賀稟，駐藏大臣循例優加賞犒。唐古特自達賴喇嘛以下，均有額定禮物，商上亦回賞緞疋銀茶，與兩部復書草稿，必呈送駐藏大臣批准，始行繕覆。哲、布兩部遇有爭訟，亦稟由藏官酌派漢、番官辦理，此哲、布本爲藏地屬藩之實在情形也。兩部長於光緒二年曾各遞番字稟，以英人有窺伺藏地之心，請早爲設法辦理。雖經前西藏糧員四望闕通判周溱帶同戴琫札喜達結往辦，祇取哲孟雄空結一紙，敷衍了事，並不妥籌善後，貽悞邊疆，其禍實自此始。嗣後哲夷知藏番並無遠慮，始一意與英人交接，又復貪利取租，聽英人修路直至捻納，迄今仍稱租界，又藏中自失藩籬之始末也。藏人不知優待屬藩，哲部偶受欺淩，不爲申理，此時漸覺英人有偏己之心，忽又攘奪哲地以爲己有，更揚言哲夷私結英人，屢議起兵攻伐，哲夷內不自安，則益句結英人以圖自保，此又藏、印交兵之所由來也。藏人自四月十三日戰敗之後，不思設法弭患，又復添調各路土兵，分由小道至帕克里，沿途騷擾，良民大受荼毒。番官管餉，又多減刻，人有怨言，軍無鬬志。除向隸戴琫之兵三千，及工布兵數百人，差可用命，餘則悉係烏合。現劄帕隘以外者一萬餘人，分布各口又數千人，一旦敗北譁潰，則數千里臺站伏莽增多，此內患之堪虞者也。近時開導之難，實因曩時初與外人交涉，商上辦事諸員邀三大寺僧衆，以護教爲名，共立誓詞，云『藏地男女不願與洋人共生於天地，此後藏中男女老弱有違此誓，卽有背黃教，人人得而誅之』。此本不肖之徒，爲聚衆抗官之謀，三大寺僧衆亦藉此干預政事。今事機危迫，特旨到藏，第穆亦知凜畏。無知違違初議，卽禍在目前，雖掌辦商務之尊，恐亦不免自危，其噶布倫以次更不待言。竊其情形，似非背城一戰，難望轉機。此臣探其隱衷而言，非藏番等自有此語也。此時兵尚未撤，委員不便前往。且委員至彼辦理界務，應與英國何人會議，應請飭詢英使，由總署知照藏中，庶免隔閡。近年藏番異常刁悍，今自開兵衅，尚不自知悔悟，實難姑容。第藏衞距川過遠，餉絀兵單，無事不形掣肘。臣萬不敢不出之審愼，籌慮萬全，相機駕馭，冀紓朝廷西顧之憂。」

是月丁卯，又奏：「臣於五月二十六日抵藏，第穆與大小番官僧俗公同遞稟，譯其情詞，總以隆吐之南日納宗爲藏界，藏人設卡係在境內，英人無端恃强動兵侵地爲言。臣以經界爲地方要政，從前豈無案牘。乃派員將新舊各案卷概行檢閱，始尋出乾隆五十九年前大臣尚書和琳、內閣學士和瑛任內奏設鄂博原案一卷，注明藏內界址，係在距帕克里三站之雅拉、支木兩山，設有鄂博。又有春丕、日納宗兩處，上年雖係藏界，乾隆五十三年廓番用兵，哲孟雄被廓夷追過藏曲大河，哲部窮蹙，達賴喇嘛始將日納宗地賞給哲部筦理，原派委員西藏遊擊張志林原稟，卽聲敍日納宗不應作爲藏界，只在雅拉、支木兩山設立鄂博，稟詞甚爲明晰。此圖惜已佚，又覓得舊圖一張，並注明納蕩一地乃哲孟雄邊境，藏圖南面極邊界綫之上亦繪有雅拉山，是雅拉山確屬藏地南界。至藏人設卡之隆吐山，考之舊圖，實無此名，以英人所云日納宗在隆吐北數十里，而藏番新圖則日納宗又在隆吐之南，顯係藏人多繪此一段，飾稱藏界。臣既考察明確，卽以原卷舊圖發交開導委員，轉給藏番閱看。番人雖有愧色，然終以日納宗本屬藏地，從前雖賞給哲夷，今哲夷已歸英屬，應卽收回自筦。旋奉電傳寄諭，臣卽面授第穆。臣深慮第穆使將屯兵先行撤入帕克里，並札飭哲、布兩部長親赴英軍，告以藏人畏偪，故兵難先撤，印兵亦宜克踐前言，彼此約期同日撤退，仍由臣致信英官，促其速撤。忽又得報，英人於六月二十八日添兵九百餘名，又益以大礮六門。第穆旋亦稟英人屢次攻撲我營。且廓爾喀前王子果爾雜捻曾出奔印度，今亦由印帶兵五百名前來助戰，聞已過大吉嶺，是以未敢撤兵。伏乞飭下總署詳告英使，轉電印督，約期撤兵，並飭印兵毋得再動。」

疏入，奉上諭：「升泰所陳，頗中肯綮。劉瑞芬八月二十八日電稱：『印兵在熱勒巴拉山近處與藏兵攻戰，藏兵傷亡數百，印兵追入徵畢山岔。』九月十五日電稱：『英外部照覆，云來攻納蕩之英軍統領拉哈瑪，已遵印度政府之諭，不可占據藏地，故追入徵畢後，立即退回。印督又報告其政府，謂駐藏大臣將以西曆十月三日由拉薩前赴邊界，已派政事官保爾前往會晤。』目前升泰想已接晤保爾。藏、哲界址當已查明，印督又有『甚望速了』之語。著即熟商妥辦。」

升泰先使江孜守備蕭占先馳往開導，又以知縣秀蔭繼之。藏兵之敗也，英兵追至仁進岡，將盡焚山上下民舍。會占先至，見英將力爭，乃退屯對邦，而促升泰前往會議。數日，復進據姑布。升泰十一月至，與英員保爾相見於對邦，議經月未就。乃奏言：「英人戰勝而驕，必欲諸事議妥始允撤兵。現議哲孟雄事不下十次，保爾必欲將哲爲英屬，註明條約，而畫咱利拉山爲界，卽歷次奏牘所謂熱勒巴拉山也。臣議以印督前言『藏衆退回原界，仍守二年以前情形，不在隆吐山駐兵，便可照舊辦理，絕不侵入藏界』等語折之，保爾則謂此語當在未開戰前，戰釁既開，自當另議。通商一事，英人開來條款，直欲到藏貿易。臣百端辨說，始允退至江孜。又答以萬不能行，則又意在帕克哩。帕隘乃藏南門戶，其險要在山腰之格林卡，若至帕克哩，則已在高原，爲廓爾喀、哲孟雄、布魯克巴三部通衢。目前開導藏番，通商必在界外，始可期其遵從。是以臣堅未允許，保爾意甚怫然。臣惟有平心靜氣，婉與商榷，冀紓目前之急。」是年英定華工往澳大利亞例限。英君主維多利亞登位五十年，中國遣使致賀。

十五年，升泰復與英人接議通商、分界，久不決。十六年二月，朝旨派總稅務司赫德之弟赫政赴藏協商藏、印約事。升泰奏言：「撤兵藏番已願遵旨，所難者分界、通商兩大端耳。臣自到邊，哲部長之母率其親族頭目來營具稟，云：『英人昔年立約，曾經議明，無論如何不得逾日喜曲河一步。哲部租地與英，每年應收租費洋銀十二千圓，英人分毫未給。此次印、藏搆兵，以致殃及，實不願再歸英屬。』臣維哲孟雄本屬小邦，僻在極邊。本年印、藏用兵，被英人掠取全土，復遷其部長，安置印度噶倫綳之地，而以重兵駐守扛多，卽部長平時治所也。流離轉徙，情實可矜。是以此次會議，但許其保護，而必爭『照舊』兩字，使藏人不至咎臣辦理邊事失去屬藩，並可藉此羈縻布魯克巴。至布魯克巴，地大物博，民俗强悍，其地數倍哲孟雄，實爲前藏屏蔽，西人呼爲布丹國。上年曾經入貢，其部長向無印信，亦無封號。臣此次到邊，其部長派兵千七百人來營效力。臣方飭藏兵遣撤，豈可留此多人，致貽口實？是以優給賞賚，勉以大義，飭令速回，許事後爲之代懇天恩。該部人歡忻鼓舞而去。」赫政既抵藏，升泰與英官開議。保爾雖奉命印督爲議約專員，然不得自主，事事仍請命印督。藏番不願與英接壤，必間哲孟雄於中，乃可定界。英既幽哲酋於噶倫綳，直欲收入印度幅員之內，藏人聞之益憤。升泰嚴飭番官僧俗毋率行干預哲事，而亟使赫政勸阻英官，勿遽更易哲酋，使藏人有所藉口。藏、哲舊界本在雅納、支木兩山間，其後商販往來另闢捷徑，於是有所謂咱利孔道者，即熱勒巴拉嶺之支麓也。升泰議即咱利山立石畫分藏、哲之界，其印、哲舊界在日喜河者，亦擬仍舊，而於條約註明。藏番不願通商，初指對邦附近地爲商埠，後始議定後藏之亞東，於其地修建關卡，設漢官治之。藏番甫首肯，而英官又遷延不遽決。升泰亟奏請飭總署促英使迅速議約。總署王大臣旋擬四條，與英使華爾身籌商久之，始議定八欵。總署乃上奏，謂：「第一欵，藏、哲以咱利山一帶山顛爲界；第二款，哲地歸英保護；第三款，兩邊各無犯越；其餘緩議。各條善後應辦事宜，儘可徐與商榷，彼此派員定議。請簡派升泰爲全權大臣，與英員先行畫押。」奉旨俞允。是歲秋七月，出使大臣薛福成與英外部互換於倫敦，是爲中英會議藏印條約。

是年德宗大婚，英派使臣華爾身齎英主維多利亞國書致賀，並自鳴鐘一座，上刻祝辭云：「日月同明，報十二時，吉祥如意，天地合德，慶億萬年，富貴壽康。」旋命駐使薛福成赴英外部傳旨致謝，幷遞國書。是年英開重慶商埠。

十七年春正月，換約限滿，前駐藏大臣升泰遣員黃紹勳、張昉及總務司赫政與英印督蘭士丹所派之保爾在大吉嶺會議，各擬辦法。保爾欲在仁進岡入藏一百五十餘里之法利城（卽帕克里）設關通商，並俟十年後再定入口貨稅。升泰執定十二年條款「藏、印邊界通商，由中國體察情形」之語，辯駁久不決。十八年夏六月，復與保爾商議辦法九款，續款二條，定於交界之咱利山下亞東境內爲英商貿易所。商上等復懷疑慮，堅請於二款內註明「不得擅入關內」字樣，又請禁印茶運藏，一再與英使華爾身辯論，仍不決。至十九年五月，總理衙門奏：「現據赫德稱：『印度已將辦法九款更改商訂，最緊要之第二款內，註明英商在亞東貿易，自交界至亞東而止；第四款內註明進出口稅，俟五年期滿酌定稅則；至印茶一項，現議開辦時不卽運藏，俟五年限滿，方可入藏銷售，應納之稅不得過華茶入英納稅之數；此外各款，均照升泰所擬辦理。』臣等查中英通商稅則，茶葉每百斤徵銀二兩五錢，而洋商運華茶至英，每百斤徵銀十兩。現在先與議定，如印茶入藏，應照華茶入英每百斤稅銀十兩，磋議經年，始克就範。竊思藏約未結三端，自十七年開議至今，已屆三年之久，始得印、藏兩情翕然允協，卽可就此收束，以綏邊圉。」是爲續議中英會議藏印條款。是年十月，在大吉嶺互換。

既又與英議滇、緬界務。初，曾紀澤與英議約，英許中國稍展邊界，擬予以潞江以東南掌、撣人之地。既，紀澤又向英外部要求八募之地，不允。英外部侍郎克蕾謂英廷已飭駐緬之英官勘驗一地，允中國立埠設關收稅，有另指舊八募之說，在八募東二三十里。紀澤因與外部互書節略存卷，暫停不議。旋受代回華。

至是，出使大臣薛福成見英人與暹羅勘界，幷有創築鐵路通接滇邊之訊，恐分界、通商事宜不早籌議，臨時必受虧損。於是上書請與英人提議。及福成往促踐前議，英以公法爲解，謂：「西洋公法，議在立約之後，不可不遵；議在立約以前，不能共守。」蓋不認讓中國展邊界及以大金沙江爲公共江、八募近處勘地、中國立埠設關三端。

薛福成以英既翻前議，因思野人山地縣亙數千里，不在緬甸轄境之內，復照外務部，請以大金沙江爲界，江東之境歸滇。而印度總督不允，出師薆達邊外之昔馬攻擊野人，以示不願分地之意。又欲借端停商全約。福成仍促速議。久之，英始允將久淪於緬之漢龍、天馬兩關還中國。又久之，始允讓所據之鐵壁關。惟虎踞關，英人以深入彼境七八十里，與八募相近，不允讓。至於設關，拒尤力。福成以英既不允我地，則英所得於我之權利亦應作廢。相持甚久，始就滇境東南商定於孟定橄欖壩西南邊外讓一地曰科干，又自猛卯土司邊外包括漢龍關在內，作一直綫，東抵潞江麻栗壩之對岸止，劃歸中國，約計八百英方里。又車里、孟連土司所屬鎭邊廳，係爲兩屬，亦允全讓，並野人山毗連之昔馬亦允讓。至此界務告一結束。而商務，大金沙江行船、八募立埠設關，英仍不允。福成久與爭論，始於行船一事，於約中另立一條，不許他國援例，而設關仍不肯通融。惟約中於英人所得權利，如緬鹽不准運入滇境，英關暫不徵收貨稅，領事僅設一員、限一定駐所，商貨僅由二路，不准開埠，英亦無詞。遂於二十年正月二十四日在倫敦定約，共二十條：一、二、三、四，劃定各段界綫；五，中國不再索問永昌、騰越邊界外隙地，英國於北丹泥及科干照所劃邊界讓與中國，孟連、江洪之地亦歸中國，惟未定議前不得讓與他國；八，各貨物分別應稅不應稅；十、十一，分別各貨物准販運不准販運；十三，中國派領事駐仰光，英國派領事駐蠻允；十五，定交逃犯例；十七，定中、英民在兩國界內相待最優例；又專條內各條款，僅用於兩國所指屬地，不能用於別處。是爲中英續議滇緬界務商務條款。

是年又與英議接滇、緬邊界陸路電綫條約。尋又議藏、印條款。二十一年夏，中、日和議旣成，法索雲南普洱徼外猛烏、烏得兩地。英使歐格訥以兩地屬緬江洪，指爲違約，欲中國將八募北野人山地，由薩伯坪起，東南到盞達，西南順南碗河折向瑞麗江，循江至猛卯，向南至工隆、八關、科干皆在內，讓歸英。不許。英忽請允西江通商，再議野人山地，許之。

復要求在肇慶、梧州、潯州、南寧五府設立領事，佛山、高要、封川、南新墟等處停泊輪船，由廣州澳門出入。中國以野人山地減索無幾，而通商口岸太多，且桂林在北江之北，潯州、南寧在藤江、龔江上游，並非西江，豈能强索？阻止之。英外部又以北丹尼、科干兩地原屬緬，爲前薛福成定界時誤畫入華，求索回；又請於騰越、順寧、思茅三處設領事；及緬甸現有及將來續開之鐵路接入中國；又請援照俄、法條約利益，於新疆設領事。再三駁論，始允將新疆設埠及援照俄、法利益一節删去；滇、緬接路一節，改爲俟中國鐵路展至緬界時彼此相接；滇界領事一節，改爲將已設之蠻允領事，改駐或順寧或騰越一處，其思茅領事，係援利益均霑之例，非英獨創；其野人山界綫，改爲南坎一處作爲永租，餘俟兩國派員勘定。惟西江通商一節，允至梧州而止，梧州之東，祇開三水縣城、江根墟兩地，商船由磨刀門進口，其由香港至廣州省城，本係舊約所許，仍限江門、甘竹、肇慶、德慶四處，遂定議立中緬條約附款。時二十三年正月也。是年英主維多利亞在位六十年，命張蔭桓前往致賀。

二十四年四月，議展香港界址至九龍城，租期九十九年。五月，英租威海衞。初，威海爲日本軍占領，英人致書日相伊籐博文，願代繳償欵，要求早撤兵。會我償款繳清，北洋大臣派員收回，英使竇納樂遂請租借。政府派慶親王奕劻、尙書廖壽恆與立約，文云：「以劉公島並在威海灣之羣島及威海全灣沿岸以內十英里之地租與英國，威海衞城牆以內仍由中國自行管理。又所租於英國之水面，中國兵船無論在局內局外仍可享用。」並另備照會，謂「中國重整海軍，船舶可泊港內，請英人代爲訓練」。

是月，英領事因沙市教案，照請開辦湖南通商口岸。張之洞以岳州係奉准開埠，尙須體察詳商辦理，致總署請商緩。總署擬推展兩年，英使不允。總署以湖南係我自開口岸，與他口不同，不許，亦不許牽入沙案。久不決。二十五年五月，駐漢英領事牒鄂督張之洞云：「本國巴管帶欲乘威拉小兵輪往洞庭湖上下游，先至岳州，再往湘陰、長沙，後往沅江、龍陽、常德、安鄉等處。」張之洞以條約並無兵輪准往內地之說，阻之。十二月，英參贊璧閣衔欲由湖南長沙取道常德、永順入川，過酉陽州抵重慶。張之洞復阻之。尋允改由宜昌入川。

二十六年，拳匪起。五月，漢口英領事法磊斯見張之洞，面述沙侯電云：「如長江一帶布置彈壓，英願以水師相助。」張之洞答以當與江督劉坤一力任保護，不須外助，力阻之。時英以保全東南商務爲辭，已派水師提督西摩入長江。七月二十日，聯軍入京，英軍從廣渠門入，各據地段。八月，英與德結保護中國商務土地條款，又欲代中國理財、練兵，却之。西摩欲派小輪入襄河探水道，張之洞阻之。旣復議浙衢教案。時湘案未結，英又欲派兵輪往，屢阻之。是年英君主逝，國書致唁，皇太后復專電弔唁之。

二十七年，既與各國議定和約大綱十二條，四月，英人請直隸、山西停考。張之洞以所請與大綱條約第十條不符，辨駁久之，七月，始定議。八月，英商立德欲在川河行駛輪船，沿江購地七處，請地方官註册。英領事照會到鄂，以條約非通商口岸，無准洋商置買地基產業之條，拒之。

十一月，英使馬凱赴江、鄂，與劉坤一、張之洞商議免釐，答以去年在京與赫德籌議洋貨稅釐併徵，必須稅至值百抽二五方能免釐。馬凱允加進口稅而不欲多加。於是朝命尙書呂海寰爲辦理商約大臣，侍郎盛宣懷副之，並命劉坤一、張之洞皆與議。研商數月，海寰等乃會奏：「臣等奉命會辦商約，英使馬凱開送約稿二十四款，聚議六十餘次。加稅免釐一款，業經奏明，允如所請。此外各款，均經臣等隨時會奏。惟第十款內港行輪，續經妥定章程，第十一款通商口岸權利，共議列三條，馬凱自請刪除。統核所索二十四款，駁拒未允者七：曰洋鹽進口，曰內地僑居貿易，曰郵政電報，曰設海上律例，曰整頓上海會審衙門，曰口岸免釐界限，曰貨物同在一河免復進口稅。議定後而又刪除者一：曰通商口岸利權歸入加稅免釐款內併議。藉爲抵制者五：曰新開口岸，曰減出口稅，曰三聯單，曰子口單，曰常關歸新關筦理。商允改妥者十一：曰存票，曰國幣，曰廣東民船輪船稅則一律，曰華洋合股，曰整頓珠江、川江，曰推廣關棧，曰保護牌號，曰加稅免釐，曰礦務章程，曰內港行輪，曰米穀禁令。此就馬凱原議欵目分別刪改歸併者也。臣之洞等復向馬凱索議，彼允入約者三款：曰治外法權，曰籌議教案，曰禁止嗎啡。皆我補救國計民生要圖，幸就範圍，實有裨益。馬凱於定議後補請入約者二款：曰修改稅則年限，曰約文以英文爲憑。查係照舊約辦理，爲約中應有之義。共計十六款。臣等按馬凱所請加稅之款，意在不得抵原撥釐金五百萬以外之洋債賠款及挪作別用，恐各省再將貨物收捐，業已先後奏明。本定八月初二日畫押，馬凱又接英廷來電，必欲增敍詳明，以慰加稅洋商之意。駐英使臣張德彝亦稱英外部謂擬加之稅務須降旨歸督撫提用，否則不能畫押，似英廷用意總慮稅加而釐不能撤。臣等詳細審度，彼雖請全數撥還各省，而內敍各省向解北京及應還洋債仍如數照撥。我復照會，聲明應撥各項卽留存海關，聽候戶部與各省商定抵解。將來戶部如何商定派撥劃抵，由我自主，彼亦無從過問。且現議償款易金還銀，正以我財力竭蹶爲言，則加稅聲明祇抵裁釐，不涉賠款，可見毫無盈餘，藉可杜列國之口實。畫押已延多日，卽於八月初四日亥刻，會同英使馬凱在上海畫押蓋印。」疏入，報聞。

同時又續改內港行輪章程十款。自滬蘇、滬杭、蘇杭三綫外，江蘇則有海門綫（自上海東北至海門）、蘇鎭綫（自蘇州至鎭江）、鎭寧綫（自鎭江至江寧）、鎭清綫（自鎭江至清江）；浙江則有餘姚綫（自寧波至餘姚）、舟山綫（自寧波至舟山）、海門綫（自寧波至台州之海門）；安徽則有廬州綫（自蕪湖至廬州）；江西則有南昌綫（自九江至南昌）；湖北則有武穴綫（自漢口至武穴）、襄河綫（自漢口至仙桃鎭）、岳州綫（自漢口至湖南岳州）；湖南則有湘潭綫（自岳州至湘潭）、常德綫（自岳州至常德）；而福建亦有水口、梅花兩綫（皆發自福州）。又議湖南辰州府斃英敎士案。是月，英交還關內外鐵路。是年，英皇愛惠將加冕，特命貝子載振爲專使往賀。先期遞國書，向例須候各國專使齊集同見，英皇特定單班先見。屆期行鞠躬禮，英主答禮，各述頌詞、答詞。

二十九年春二月，與英訂滬寧鐵路借款合同。初，英於光緒二十四年欲攬自滬至寧鐵路，令英商怡和承辦。已議草約，旋以拳匪亂延緩。久之，始定議以年息五釐，借英金三百二十五萬鎊。張之洞乃上奏，言：「借英金三百二十五萬鎊，虛數九扣，年息五釐，五十年爲期，准其分次印售金鎊小票。如中國國家有款撥給，或中國紳富集資願購，借款總數便應照減，撥還淞滬鐵路工價後，即將已成車路暨備造滬寧全路作爲借款抵押，所獲餘利，銀公司得五分之一，即照售票應分之數，另給餘利憑票，十二年半後，每百鎊加給二鎊半，隨時可將小票贖還，二十五年後，便照一百鎊原價取贖，毋庸加給。至餘利憑票年期屆滿，分給餘利即時作廢，毋庸取贖。造路期內，就本付息，路成以後，贖票撥本，悉在鐵路進款支給。全路訂定五年全竣。設無事故，逾此期限，銀公司五年內應得餘利全行扣罰。上海設立總管理處一所，本省督撫與督辦大臣會派總辦兩員，會同英員專理工程，另由南洋大臣加派一員，職銜相當，隨時查閱賬目，稟報督撫稽核。洋工司祇管工程，不能干預地方公事。凡所建築，悉應順洽華人意見，尊敬中國官員。借款期內，不收專稅。如日後中國推設各項稅捐，如印花稅之類，別項商稅一律徵收，則滬寧鐵路亦應照准。全路雙軌。地畝總公司自備，仍由銀公司墊款，另須購地於標界之外，預備日後推展商務所必需，一併加售小票，綜計不得逾英金二十五萬鎊，年息六釐，在中國應得餘利項下支給，不能仍由鐵路進款支付。此項加售購地小票，並無年限，隨時可以取贖。造路購用中外材料，按照西例，每百給五，此外別無絲毫加用。漢陽鐵廠自造料件，訂明儘先購用。凡遇調兵、運械、賑饑各事，照核定車價減半給發，儘先載運。侵礙中國主權，概不得經由此路。正約簽定，草約作廢。十二個月不興工，卽將正約註銷。中國祇認英國銀公司，不准轉與他國及他國之人民。」報可。十月，又與英訂滬寧路電交接辦法合同。

三十年四月，英新任水師提督率大小兵船十艘抵滬，欲進長江。張之洞聞之，電阻，英提督僅以四艘入江，至江寧而止。是年與英訂保工條約。時英於南斐洲新屬欲招華工開礦，政府援咸豐十年約，與訂專章。至是，約成，遣領事於華工駐在地善視之。三十一年四月，與英續訂滇緬電綫約款。英派委印度電務司貝林登爲議約專員，電政大臣袁世凱委道員朱寶奎與議。貝林登又請添造江通至思茅副綫一條，不許。遂定議簽押。

又與英訂道清鐵路借款行車合同。初，英使向總署索英商承造鐵路五條，不許。英復援鑛務合同許有修築鐵路由鑛山運送鑛產至河口以達長江，欲修澤襄鐵路。嗣以襄陽至漢口水道不能通暢，請改道澤鐵路，欲在河南懷慶府與盧漢銜接；渡河後，折入安徽正陽關以達江蘇江浦縣之浦口，改名懷浦鐵路。總署以懷浦遠跨豫、皖，名爲緯路，實已斜亙南北，隱然增一幹路，以爲有妨盧漢，仍不許。英使乃請修由澤州至道口鐵路，許之。鐵路大臣盛宣懷等與議借款，爲目二十一，行車款十，英金七十萬鎊，五釐行息，九扣交付，折實六十三萬鎊。又同時訂擬設山西鎔化廠及合辦鑛務合同，並請修廣州九龍鐵路。英使復請借款合同須由外務部將上諭照會立案，方允畫押，許之。

三十二年四月，與英訂藏印條約。初，中國於光緒十六、十九兩年與英訂藏印條約，然藏、哲界牌既未建立，英人入藏細則又久未定。二十九年，印督遣兵入藏。次年春，度大吉嶺，據江孜；其夏，遂入拉薩。及達賴私與英訂約，駐藏大臣有泰始入告，而英、藏約已成。政府命有泰與英議廢約，無效。復命外務部左侍郎唐紹儀爲議約全權大臣，赴印度，與英外部專使費利夏會議。費利夏欲我認印藏新約，方允改訂，紹儀不可，英遂欲停議。紹儀不得已，與商訂約稿六條。外務部王大臣以約內第一款有「英國國家允認中國爲西藏之上國」一語最有關係，電紹儀使改「上國」爲「主國」，費利夏持不可。約久未定。九月，召紹儀回京，而以參贊張蔭棠爲大臣，接辦約事。外務部商諸英使薩道義，删約稿第一條，英政府允諾，而其他條款則不容再改。然費利夏仍堅持初議，數促蔭棠畫諾，卽第一條亦不能增減一字，蔭棠力拒之。會英廷新易政府，繼任者乃飭薩道義在京續商。久之始議訂正約五條。

未幾，片馬交涉又起。片馬處滇、緬交界之間，屬於騰越。英併緬甸，至是兩國會勘境界。至片馬附近，各執爲本國土地，久不決。時英又欲遣工程師勘騰越至大理中間道路，請中國保護。滇督丁振鐸照會英領事，以滇現奏設公司自行修造，與前會勘時情形不同，請勿派往。英使朱爾典旋照會外務部，云：「據光緒二十八年二月初七日照會，英得有承造新街至騰越鐵路之權，而承辦此段較短之鐵路，英政府不能視爲足抵光緒二十四年三月准法政府或法政府所指之法商修造勞開至雲南府鐵路之利益。」外務部覆，引中緬附約，謂：「第十二條載明中國答允將來審量在雲南修建鐵路與貿易有無裨益，如果修建，卽允與緬甸鐵路相接。是該處中國境內鐵路應由中國自行審量。迨光緒二十七年九月十九、十月十六等日，本部先後復薩前大臣照會，均一再守此旨，並聲明法國鐵路由雲南邊界修至雲南，本爲條約所准，與滇緬約意不同。緣兩國交涉各有約章可據，固不能相提並論也。逮二十八年二月初三日准薩前大臣照稱本國署理騰越烈領事不日將往雲南府，與滇督面商鐵路邊界各事宜，滇緬鐵路相接爲振興商務之舉，凡在滇省，允給法商之利益，應一體允給英商。本部當以原照所稱面商鐵路邊界各事宜，又稱滇緬鐵路相接，曰邊界，曰相接，均係按照原約立論，故於是月初七日以據咨滇督也。嗣於本年正月准滇督文，稱准英務領事照會，接烈領事來電，奉緬政府電，擬由新街達騰越修造一鐵路，以便商人運貨，先派公司勘明可否能修，再議商辦。當復以派員會勘，各修各路，各出各費等語，是滇與英領事所迭次議商者，亦均扼定約章鐵路相接之一語，毫無剌謬。本年五月，滇督奏請修理騰越小鐵路，籌款自辦，奉旨允准，原期中國雲南境內次第修建，以符與緬路相接之權。乃貴大臣來照，以爲英政府得有承造新街至騰越鐵路之權，並引二十八年二月初七日之文爲據，而以允給法商之利益相比例，實與中緬附約暨本部迭次照會之意不符。」蓋不認英有造騰越鐵路之權也。

三十三年正月，與英訂九廣鐵路借款正合同。初，英既得九龍，卽請承修由廣州至九龍鐵路。總署令督辦鐵路大臣盛宣懷與英商怡和洋行議辦，已簽草合同五條，旋因事未行。至是，又以爲請。外務部電知粵督岑春煊，以此項草約雖云仿照滬寧辦法，而滬寧路長費鉅，九廣路短費少，情形不同，應查酌第二款，熟權利弊，派員與中英公司研商，以符原議。四月，與英公司代理人羅士、濮蘭德議，岑春煊欲照津榆鐵路辦法。濮蘭德以成議在先，不允，由粵到京，與唐紹儀等接議。久之約成，議借英金一百五十萬鎊，照虛九四折納，年息五釐，以本路作抵押，三十年爲期滿，十二年半後按照列表分期還本。二十五年以前，如欲於表額外多還股本，每英金一百鎊加還兩鎊半。中英公司代售此項股票。其股票塡明價値若干鎊，由中國駐英大臣與英公司商定，所有建路及一切工需，均由粵督督辦。其重要職司，應用中國人，允當開工時，卽於廣州設立總局一所，總理造路行車各事，由總督派中國總辦一人管理，佐以英國總工程司及總管帳各一人，均由總督核准。英公司辦事出力，給予酬金三萬五千鎊，兩期交付，其一切用錢曁酬勞費均在內。並聲明此路確係中國產業。倘自本合同簽定之日起，八個月並未興工，卽作廢紙。所載權利，均不得讓給他國，中國亦不得另建一路以奪本路利益。旋簽押。

六月，政府命湖南巡撫岑春蓂查辦雲南與英畫界失地案。先是雲貴總督丁振鐸委候補知府石鴻韶與英領事烈敦會勘騰越北段尖高山以北界，從尖高山起向北勘，越高黎共雪山直抵麗江府所管地。烈敦執定以大啞口爲界，石鴻韶執定以小江邊爲界。貴州提學使陳榮昌奏參石鴻韶定界有失地事，政府命岑春蓂查辦。春蓂派候補道沈祖燕往勘，旋覆稟云：「卷查烈領事此次所勘之界，係從尖高山起，東至胆札山，過狠牙山、磨石河頭、搬瓦丫口、姊妹山、大啞口、茨竹丫口、片馬丫口直上高黎共雪山北往西藏。所云大啞口，卽爲恩買卡河與潞江中間之分水嶺。其照會石道有云，由明光河頭直上高黎共雪山頂，由山頂北往西藏，凡水入金沙江者，概歸緬甸管理等語。若不幸照此定界，則是由滇而蜀而藏，邊界之地所被其割去者，當以數千里計。外務部所謂『直是分割華境，是斷不能允從，可無庸置議』者也。若石道所擬以小江邊爲界，係從尖高山起，由磨石河頭直上歪頭山，過之非河，經張家坡，登高良共山，又抵九角塘河，順小江邊，復另行横出，上至小江源，又至板廠山爲止。查其所勘之界，於騰越、保山、雲龍、龍陵各屬土司素所管轄之地，數百年來向化中國者，一旦棄去不少。又言北段界務，自以外務部所言之界綫，由尖高山起至石我、獨木二河之間，循恩買卡河至小江西恩買卡河之東之分水嶺爲界。按此嶺當是他戛甲大山，最爲持平。且英使本有以小江卽恩買卡河以東之分水嶺作爲定界，又云天然界綫係自東流入恩買卡河卽小江諸江之分水嶺等語，與此正合。則此次勘界，卽於恩買卡河循流而行，至小江止，已足滿意。且所勘滇、緬北段，本祗爲騰越與野人山之界，則必執定騰越諸土司之屬地及野人山之分界處以畫界，自是一定不易之理。而與小江卽恩買卡河以東之分水嶺，又自東流入恩買卡河，卽小江諸江之分水嶺，並與譯出薛星使福成二十年簽押英文圖內之恩買卡分水嶺，其部位亦均相符合。石道併不先自詳審界限，而惟處處曲徇，以致失誤，此眞爲人意料所不及者也。查此次勘界，英使旣言以小江卽恩買卡河以東之分水嶺爲界，又言自東流入恩買卡河卽小江諸河之分水嶺，既明曰以東，又明曰自東流入，何以任烈領事之混爲西流，竟勘至狼牙山迤北至大啞口而止？此其誤者一。又外務部覆稱明有『各守邊界』之文，此爲甘稗地、茨竹、派賴燒殺之役而起，各守之地，自卽在此。何以不實守此小江邊界之說，至小江順流而下，而反另向東行，指鹿爲馬，再直上別尋一小江源至板廠山爲界？此其誤者二。又英使所言天然界綫，乃自東流入恩買卡河卽小江諸水之分水嶺，而烈領事所勘，乃指恩買卡河與龍江之分水嶺，謂嶺之東所有溪河均入明光龍江，嶺之西所有溪河均入恩買卡、金沙江，以此嶺之東西爲中、緬之分界。石道不能明據小江東流，力爲駁斥，而乃以山形水勢則然一語，含混答覆，而竟任烈領事之隨意所指，東西自便。此其誤者三。且卽如英使照會恩買卡河與潞江之分水嶺之說，此嶺卽爲大啞口，亦祗西勘至片馬丫口爲止，何以任烈領事直上高黎共雪山，竟偕測繪王生，勘至麗江府屬蘭州邊界始回也？此其誤者四。又小江外如噬戛等寨，係騰越屬之茨竹、大塘土司所轄，籠榜係保山屬之登埂土司所轄，確鑿可據。乃烈領事照會言『貴道來示，謂已摒諸化外』，而石道覆稱又言『業經聲明久在化外』。石道責在勘界，並不援據力爭，而反先自認『久在化外』，實所不解。此其誤者五。又茅貢等寨原係滇灘屬土司所轄，本中國舊有之地，不過英兵曾經至此，並强收門戶稅而已，並非英人實已占爲屬地，而中國有允認之明文也。乃石道照會謂『早經貴國辦過案件，不復管理』，竟絕不置辨。此其誤者六。至於大啞口外，如甘稗地等各處，烈領事欲仿三角地成案，作爲永租。既欲議租，則已明認爲中國之地，正可趁此力駁，使之無辭可遁。計大啞口外共有一十八寨，其地甚廣，豈可輕棄？且既認租，則茨竹、派賴燒殺一百十四命之案，明是入我中國之界，正可提議，使之不能諉卸，何以絕不辨論？此其誤者七。又狠速之地，甚爲遼闊，一名狠宋。大理府志：『莪昌散處於狠宋、曹澗、趕馬撒之間，道光十八年准兵部議，以趕馬撒、曹澗等寨歸雲龍州管轄』，則狠速乃大理府屬境。若如石道所勘，另尋一小江源至板廠山爲界，則不特噬戛等一十八寨摒諸化外，且並將狠速地一帶地方亦概棄之不問矣。此其誤者八。然此八者，其害尚祇在滇省也。更有大誤足以爲將來之後患者：一則小江外之狠速地一旦棄去，再北而爲怒夷，其地踞龍、潞兩江之上流，東接維西、中甸，直通麗江，北與四川之巴塘、裏塘諸土司相接，西北即可以通至西藏；一則高黎共雪山之地任其節外生枝，自往履勘，將來若果曲從，則即可從此高黎共雪山之頂，沿潞江、金沙江之上流由北直進，不特球夷、怒夷之地去其大半，即維西屬之鋪拉籠、西藏屬之擦瓦龍一帶皆將被其所侵佔，所失之土地豈尚可以數計？」岑春蓂得覆，即據以入奏。上諭革石鴻韶等職，仍不允。

時因津鎮鐵路借款，直隸、山東、江蘇三省商民欲廢約，英不允，允改章。德與英同。

英又因鄂境修造粵漢、川漢兩路需款，欲借款於中國，却之。是年，山西商務局與英福公司議定贖回開礦製鐵轉運合同。初，晉省礦由晉商與福公司商人羅沙第訂立合同。旋於光緒二十四年復由商務局紳商與福公司改訂借款章程二十條。三十一年，又經盛宣懷續立合同四條。案久未結。至是商務局員紳並全省代表各員在京開議，訂定贖回自辦合同十二條，贖款行平化寶銀二百七十五萬兩，由山西商務局擔任，按期交清。

三十四年二月，與英訂滬杭甬鐵路借款合同。先是滬杭甬鐵路已立有草合同四條：一，訂草約章程，與滬寧鐵路章程一樣；二，將來訂正約，仍與嗣後商定核准之滬寧正約一樣；三，從速測勘；四，如有地方窒礙之處，卽行更正，俟訂正約，卽會同入奏。至是浙江紳士籌辦全省鐵路，欲廢前約，收回自辦。英使不允，因命侍郎汪大燮等與英公司改商借款辦法，久未決。於是政府再命侍郎梁敦彥接議，分辦路、借款爲兩事，路由中國自造，除華商原有股本儘數備用外，約仍需英金一百五十萬鎊，卽向英公司籌借，按九三折扣交納，年五釐息，以三十年爲期；並聲明如所收此路進項不足，由關內外鐵路餘利撥付；凡提用款項，均由郵傳部或其所派之人經理；此鐵路建造工程，以及管理一切之權，全歸中國國家；英公司代購外洋材料機器，以三萬五千鎊作爲酬勞，一切用銀均在內；選用英總工程司一人，仍須聽命於總辦等語。遂定議。九月，與英訂藏印通商章程。是年，借英滙豐及法滙理銀行款，收回京漢鐵路。

宣統元年四月，督辦鐵道大臣張之洞與英及德、法、美四國銀行訂粵漢川漢鐵道借款草約，豫定六百萬鎊。會之洞卒，復與盛宣懷立約續成之。又與英及德兩公司續訂津浦鐵路借款合同，共二十四款，借英金五百萬鎊，年息五釐，路工四年造竣。二年，英人以兵力據片馬，設礮台於高黎貢山，侵踞小江以北茶山土司地。滇人大憤，各省人亦起應之，遂電政府請力爭。滇督李經羲亦請外務部與英使交涉，英卒不退兵。三年，復派員與英劃境，不省。是年度支部尚書載澤與英及德、法、美締結一千萬鎊借款契約，以改革幣制及東三省興業爲詞，是爲四國借款契約。又與英訂禁煙條件。原議十年遞減，至是中國以爲國內栽種吸食漸已減少，欲縮短年限禁絕，與英特訂專條，期印藥不入中國。而第三條又言廣州、上海二口爲最後之結束，不能驟禁，於是煙卒不能禁矣。

清史稿卷一百五十五

志一百三十

邦交三

法蘭西

法蘭西一名佛郎機，在歐羅巴之西。清順治四年來廣東互市，廣東總督佟養甲疏言：「佛郎機國人寓居濠境澳門，與粵商互市，仍禁深入省會。」法人素崇天主教，康熙以來，屢禁漢人入教。

道光二十五年，法商赴粵，詣總督署，請弛漢人習教之禁。總督耆英據以入告，許之開堂傳教，仍限於海口，禁入內地。咸豐三年十二月，有法輪船一駛入長江，未幾解纜去。而法與英、美又欲變通成約，廣東總督葉名琛以換約未屆期，拒之。遂偕英、美逕赴天津，要求如英、美，幷請釋陝西傳敎人，長蘆鹽政崇綸等以聞。上以定例五口通商外，不許外人擅入內地，何以陝西盩厔縣有法人傳敎？飭令詳查，並嚴詞拒之，乃去。時粵賊踞上海，築礮隄防禦，吉爾杭阿因向法提督辣厄爾告以「賊築礮隄，爾國領事署首當其衝，應速遷以免受傷。」辣厄爾立毀其隄，幷礮擊賊。事聞，獎之。六年六月，英、美各國求換約，法公使顧思照會兩廣總督葉名琛，援約與英、美一體，力阻不從。七年十二月二十一日，英人結法公使噶歷爲援，襲入廣東省城，擄名琛以去。先是法人謂有人殺其說書老人，向名琛索犯，限三日交出，並要求五事：一，入城；二，索河南地；三，求改章程；四，索補兵費；五，求通商。限日答覆。名琛回牒許通商，餘皆不許，而又不設備，遂至被擄。英、法連檣赴天津，美、俄亦相繼至，各有所求。法人又欲推廣商埠，任意傳敎，遣公使駐京，入內地買絲茶，並請查辦廣西西林縣殺馬神父案，皆不許。八年三月，法與英人攻踞海口礮臺，進逼天津。於是命大學士桂良、吏部尙書花沙納往議，徇所請。遂於五月定約，法得通商、傳敎及兵費，幾與英等。

九年五月，法公使布爾布隆以進京換約爲名，隨英公使普魯斯赴天津，拒不納，致傷敗數百人，折回上海，聲言調兵復仇。未幾，法人復北駛，分擾登、青等處。十年六月，隨英來攻，連陷新河、唐兒沽北岸礮臺，遂入天津。先是遣西寧辦事大臣文俊、武備院卿恆祺往初，議，不報。至是，又遣桂良、恆福爲欽差大臣，往津會議，冀緩師，而法與英益恣要求。初，津約原許補法軍費二百萬，英四百萬。至是，英索倍加，法欲照英數，復要求天津通商、京師長駐。朝旨不許。乃隨英督兵北上，進逼通州，京師戒嚴。怡親王載垣等再議和，不就。進薄京師。八月，恭親王奕訢留守，再議和。九月，和議成，所得通商、軍費、權利與英等，而傳教、建堂初無限制。十月，始定傳教之人須薙髮服中國衣冠，其入內地，預領中、法合同護照，向所過地方官鈐印，以爲信據。法人以江南爲新許商埠，欲早通商，請助勦粵賊，不許。十一年二月，法公使布爾布隆偕英使普魯斯由津如京，此爲各國公使駐京之始。先是條約有還清軍費始行退出廣東省城之議。至是，法人哥士耆來言，願先撤兵退出粵城，並求廣東藩署賃作領事署，又索還京城及各省天主堂舊基，均許之。九月，交還廣東省城。

同治元年正月，粵賊陷蘇、松、常、太等郡，朝議募洋將助勦，法人與焉。是年，貴州提督田興恕殺教民，毀天主堂，法使哥士耆以爲言，朝廷命崇實、駱秉章、勞崇光及張亮基入黔查辦，久不決。會哥士耆回國，新公使柏爾德密至，始允照中律擬結。同治四年，法請開江寧商埠。五年，議招工章程。七年冬，四川酉陽州有殺傷教士案，又有貴州遵義民教仇殺事。法使羅淑亞上書稱遠臣，歸咎於中國官吏，且言當離京往津，候本國水師提督到後偕行，以爲要挾。命湖廣總督李鴻章查辦，久之始結。十二月，始遣欽使總理各國事務衙門章京志剛、孫家穀偕美前使蒲安臣至法遞國書，見其國主那波侖第三，復見其后，各致頌詞，成禮而退。

九年夏五月，天津民擊殺法領事豐大業。初，天津喧傳天主教堂迷拐幼孩，抉眼割心爲藥料，人情洶洶。三口通商大臣崇厚等詣法領事豐大業赴堂同訊，觀者麕集。偶與教堂人違言，磚石相抛擊，豐大業怒，徑至崇厚署忿詈，至擬以洋槍。出遇劉傑，復以槍擊傷某僕，遂羣起毆斃豐大業，鳴鑼集衆，焚燬教堂、洋房數處，教民及洋人死者數十人。事聞，命大學士直隸總督曾國藩赴津查辦。國藩至津，示諭士民，宣布懷柔外國、息事安民之意。法公使羅淑亞來見，以四事相要：曰賠修教堂；曰埋葬豐大業；曰查辦地方官；曰懲究凶手。尋牒請將府、縣官及提督陳國瑞抵罪，國藩拒之。與崇厚會奏，稱：「仁慈堂查出男女，訊無被拐情事，懇降諭各省，俾士民咸知謠傳多係虛誣，請將道、府、縣三員均撤任查辦。」奏入，報可。遂於八月擬結，辦爲首十數人，天津府、縣減戍黑龍江。

十一年，法遣全權大臣熱福里如京換約，並進書籍。十二年，穆宗親政，各國請覲見，法與焉。是年法人侵越南，入河內省城。光緒四年，始遣兵部左侍郎郭嵩燾以英使兼法使。明年，代以太常寺少卿曾紀澤。

越南向隸藩屬，自法據西貢，脅越人訂約，許於紅江通舟。曾紀澤與法外部言：「法、越私立之約，中國不能認。」不省。八年二月，法兵船由西貢駛至海防進口。三月，陷河內省。朝議始遣提督黃桂蘭等軍出關。既而法公使寶海向北洋大臣李鴻章要求中國退兵，及通商保勝，驅逐盜賊，畫紅江南北爲界。朝廷下各督撫議。法人見不允所求，遂欲增軍撤使以相恫喝。

九年三月，戰事起。法據南定，旋爲劉永福所敗。會越王薨，法以兵脅嗣王立新約二十七條，盡攘其兵權、利權、政權，並申明越境全歸保護，中國不得干預。中國聞之，乃命唐炯、徐延旭出關，彭玉麟辦粵防，張佩綸會辦軍務。會山西、北寧連陷，官軍退守太原，法乘勢擾浙、閩，陷基隆、澎湖，至是始宣戰。十年二月，諒山大捷，法忽請和，帝命吳大澂、陳寶琛、張佩綸會辦海防，以議和全權任李鴻章。先是福祿諾所擬五條，僅允不索兵費，不入滇境，而要挾中國不再與聞越事。議久不決。五月，法兵以巡防爲名，忽攻諒山，敗走。藉口中國不能如約退師，責賠費，不允。法使巴德諾出京。六月，攻台北基隆，爲劉銘傳所敗。秋七月，法水師提督孤拔等率兵船入閩，泊馬尾等處，迫交船廠，欲據爲質。時張佩綸以會辦海防兼船政大臣，漫不設備，法遂開礮毀船廠。復分兵擾東京、臺灣，陷基隆，窺諒山。十一年春正月，犯鎮南關，楊玉科戰沒。旋收復，大創之，並砲斃孤拔於南洋。法人乃請和，願照天津原約，不索償款。李鴻章與議新約十條：一，法自行弭亂，華不派兵赴北圻；

二，法與越自立約，或已定或續立，中、越往來，不礙中國威望體面，亦不違此次約；三，六箇月會勘界，北圻界處或稍改正，以期兩益；四，法保護人民欲過界入中國，邊員給照，華人入越，請法給照；五，保勝以西、諒山以北通商，華設關，法設領事，北圻亦可駐華領事；六，三個月內會定商款，法運越貨稅照他處較減；七，法在北圻造鐵路，中國若造鐵路，雇法工；八，此約十年再修；九，法卽退基隆，二月內臺灣、澎湖全退，中、法前約照舊等語。旋法派戈可當代爲駐華公使，欲改前約，出所擬二十四條。鴻章以與原約不符，不許。戈使又欲辦滇、粵礦務，及製造土貨，運越南食鹽，復拒之。又欲於雲南省城及廣西內地設領事。時正遣鄧承修、周德潤與法勘界，鴻章謂宜俟邊界勘明，方能指定通商碼頭。戈使又要求稅則減半，鴻章祇允五分減一。又另擬通商章程十八款，並將互交逃犯、洋藥進出口各條亦擬在內。法使復援咸豐八年約內第七欵有「工作」二字，仍要求增入在口製造，許之。

時雲南界務，周德潤會商岑毓英後，出關與法使狄隆晤商，擬先勘保勝上游一二段，並同擬全局辦法八條：一，中、法兩國勘界大臣等說明所應勘之界，俱是現在之界；一，勘現界後，或有改正之處，兩國勘界大臣公同商酌，如彼此意見不合，各請旨商辦；一，續開勘雲、越交界，中國大臣等意欲一律勘完，所以照會法國請旨；一，各大臣等商議先由老街勘到龍膊河，及龍膊河鄰近地方，復回老街，再勘老街鄰近地方；一，勘老街至龍膊河之界，中、法繪圖各官從紅江南岸歸，一路同走，中國繪圖官歸法國保護，自老街起至龍膊河止，兩國勘界大臣等各走雲、越邊界；一，紅河自北河岸之老鼇至南岸之龍膊，以河中爲界；一，雲、越之界，遇有以河爲界，均以河中爲界，如有全河現在歸中國界者，仍歸中國，現在歸越南界者，仍歸越南；一，勘界時隨處開節略圖說，均由兩國大臣等畫押。以上節略，彼此畫押遵守。德潤與狄隆各按地圖校改，互有爭執，而於大小賭呪河、猛梭、猛賴兩段，爭執尤力。會法勘路弁兵在者蘭被越游勇所戕，法指爲雲南提督散勇，中國不承，狄隆欲緩勘，但就圖定界。粵東、粵西界務，鄧承修與張之洞、李秉衡等會商，其與法使浦理燮在關門文淵會議。承修執約內「北圻邊界必要更正，以期兩國有益」之語，欲以諒山迤西自艽葑、高平省至保樂州，東自祿平、那陽、先妥州至海寧府劃歸中界。浦使以據約不過於兩邊界址略爲更改，不能及諒山及東西地。旋允請示本國，卒不行。十二年復議界，會浦理燮病，僅由鎮南起勘至平關而止，東西不過三百餘里，餘未履勘。浦理燮旋回國，法改派狄隆由滇赴粵，與鄧承修等議界。

先是鴻章欲先議界，後議商約，法使不從，乃復議商約。至是議成十九款：一，保勝以上某處、諒山以北某處，中國設關通商，許法設立領事；二，中國可在河內、海防二處設立領事，並可商酌在北圻他處設領事，惟須後日；三，兩國領事駐紮及商民通商，均須優待；四，中國人在越置地建屋，及官商往來公文、書信、電報，法允保護遞送；五，兩國游歷人過界，各發給護照；六、七，出口貨照稅則三分減一，進口貨照稅則五分減一，估價之貨爲稅則所未載者，進出口仍照值百抽五徵收，至洋土各貨赴內地買賣，應完子口稅，不在減徵之列；八、九，載明洋、土各貨在邊關已完稅，復轉運通商各海關者，均照海關稅則另收正稅，不以邊關單作抵，其在邊關所領存票，亦只准在邊關抵稅，概不發還現銀；十至十二，嚴防詐僞偷漏之法；十三，定洋人自用雜物免稅之法；十四，定洋、土各藥不准販運買賣；十五，米穀等糧不准販運出中國邊關，進關准免稅，違禁物各禁；十六，中國商民僑居越南，所有命案、賦稅、詞訟等件，法國應優待；十七，中國人犯罪，照中律，法領事宜拘送，不得庇匿；十八、十九，定條約續修期限及互換遵守各事。是爲滇粵邊界通商約。

商約既定，鄧承修卽赴欽州之東興與狄隆議勘東界。狄隆以中國所屬江平、黃竹、白龍尾爲越境。鄧承修以數地皆內地，有圖可據，不許。辯論不洽。狄隆又約履勘，承修欲照雲南分途履勘辦法，並請先撤江平法兵。越日，復議請旨立約三條：一，大段相合；二，較圖不合，作爲未定，各請示本國；三，勒其去江平之兵及辦事官員。又令以後未定界內，不得再派兵及官員前往。狄隆不允，轉要承修不得於未定界內駐兵。時張之洞所派道員王之春、李興銳亦與會議。議界將及一年，中國屢請撤兵，法兵分屯江平、黃竹、石角、句冬、白龍尾等處如故。會總署允承修所定三條，承修命王之春往議，狄隆執不允，而法人突以兵踞白龍尾，驅害汛兵。華民築營壘，承修詰令撤退，狄隆諉之。時桂界已校竣，欽界南自嘉隆河、北抵北崙十萬山分茅嶺、西至峒中墟北，亦允歸中國，而白龍、江平，狄隆謂須以商務抵換。又以九頭山未議，及之春與議，亦無效。狄隆又欲議海界，以津約所無，未奉旨議海界，卻之。法又欲以白龍、江平抵換龍州通商。初恭思當來華也，即有求改商約之請，總署以界務方殷，且商約既經畫押，何能議改？拒之。至是復以爲請，並以商務苟可通融，界務亦可稍讓。稱已奉本國訓，准令在京商辦。總署以狄隆與鄧承修議界久不決，允與商辦。恭思當始允中國廣東邊界除現在勘界大臣劃定外，所有白龍尾及江平、黃竹一帶地方，並雲南邊界前歸另議之南丹山以北、西至狗頭寨、東至淸水河一帶地方，均歸中國管轄。又議減稅，總署以俄國通商章程辦有成案，滇、桂邊界皆爲陸路，不得不酌議減稅，以歸平允。於是議進口稅減十分之三，出口稅減十分之四，滇土藥每百觔定稅釐各二十兩，必完釐者，方准法商完稅接買，並不准法、越商人往入內地販運，高平、諒山往來之船隻免徵稅，仍納船鈔，惟運販食鹽、接辦鐵路及越南與滇、粵通商進出口稅則，均請減半，運中國土貨往中國各海口，稅則減三分之一各節，均拒絕刪節。計訂商務續約十條，界務續約四條。又照會綏設領事，及法在龍、蒙等處之領事等官，不得設立租界二端。是爲與法勘界通商續約。

十四年，法領事藉口華船常到海防，向廉州請示諭船戶須向領事領照，無照卽將船扣留。張之洞以條約向章所無，海防各國船隻均可往，何獨華船不許？嗣聞法領事張貼告白，收取船規，每船輸銀自數元至數十元不等，云係法使所定。之洞致總署請其停止收規。是年，法人請接中國兩粵電綫，許之。又芒街法兵越界焚劫那沙，之洞致總署，請向法使責賠償。十五年，法船駛進瓊州所屬崖州東百里之榆林港測探水道，上岸釘樁插標，阻之。法領事又在北海徵收漁船照費，政府以有侵中國主權，不許。十月，定界委員李受彤與法官勘東興一帶河界，定議此後河中淤有沙洲，近華者歸華，近越者歸越，河道卽有更改，無論河在何境，兩國均許行船。是年，法使以華兵駐越南之板邦爲言。又稱那沙墟不在中國界內，實在北圻橫模社對面先安河北岸，與板邦相近。又稱去冬官兵迎收被剿敗匪，係指離芒街八里之寧陽大廟對面大河北岸而言。並命查復。嗣李受彤復電，謂：「州西分界，自八莊歷板興、板山、冷峒止，前有溝離越南峒中三里，卽以此溝爲界，冷峒係丑艮寅向，峒中係未坤申向，那沙在西北，戌乾亥向，峒中墟居中，兩旁有溝，水向西合流入先安河。以方向論，溝西南概爲越地，溝西北概爲華地。以社論，那沙與板峒爲建延社地，與峒中爲橫模社地無涉。以交界論，那沙北歷那懷，約二十五里卽北岩，係廣西上思州地。以欽差所定界圖論，那懷屬我，那沙卽附連那懷，相離僅三里，前並無墟。去年正月，峒中墟華民始由峒中遷此。去年十一月以前，法未踰溝到此，十二月始有焚殺那沙墟事，擄去婦女，隨卽給銀放回。其法官自向婦女言係踰界誤拏。再查界圖，西北有板邦隘，係廣西地。又土人言橫模西南離六十里有板邦，屬越地。峒中之東並無板邦，只有板奔，離峒中約九里，係內地。去年秋，萃軍防營駐此，因疫退駐板輿，今板奔並無防勇。又查寧陽離芒街十餘里，在東輿西南，中隔河，必船乃渡，卽有勇亦難迎庇，且並無勇。」等語。又馮子材電亦云然。張之洞以兩說歧異，由於華民以溝水爲界，法以先安河北岸爲界。溝卽河也，原圖均未指明。那沙係去年正月新立之墟，距界甚近，故致彼此爭執。既悉板邦隘另是一地，實屬廣西。

十六年九月，歸逃人魏名高等十八人。十七年八月，法使林椿改擬新咖雷多尼招工合同第十四條。緣第十四條中國原擬派員作「理事官」，林使不允，改作爲「華工統領」，所得權利僅止赴訴公堂及請狀師理論。李鴻章以所改仍與工頭無異，焉得有權保護？不許。時湖南民攻詆洋教，法領事欲赴長沙開馬頭、設教堂，阻之。十九年四月，請東興、芒街接修電綫。粵督以前辦界案，尚有數十里至今未定，遽與接綫，界未劃定之處歸何人保護？必致多生轇轕。仍促先速定界。二十年，法使日海遞國書。又議寓越華人減身稅事，並論暹羅邊界。李鴻章據英與法議暹羅交界有甌脫地，應歸中國，日海不允。三月，與法會勘欽、越界。初，法派巴拉第、法蘭亭均以約內載明屬我之板興、嶺懷等處爭爲己有，政府不允。至是法改派柯痲暨其總辦鵠釐呟接辦。粵督李瀚章派李受彤與會勘，始知巴拉第、法蘭亭所爭險要，與越南皆隔深溝峻嶺，而溝尤多。因與約定，按界綫有水處以水爲界，有山處以山爲界，計長四百里。陸界僅五十里，皆峻嶺，餘悉溝界，惟披勞縱橫約三里，各分一半。餘如原勘圖約所載，分茅嶺、板興、板典、嶺懷等處，及峒中十里，均歸中國。時滇、越亦議界。滇督王文韶不允爭已定界，祗就黃樹皮、箐門及猛岡各處向駐有華兵處，緩撤兵以待法防之至。界約遂定。二十一年，中、日約成，法求換商約、界約，遂許開龍州、蒙自等埠，並與越界綫內猛烏、烏得二地。初，中國認此二地爲寧洱縣屬車里土司之地，法使謂舊屬越，遂歸法有。

二十三年，法要求瓊州不割讓租借於他國，許之。二十四年，法乘廣東雷州人殺其士民二人，以兵艦據廣州灣，來商租借，言爲停船屯煤之所，無損中國主權，而所租借跨高、雷二府之間，由海岸以入內地，所得東海、硇洲各島，及赤坎、志滿、新墟等處，均歸入租界。又得吳川之半島及通明港。是年，又以兵强佔上海、寧波四明公所義地，寧人罷市，幾激變。久之始定。時廣西永安有殺斃法教民之事，方議辦犯、劾官、賠償、建堂四條，適值北海鐵路造至南寧，援龍州鐵路案，中、法合辦，法使遂要求將鐵路歸併教案。議久始允就案議結，不及他事。又施南、宜昌、長沙均因教堂、教民啓衅未結。二十六年春，拳匪亂，法人調兵與德、英、俄、美、日本聯軍入京，復督兵西進至廣昌，屢阻之。二十七年，展漢口租界。是年法遣鮑渥爲駐華公使。二十八年，外務部與法隆興公司總辦彌樂石訂雲南礦務章程。先是彌樂石到滇，與礦務大臣唐炯議欲設中西礦務公司，唐炯入告，奉旨交雲貴總督魏光燾等與彌樂石議，歷七閱月始竣。乃入奏，略謂：一，初議限制中國公司延聘礦師，貸用洋款，後亦不入別國洋股，專用英、法礦師，定議；一，運礦自修鐵路，接通滇越幹路，訂明俟幹路成時再議，並禁售票搭載客貨，預存限制；一，公司收買山地，按民間租價，公平租賃，地由滇官指交，價由公司照給，逾限三年不辦，原地歸還業主；一，完納礦稅，議定按出井出爐礦質，每百抽五，抵納稅課，並派員分礦監收。適彌樂石由滇入京，向外務部催訂合同，外務部告以礦地未定，未便先議章程，並不准攬辦全省。彌樂石允指澂江、臨安、開化、雲南、楚雄等府及元江州、永北廳凡七處，載入章程第一欵內，將原議「嗣後別國公司概不准來滇辦礦」，改爲「嗣後別國公司概不准在公司所指之地勘采」，以淸界限。彌樂石以原議包辦全省礦利，故願歲給京銅一百五十萬斤，並津貼員弁兵勇護廠銀二萬兩。今旣改爲七處，應請減議定繳京銅一百萬斤。護廠費由公司給發，不拘定數。招募土勇，改爲稟請地方官招募，遴選武官一員管帶。遂定議。惟第一欵內載有「公司尋出之金、銀、煤、鐵、五金、白銅、錫及火油、寶石、硃沙礦，允給公司承辦」等語，滇督魏光燾以礦類白金、白銅、錫三項爲原章所無，因咨外務部，請照滇中前定原章，照會英、法公使，轉令彌樂石仍將三項删除。

二十九年，總理外務部慶親王奕劻與法使呂班訂滇越鐵路條約三十四條：一，鐵路自河口抵蒙自，或由蒙自附近至雲南省城，日後擬改，須彼此商准；二至四，勘路繪圖及交地購地各事；五，各項廠棧同時開工；六，鐵軌寬一邁當；七，鐵路經過地方，不得損壞城垣公署；八、九，購料及挖取沙石、採伐林木各事；十，運路及暫時興工各地，用竣後即交還；十一，幹路造成，商接支路；十二，各執事凡須專門學者，可用外國人；十三、四，工匠之招募管理及賞卹傷亡、懲辦犯罪各辦法；十五，巡丁可募土民，不得請派西兵；十六，洋員請給護照事；十八，租賃房屋事；十九，不得損及民人產業，有則賠償；二十，火藥炸藥之運製及防險；二十一、二，運貨納稅、免稅各例；二十三，收費、減費、免費各例；二十四，鐵路不准載運交鹽及西國兵械，如中國有戰事，悉聽調度；二十八，設專門學堂；二十九，設電綫、電話；三十一，滇省派員襄助公司；三十二，定公司補償中國查看費，各員來往照料費；三十四，此路十八年期滿，中國可與法國商議收回。是年，法人因吉林敎案索賠償。三十年秋七月，法使館交還欽天監觀象臺儀器二十八件。三十一年春，法商欲自上海至紹興行輪，阻之。是年與各國定値百抽五稅則，法有違言，久之始允。三十二年春正月二十九日，南昌縣知縣江召棠被殺於天主堂。先是召棠辦教案頗持正。法教士王安之因上年茌港教案，有二教民鄧貴和、葛洪泰在南昌縣監禁，强請釋放，召棠向索縱囚，其一匿法教堂中，王安之不交，函約召棠會飲，被殺。民情大憤，集衆毀法教堂，傷斃王安之及教習等數名，並波及英教堂，久之始定。法人欲坐召棠自刎，及派兵船來贛責償。命鄂督張之洞查辦，屢執仵傷單及醫憑單與爭，終徇其請，賠以法銀二十餘萬。三十三年，法遣領事入滇商辦事。六月，蒙自法郵局設代收遞人役，詰之。九月，索還法人所佔塘沽碼頭。宣統三年，與四國銀行定粵漢川漢鐵路借款合同。原借五百五十萬金鎊，五釐行息，專爲築造粵漢、川漢兩路，法與英、德、美均與焉。

清史稿卷一百五十六

志一百三十一

邦交四

美利堅

美利堅在亞美利加洲。初來華，貨船常至粵東。道光二十一年，英因鴉片之役，詔停貿易，美爲英人請准貨船入口，不許。二十二年，與英和，許寧波互市。美商船由定海駛至寧波，請報稅通商，浙撫劉韻珂以聞。朝旨以美通商向在粵東，不許。已，復請增商埠，將軍伊里布以聞，許之，命與英併議稅則。明年三月，美商船駛至上海求通商，拒以稅則未定。既聞英通商章程已議定，復請援英例開市；又稱進口洋參、鉛斤二項稅則繁重，請減輕，以百斤取五爲率。江督耆英等以洋參、鉛斤歲來無多，允酌改。美人福士又請入覲，不許。冬十月，福士忽稱有使臣顧盛來粵，仍求覲見，並遞國書，欲與中國商議定約，並稱沒蘭的彎兵船欲赴天津。諭令折回，不省。二十四年四月，美兵船進黃浦，阻之，答以進口專爲約束商民，防範海盜，無他意。又責中國款待，要求甚堅者十款。耆英等屢與駁詰。於是酌定條款：如商船納鈔已畢，因貨未全銷，改往別口轉售，免重徵；又商船進口，並未開艙卽欲他往，限二日出口，不徵稅鈔；又商船進口，納清稅餉，欲將已卸之貨運往別口售賣，免重納稅鈔；此外又許其於貿易港口租地建禮拜堂及殯葬處所；又許延請中國士人敎習方言、佐理筆墨，及採買中國各項書籍。又增入商人擅赴五口外私行交易、及走私漏稅、攜帶鴉片及違禁貨物，聽中國官自行辦理治罪一款。遂定議。尋進國書，耆英請賜詔書褒美，許之。

二十六年，諭通商、傳敎祗許在五口，不得羈留別地。緣美人在定海傳敎非條約所許故也。十一月，美使義華業來粵呈遞國書，初欲入覲面呈，耆英等以條約折之，乃已。咸豐三年七月，美酋馬沙利來粵接辦本國公使事務，齎有國書，仍欲進京投遞。中國持定約不許。時賊氛未靖，美兵船忽至滬，揚言往鎭江等處察看賊情，並整頓海口商務，如督撫不與會晤，當繕奏齎往天津投遞。蘇撫許乃釗以聞。命赴粵聽欽差大臣察辦。同時美兵船又入琉球，琉球王世子啓閩浙總督王懿德，懿德以聞。命粵督葉名琛曉諭，使撤回兵船。四年六月，美人麥蓮至上海，要求赴揚子江一帶貿易，請代奏。江督怡良諭令回粵，候葉名琛察辦。麥蓮返粵，名琛不予接見，乃復回上海，與英、法人往見蘇撫吉爾杭阿，要求赴天津變通成約。吉爾杭阿拒之，不聽。既而船至天津，命長蘆鹽政文謙等復阻之。仍以進京求覲爲詞，遞清摺要求十一款，駮之。惟華洋訴訟、豁免積欠及廣東茶稅每擔加抽二錢，允與商辦。麥蓮等遂去。

六年，美人伯駕來粵請換約。時英人包令、法人顧思同至，亦請換約，與伯駕同赴天津。朝命葉名琛阻之。旋駛至福建遞國書，要求公使駐京、中國遣大臣駐美京華盛頓。朝命閩浙總督王懿德約回廣東，嚴詞駮之，伯駕不省。八月，偕本國水師提督奄師大郎乘火輪至上海，云奉國主命，必須入京覲見，屢諭不從。是年減免美在滬未繳關稅，因粵賊滋擾，美商受損失故也。七年十月，美遣新公使列衞廉來粵代伯駕，會英人虜葉名琛，省城被據，美人來滬投遞牒大學士裕誠文，願勸和。裕誠覆以已命黃宗漢赴廣辦理外國事務，可速赴廣東會晤。八年二月，美隨英、法調兵船來津，命直隸總督譚廷襄等接晤。美使與俄使普提雅廷同見廷襄，欲變通舊約，未允。五月，命大學士桂良、吏部尚書花沙納爲欽差大臣，與美使列衞廉定約。初，美條款要求添商埠、保教民、立塔表、鑄銀元、賠損失、防凌害、船隻駛揚子江及粵東珠江並各支流、文移達內閣、使臣駐北京、丈量船身計噸納鈔法、以各用法律治本國人民、特援最惠國利益均霑之例載入約中，迄未行。至是，復請。

冬十月，定通商稅則，桂良致書美與英、法使臣議通商善後事，極陳領事之弊。美列衞廉覆書，略謂：「美國商民進內地，按天津條約，利益均霑，是則美進內地所有請執照等情，應同英、法一例。俟國主及國會議允批准和約後，必明立律例交領事，禁止不請執照或强請執照等事，致免國民違犯中國憲典。又整理有約、無約各國之法，本大臣向知此事應變通，今請將中國所能行者略爲陳列。按泰西各國公使，凡此國領事奉遣至別國者，若不得所往之國準信延接，卽不得赴任。今凡有稱領事，而中華國家或省憲地方官不肯明作準信延接者，彼卽無權辦事，是則中國於此等兼攝領事卽可推辭不接，已延接者亦可聲明不與交往。設有美國人兼攝無約領事，藉作護身符以圖己益者，地方官可却不與延款，遇有事故，令彼投明美國領事，自應隨時辦理。間或美國人兼攝領事，而代無約商民討求地方官協助申理，地方礙情代爲辦理者，亦可對彼說明，並非職守當然，祇由於情面而已。又若此等自稱領事，有與海關辦理船隻餉項事宜者，地方官可却以必須按照條約遵行。倘彼固執已見干犯則例者，中國地方官應用强禁阻。前在天津時，本大臣照會桂中堂、花冢宰，以中國必須購造外國戰艦火輪船者，特爲此故，足徵所言非謬也。又領事不得干預貿易，現美國定制，凡干涉賣買者，不得派作領事官。又領事與地方官爭論，前此動多牴牾，本大臣深爲恨憤，業經設法將一切事宜妥爲辦正。嗣後果有仍前事款，請照知本大臣，定當修正。若領事官不合之處，地方官按理據實，直斥其非，不與共事，此最善之法也。總領事之設，美國奉使駐紮中華者，從無此制，領事官亦無發給旗號之事。本大臣復嚴諭領事，嗣後不得有此。以上據問直達。猶有管見須照知者，中國宜立國家旗號，俾中國公私船盡行升用。蓋美國制度，凡本國人必用本國旗號，泰西各國莫不皆然。今中華貿易之盛，而無旗號以保護，何不亦仿他國之法，使商船與盜賊有所區別，而免商民之借用與假冒外國旗號哉？」桂良據奏。厥後中國造輪船、購戰艦，用龍旗，多采其議。

九年夏五月，美使華若翰遵滬約，改道北塘呈遞國書，諭旨嘉獎。七月換約，還所擄前附和英人之蔣什坡。美使回滬，請照新章完納船鈔，及在潮州、臺灣先行開市。欽差大臣兩江總督何桂清以前大學士桂良等給與照會，言明各口通商，俟英、法條約議定，再照新章辦理，不服。乃允先開潮州、臺灣兩口市，及照新章納船鈔，餘仍從緩。十年，美船隨英法聯軍北駛。是年美國書及原本條約、稅則遺失，特命蘇撫薛煥先與說明，照俄國一律，以通行刊本為憑，美人許諾。

十一年四月，始至漢口通商。旋立九江市埠。先是三月，美水師總領施碟烈倫以火輪船至九江，尋去。至是，美商擇地，勘定九江城西琵琶亭空地三十畝，以地勢低窪，興工建築，居民以未給價，阻之。領事別列子始赴道署，許照英國價例給發。九江關監督以此地在大街繁盛之區，與龍開河偏僻有水者不同，駁詰之，別列子去。監督因牒駐漢口總領事，始許依民間賣買，又增索至五十畝。是爲美立九江市埠之始。秋七月，美設領事於漢陽，並代理俄國漢口通商事務。又爲美人在漢設領事之始。

同治元年，粵賊陷蘇、太各城，上海爲各國通商之地，蘇松太道吳煦招募壯勇，雇洋人領隊。有美人華爾者，煦令管帶印度兵。既印度兵遣撤，煦令華爾管帶常勝軍，協守松江，屢出討賊有功，奏給翎頂。又白齊文者，亦美人，因華爾進，命並在松江敎習兵勇，協同官軍勦賊，屢立功。華爾旋攻慈谿陣亡。秋七月，美伯理璽天德林肯亞伯剌罕遣使蒲玲堪安臣致皇帝書。二年，白齊文不遵調遣，毆傷道員楊坊，並刦餉四萬餘元。事聞，褫白齊文職，命蘇撫李鴻章拿辦。白齊文匿英兵艦，美使蒲安臣以白齊文爲美國人，覆牒爲代辨無罪。總署以白齊文受中國官職，應照中國法律懲辦。辨駁久之，美使始代白齊文認罪。白齊文尋投賊被獲，牒美使衞廉士述其罪狀，請照前議亟予正法。美使覆以請示本國，白齊文尋溺死。

六年十月，以美卸任使臣蒲安臣權充辦理中外交涉事務使臣。時外洋諸國公使、領事等先後來華，於是特派蒲安臣，以英人柏卓安、法人德善爲左右，協理志剛、孫家穀二員同往會辦。緣蒲安臣充美公使最久，中外交涉，總署深相倚任，故特派往。特與議定條款，凡事須咨總署覈定，准駮試辦，以一年爲期。又以中外儀節不同，呈遞國書，須存國體。又慮各國因蒲安臣係西人，以西例優待，當告以中國體制，使各國了解，不致疑中國將來無報施之禮。迭咨蒲安臣，蒲安臣遂西。

是年，美羅妹商船至臺灣之瑯璚洋面，遭風船破，被生番戕害。又前有美商船羅發遭風飄至臺灣極南海島，亦被害。至是，美住廈門領事李讓禮欲坐兵船赴臺住泊。八月到瑯璚，會臺灣鎭總兵劉明燈究詰此案，而龜仔角生番糾集十七番社謀抗拒，劉明燈招番目卓杞篤往諭，始知五十年前，龜仔角一社之番，悉被洋人殺害，僅存樵者二人，以致世世挾仇圖報。因諭番人解散，勸李讓禮無深究，免再結仇。李讓禮許諾，遂議結。既而李讓禮請在象鼻山設立礮臺，未允。

七年春二月，美使來言，前年九月有本國商船兩隻在高麗擱淺被害，尚餘四人，請轉知高麗，設法救護。政府請高麗自行查明酌覈。六月，美人派兵船入高麗，國王李熙奏聞。中國查明並無羈留美人情事，函致美使代爲解釋。美使乃無言，其兵船亦啓椗去。

是月，蒲安臣等至美遞國書，並增定條約，其要目有八：一，美國與他國失和，不得在中國洋面奪貨劫人；二，除原定貿易章程外，與美商另開貿易之路，皆由中國作主；三，中國派領事駐美通商各口；四，中、美奉教各異，兩國不得稍有屈抑；五，兩國人民互相往來游歷，不得用法勉强招致；六，兩國人民互相居住，照相待最優之國利益均霑；七，兩國人民往來遊學，照最優之國優待，並指定外國所居之地，互設學堂；八，美國聲明並無干預中國內治之權。其時曾國藩等鑒於道、咸間條約失利，特建議遣使往訂此約，於領海申明公法，於租界爭管理權，於出洋華工謀保護，且預防干涉內治云。九月，美使勞文羅斯來華遞國書，並呈書籍及五穀各種，請換中國書籍、穀種，許之。

九年三月，美遣鏤斐迪充出使中國大臣，遞國書，前使勞文羅斯回國。四月，中國出使大臣蒲安臣在俄病卒，特予一品銜，給卹銀萬兩。

十年正月，美致朝鮮函，請中國代達，謂將以兵船前往商辦事務。中政府以權宜許爲轉達。旋接朝鮮咨，謂美使所投封函，專爲曩年美商船來韓，一遭風遇救，一人沒貨無，以爲一救一害，相懸太甚，欲請究治。朝鮮以己國無殘害美船之事，不允所請，並請中國降旨開諭美使。美使以降旨開諭，是以屬國相待，不受。乃以兵船抵朝鮮脅之。朝鮮人不服，與力爭，並報中國牒美使解之。十二月，美請援例開瓊州商埠。

十一年春二月，許美國領事官代辦瑞士國商務。瑞士國一名蘇益薩，又稱綏沙蘭，其商船至中國，向以無約小國不設領事官，至是請美領事官代辦商務。美使牒稱遂次蘭國，總署覆美使，以瑞士事務祇可照料，不能兼攝，至通商納稅等事，仍照向來無約各國祇許在海口通商，其內地口岸及內地遊歷設局招工等事，均不得一律均霑。美使照覆更正遂次蘭爲瑞士。美領事雖得照料瑞士國商務，不得稱瑞士國領事官。十二年春，穆宗親政，美隨英、法、俄、德請覲見。十三年，美使鏤斐迪回國，以艾忭敏爲駐華全權大臣，覲見面遞國書。

光緒二年十一月，美旗昌公司歸併中國招商局，南洋大臣沈葆楨奏請給價銀二百二十萬兩，報可。四年，出使大臣陳蘭彬等蒞美呈遞國書，旋請設領事，言華人僑美各邦約二十餘萬，不設領事，無以保護華民。奏入，許之。五年，美前統領格蘭忒來華。值日本滅琉球，政府因格蘭忒將遊日本，託其轉圜。格蘭忒至日本，函勸中國與日本各設領事，保護琉球中部，其南部近臺灣，爲中國屬地，割隸中國，北部近薩摩島，爲日本屬地，割隸日本。兩國均不允。又請派員會議，卒不得要領。

六年七月，美遣使臣安吉立及修約使臣帥腓德、笛銳克來華，請與中國大臣議事，總署以聞。並言：「同治七年中國與美續增條約，其第五款內有『兩國人民任便往來得以自由』等語。近來金山土人深嫉華人奪其工作，不能相容，上年美議院曾有限制華人之議，經其總統據約批駁。去年彼國開議，又欲苛待華人，經副使臣容閎牒外部，言與約不符，始將此例停止。是華人在彼得有保護者，惟恃續增條約之力居多。今遣使來華，恐有删改續增條約之意，請派員商議。」奏入，命總署大臣寶鋆、李鴻藻爲全權大臣，與美使議約。初，美續約第五款祇言兩國人民往來及遊歷貿易久居等人，無「華工」字樣。至是，美使安吉立等遞修約節略，內稱華工分住各口不下十萬人，於本國平安有損，請整理限制禁止。總署以禁止一層與舊約不符，惟限制一層尚可酌擬章程。安吉立等以章程須由本國議院酌定，此次來華，祇求中國一言，許其自行定限。總署遂入奏，與安吉立等議定四款：凡傳教、學習、貿易、遊歷人等仍往來自由，其已在美華工亦仍舊保護，惟續往承工之人，定人數年數限制，不得凌虐。遂畫押蓋印，期一年兩國御筆批准互換。既而美金山於中國招商局和衆輪船進口有額外加徵船鈔貨稅之事。出使美國大臣陳蘭彬等請乘美派人來華議約之際與交涉。時美使安吉立亦牒總署，詢中國徵收美國各船稅鈔與徵收中國及別國船稅鈔是否相同，又中國在常關納稅鈔之船是否均與新關納稅鈔之船相同各等語。又欲將兩國商民貿易有益之事，及兩國商民爭訟申明觀審辦法，加入約款。總署以商民貿易一款，原可隨時商辦，觀審一款，本煙台條約所載，此次申明與原議亦無出入。因與定議，仍候兩國御筆批准互換。明年六月鈐印。

八年三月，美欲與朝鮮結約通商，遣總兵薾孚爾爲全權大臣，乘兵船往議約。朝鮮遣余允植赴保定謁見李鴻章，請代爲主持，與美使商議。美使旋出所擬約稿，其約稿未提明朝鮮爲中國屬邦。鴻章請刪改，蕭孚爾執不允。會美署使何天爵在京，與總署議，允增「屬邦」字樣，而內治外交仍許朝鮮自主。

九年，出使美國大臣鄭藻如請於美紐約設領事官，略言：「美國西通太平洋，以金山埠爲首站，東通大西洋，以紐約埠爲首站，兩埠爲往來必經之路。金山業設領事。近紐約華民往者日見增多，土人不無嫉忌。兼以古巴一島與紐約水路相通，華民由古巴回籍者必假道紐約，實爲通行要路。請仿金山例設領事以資保護。」報可。是年美與朝鮮換約，遣使駐朝鮮漢城，朝鮮遣使報之，仍咨中國，禮部僅報聞而已。十年，中、法因越南啓釁，招商局輪船商人籌照西國通例，暫售與美國旗昌洋商保管，旋事定，仍收回。

十二年春，美舊金山華民被美西人虐害，中國索賠，總統却之。粵人聞之，大憤，爭欲起抗。粵督張之洞恐其滋事，一面曉諭粵民，一面致總署及駐美使臣與美交涉，請其賠償懲辦，因疏言：「出洋粵民所訴焚劫殺逐，種種遭害，臚列各案內，如光緒十年十二月，天李架埠一案，焚舖逐商，劫財七萬餘元；十年七月二十五日，洛市丙冷埠一案，慘殺廖臣頌等二十八命，傷十五人，焚毀舖屋財物值十四萬餘元；七月二十八日，舍路埠一案，慘殺莫月英等三命，焚燒煤廠，約值數萬，旋將華人盡逐；八月十一日，倒路粉坑一案，枉殺李駒南等五命；九月二十八日，喊罷埠一案，焚逐失財數萬；十二月初四日，尾矢近地一案，慘殺伍厚德等二命：皆爲無辜被害。其餘密謀殺害，不可勝紀。以致卓忌埠、禮靜埠則有被逐之事，興當埠、拓市埠、喜路卜埠、鈴近埠、匿架市埠、洒市埠、鉢倫埠、云乃埠、坎下埠、古魯姐埠、粒卜綠埠亦皆有定期議逐之事。其金山大埠，華民住房則有十苦之訴，洗衣裳館則有六不近情之訴，統大小各埠工商人等則有七難之訴。所謂十苦者：金山大埠住房，每人限地八尺，不足八尺者查拏監禁，謂之挐房。挐房之苦，計地少絀，同居概捉。一也。監後寓財，盡竊無追。二也。回華有期，暫寓被禁。三也。到埠資乏，借寓亦拏。四也。畏捉夜行，臥街被打。五也。工藝出監，無處傭食。六也。監房地狹，疾癘益增。七也，入監勒銀，始任贖出。八也。監鬱鬢亂，被剪違制。九也。昏夜巡查，破窗越屋。十也。所謂六不近情者：洗衣館八九百間，木樓木屋，歷數十年，乃借防火私擅，勒令改建甎樓鐵門，既非美廷所命，別處又不一律。一也。拆改不獨勞費，工衆無處容身。二也。甎鐵本重租貴，主客兩受其害。三也。曬棚謬謂惹火，別處樓棚更多。四也。任意拏人罰銀，被擾至數百間。五也。洋館木樓曬棚，何以不用此律？六也。所謂七難者：一爲欲守業之難，二爲欲拒匪之難，三爲求保護之難，四爲居散埠之難，五爲居大埠之難，六爲業工者之難，七爲業商者之難，等語。又言金山各埠，始則利華民之工勤價省，多方招徠開礦修路諸工，美商藉華工以獲利者，不知其幾千億萬。乃因埃利士黨人嫉妬把持，合謀驅逐，殘毒焚掠，以奪其資財，勒逼行主辭用華工，以斷其生路。華工既無生計，華商亦遂賠折窮蹙，留不能留，歸不能歸，保護亦無從保護，情形實爲危慘。假如將此十餘萬華民盡行驅歸中國，沿海各省何處容之？既屬可憫，亦多隱憂。此外南洋諸埠，設皆踵事效尤，何堪設想？美與中國雖無嫌隙，但此事係由美境土人專利而起，其視華工究不免稍分畛域。且美國官員，近亦多有埃利士黨人在內，多設苛政，實有此情。應請敕催美國嚴懲速辦。」初，沙面燒洋房十四間，償款至鉅。至是，出使美國大臣鄭藻如電張之洞，請查案援例。之洞以金山殺掠重情，過之十倍，應照本案華民所失之數賠足，並須財命兩究，電覆令與交涉。先是美使田貝允電本國速辦。時新任張蔭桓爲美使，仍留鄭藻如會同經理。既而美調兵緝匪，斃匪一名，傷數名，美總統及議院亦漸議護禁，久之始允賠。

尋議寓美華工約，定約六款：首言中國以華工在美受虐，申明續約禁止華工赴美；次言華工在美有眷屬財產者，仍准往來；三言華工以外，諸華人不在限禁之例，並准假道美境；四言華人在美，除不入美籍外，美國仍照約盡力保護；五言華工人被害各案，美國一律清償；六言此約定期二十年互換。議定畫押，復命張蔭桓再與籌議。蔭桓以三端要美：一，請酌減年限；二，請訂約以前回華之工，如有眷產，亦可稟報中國領事，補給憑批回美；三，回華工人在美財產不及千元者，作何辦法，亦應商及。議久不決。

十四年四月，廣西桂平縣美教士富利淳醫館被毀，領事索賠五千餘元，拒之。時粵民憤華工見拒，羣起抵制，且歸咎張蔭桓。會命翰林院侍講崔國因代爲美日祕國出使大臣。十六年，國因到美，美戶部忽訂新例，於假道華民入境，索質銀二百元，出境發還。下議院又議立限淸查寓美華民戶口給照。國因力與辯，例旋廢。初，金山新例，拘執華人令徙遷者限地界，以華工居處不潔釀疾爲言，至是始廢例銷案。時換約期將屆，適楊儒出使，總署又以商改新例事委之。儒涖美，値美迫行華工註册新例，當援條約駮詰。美外部始商允議院展限半年，被拘工人釋放，而於註册之例堅不改移。華工以例專分別新舊工人，舊工固有安居樂業之便，而新工因限禁，不能到美，屢倩律師控訴察院，欲除此例。美外部以例經議院議定，不能廢，仍限華人註册。而總署電儒，以先修約、後註册爲關鍵。儒當牒外部，並就十四年約稿删去賠償一款，易爲互交罪犯；原約二十年之期改爲十年。旋又接總署電，言美必欲先行註册，擬令寓華美民亦註册以相抵制，屢議不決。旣美外部謂交犯一款，與限禁華工保護華民不相涉，應另訂專約，不列款內；十年之期，可以允從，寓華美工，亦聽中國註册。楊儒力爭寓華之美國教士亦須註册。遂擬除工人外，寓華別項美民，自換約日起，美政府允每年造册一次，報知中國政府。乃定議，並於第五款中寓華別項美民下，註包括教士在內。二十年二月，畫押蓋印，是爲重訂限禁華工保護華民約款。又立互交罪犯約。

約既成，楊儒復籌寓美華民善後事宜，因上言：「華工在美，始自咸豐年間。光緒六年，始有限制工人之約。華人寓美，洋人指爲風俗之害者，約有三端：一曰鴉片，一曰賭博，一曰械鬬。今惟有將此諸弊力圖革除。一在申明律例，治以各項應得之罪，中國不爲袒庇；一在詳示教條，使知目前限制之故，皆與煙賭械鬬各弊有涉。俾各愧奮改圖，庶不至爲人厭薄，此治本之法也。至於治標之法，一在嚴禁冒商，俾眞商不至受累；一在疏通工路，使新來之工得以謀生海外。如此，不獨華民生計可紓，卽中外邦交，從此愈固矣。」是年，中、日啓釁，美代中國保護在日本華商。明年，四川、福建教案相繼起，而古田案尤劇。美與英、法均請中國償款辦犯，議久不決。既而美使田貝函總署，稱有各國耶穌教人公舉在華辦理教務教士李提摩太惠志，繕册摺擬呈查閱，請謁見，允之。

二十三年，美人在上海侵占租界外地。初，美所租同治初年止九百餘畝，後美領事西華自畫界，圈入未租民地萬餘畝。光緒十九年十月，兩江總督劉坤一飭將界綫內東北未租地收回二千六百畝，而於西北界外所占之地未及淸釐。至是，美領事在蘇州河邊自立界石，而河內地起建樓房。署兩江總督張之洞請與英、法界外侵占同嚴禁，疏入，交議。

二十四年，出使大臣伍廷芳見德與中國因膠州失和，請聯美，略謂：「美合衆爲國，其保邦制治，國律以兼併他洲土地爲戒。溯自海上用兵以來，美兵船皆由英軍牽率而至。道光二十一年，粤東議款，美實居間排解，遂得定盟。咸豐九年，英、法闖入大沽，毁我防具，美守前約，船由北塘駛入，呈遞國書，情詞謙遜，先換約而歸。是通商以來，美視諸國最爲恭順。此次守約惟謹，不肯附和。雖因古巴議自主，檀島議兼隸，近在同洲，大局未定，不遑遠略，亦因與我交誼素篤，故不從合從之謀。若能聯絡邦交，深相結納，似與大局不無裨益。」又因檀香山歸併於美，請設領事，保護華民，略謂：「檀香山居太平洋之衝，前本君主，後改民主。近因弱小，求庇美邦，設爲行省，美議院業經議行。此島華民不下三萬人，向由商董立中華會館，排難解紛。光緒七年，曾令商董陳國萬爲領事。後美禁華工抵埠，華民出洋，皆趨檀島，請設領事。」報可。

是年中國議修盧漢、粤漢、寧滬、寧漢四路，借款各國，美國願貸四百萬鎊於粤漢路，旋聘美工師勘路。二十六年，拳匪作亂，各國聯軍入京，既各國會議條款，美惟增教案、被議人員不准復用之條，餘未與附和。會俄與中國訂退還東三省約，中國復請美政府排解。明年，和議成，議償款四百五十兆，美所分得償金三十二兆九十三萬有奇，合美金二十四兆四十四萬餘元。除給商人損失及海陸軍費外，尚有溢出數十二兆七十餘萬元。美總統羅斯福向議院提議，溢出金仍還中國，助中國教育，卽以此款爲格致學生留美之用。議行牒中

國，中國特遣專使唐紹儀赴美申謝。既而各國賠款欲改銀爲金，以金價算。美爲商勸各

國，並謂衆議合索四百五十兆兩，由各國自行均派，中國不管其易作何項金錢，是此項賠

款，照約載金價核算，卽四百五十兆海關銀數，照約銀數付還，亦卽與用金付給無異。美旋

允照約還銀。

二十八年春三月，議各國商約，美使不願加稅至十五，免釐與否，聽中國自便。是年，

命呂海寰、盛宣懷議美約，與美使迭次磋商，張之洞、劉坤一通電參酌，始定議。因上言釐

定約款十七條，大致與英約相同，而其中得失損益，稍有區別。第一款曰駐使體制。美使

原送約文，聲明駐使可以行文各省將軍、督撫、駐紮大臣；駁以美國向由外部轉行，中國亦

係由外務部咨轉，不能兩歧，駁令删去，改爲中國駐使爲美國優待，是以美使駐京，中國亦

一律優待，以昭平允。第二款曰領事權限。報施一如駐使，而聲明美國領事按例妥派，外

務部按照公例認許，如所派不妥，或與公例不合，我卽可不認，冀以挽回主權。第三款曰口

岸利益。此係查照日本舊約，不能不許，因卽比照日約核改妥協。第四款曰加稅免釐。此

爲全約主腦，美使初祗允加至值百抽十，並請我裁內地常關，又不提明銷場出廠等稅，以爲

中國主權所係，不欲有所干礙，屢費磋商，動至決裂。臣等往復電酌，彼始允加至十二五，

其所裁內地常關之稅，任我改抽出產稅以爲抵補。竊思內地常關不過十餘處，各省土貨未

必悉所經由。按照英約載明進出口貨加稅後，均得全免重徵，則內地常關亦祇能徵土貨運出第一道之二五半稅。若非第一常關，則並無稅可收。至土貨未經第一常關徵過二五半稅者，出口時仍須徵足七五之數，是常關雖裁，亦無大礙。今既任我改抽出產稅，則從源頭處抽收，較無遺漏，似更合算。當時尚以與英約兩歧爲慮，美使自認將來勸英照辦，祇得允裁。至於銷塲稅、出廠稅及議增之出產稅，美使雖不願詳載名目，而於專條中聲敍本款所載各節，毫無干礙中國主權徵抽他等稅項之意，以渾括銷塲等稅，保我主權。第五款曰稅則附表。彼請美國人在中國輸納稅項，較最優待之國，不得加重另徵。臣等索其增入中國人民在美國納稅亦如之一節。第六款曰准設關棧。係照英約酌辦。第七款曰振興礦務。前半悉照英約，彼請准美國人遵章開辦礦務。此本路礦衙門定章所許，因訂明美國人民辦理礦務居住之事，應彼此會定章程，以資鈐束。第八款曰存票抵稅。第九款曰保護商標。均與英約意義相等，而於存票款中聲明除去船鈔一項，以補英約所未及。第十款曰創製專照。此款深慮有礙中國工藝仿造，駁論再三，改爲俟中國設立專管衙門，定有創製專律後，再予保護，其權仍自我操。第十一款曰保護版權。卽中國書籍翻刻必究之意。與之訂明，若係美文由中國自繙華文，可聽刊印售賣；並中、美人民所著書籍報紙等件，有礙中國治安者，應各按律例懲辦，爲杜漸防微之計。第十二款曰內港行輪。前兩節照英約大意，聲明嗣後無論何時修改，應由我查看酌辦；末節如奉天府安東縣開埠事，扼定自開，而辦法略有變通。第十三款曰改定國幣。將英約所附照會納稅仍照關平一節，增入款末。第十四款曰輯睦民敎。敎民犯法，不得因入敎免究，並應遵納例定捐稅；敎士不得干預中國官員治理華民之權，詳晰列明，冀資補救。第十五款曰治外法權。第十六款曰禁止嗎啡鴉片。皆我索其增添，與英約一律。第十七款曰修約換約期限。係照立約通例。復於約款之外，另行訂附件三端：一爲內地徵抽鴉片、鹽觔稅捐之事，及保全稅捐防範走漏之法，均任由中國政府自行辦理；二爲所留通商口岸之常關，設立分關，保持稅餉；三爲申明第五款所載稅則附表，卽前定切實値百抽五之稅則，至內地常關雖裁，並不藉此以裁北京崇文門並各城門及左右翼等處之稅，由美使備一照會存案。又第四款不礙徵抽他等稅項一語，尙涉籠統，由我備一照會，聲明他等稅項，卽係包括銷場、出廠及改抽之出產各稅，應仍聽中國自行辦理。彼亦復一照會，言明彼此意見相同，分別簽押蓋印。是爲中美商約，一名通商行船條約。

三十年春，美公司背約私售粵漢股票於比利時，允比在湘造湘陰過常德至辰州一路。張之洞致湖南巡撫趙爾巽請力阻，並援合同第十七條專認美公司，不得轉與他國人爲主旨。湘人議自承辦，稟請廢約，趙爾巽力主之。時張之洞已奉廷寄廢約，遂以三省紳民力持廢約電致盛宣懷。宣懷旋電出使大臣梁誠牒美外部，略謂：「美公司顯背合同，必應作廢。續約十七款不得轉售他國。現查底股，比、法居多，事權他屬。正約四十款禁別人侵壞合同，現派非美公司之錫度來華干預。全路工程逾限，廣州一節，逾估甚鉅，請牒外務部註銷正續合同。」美政府覆牒允註銷合同，仍不允廢約。旣而美公司舉前兵部路提等代議路事，中國亦延美前外部大臣福士達、鐵路律師良信等與之辯，始允再集股東議售股本購價，及合同特權等費，必須付現，又索賠給工程司執事人等合同未滿撤退，及註銷訂購物料合同之用二十五萬。久不決。至三十一年夏，始簽字。久之，始以美金六百七十五萬元還美，再加利息，定議簽押。時粵民因美禁華工，並苛待留美商民，私議抵拒美貨，不果。三十二年，遣學生赴美留學。三十三年，美敎士在河南信陽州所屬雞公山購地造房，豫撫張人駿執條約公法敎規與爭，始允撤房退地停工，卒延未撤銷。

三十四年八月，與美訂立公斷專約。初，美使康格曾奉其總統命，向中國提議，與英、法一律訂立公斷專約。嗣以美總統與議院意見不合，英、法約作廢，因罷議。至是第二次和會和解紛爭之約，又已畫押，各國多互訂公斷專約，美亦與英、法、日本訂約，中國卽電致出使美國大臣伍廷芳，向美廷提議，遂訂條約四款，凡關於法律意義或條約解釋，爲外交法不能議結者，皆屬之。換約以五年爲限。是年美約請各國在滬會議禁鴉片事宜，中國命南洋大臣端方等蒞會。

宣統元年春正月，美使牒外務部，請免收東三省新開各埠一切雜稅。旋由外務部咨東三省，覆稱不能免收。因覆美使，謂：「現所收各稅，於各埠試辦章程並無妨礙。若必欲使洋貨於抽釐一事毫無轇轕，自非實行加稅免釐不可，中國固甚願各國贊成斯舉也。」五月，定留學生赴美名額，因美退還庚子賠款，爲中國學生赴美游學費，議自退還之年起，初四年每年遣一百名，以後每年至少須遣五十名，遂訂辦法大綱。是年美工商部新頒華人入美保護例凡十條，大旨仍重在禁止限制華工影射赴美，而於商賈、教習、學生等游歷則從寬。牒外部立案，並同時通咨南北洋施行。二年九月，度支部大臣載澤與美使嘞爾霍商定借款一千萬鎊，利息五釐，美招英、法、德、日結爲借款團體，是爲四國借款。

清史稿卷一百五十七

志一百三十二

邦交五

德意志

德意志者，日耳曼列國總部名也，舊名邪馬尼，居歐洲中原，同盟三十六國，而中惟布路斯最強。

咸豐十一年，布路斯及德意志諸國請照英、法等國換約，江蘇巡撫薛煥不可。其使臣艾林波赴天津，呈三口通商大臣，請立條約。王大臣以聞，命總理各國事務、倉場總督崇綸充全權大臣，赴天津會崇厚酌辦。布使呈條約四十二款，附款一條，通商章程十款，另款一條，稅則一册，其代呈德意志公會各國部名，均照布國條約辦理。既又稱，日耳曼通商諸國欲在臺灣之雞籠、浙江之溫州通商，並照各國駐京辦事。崇綸覆以日耳曼各國通商，均歸布路斯統轄約束，只辦通商，不得涉別事；並諭以京師非貿易之區，不能派員常駐；至雞籠、溫州二處，爲英、法兩國條約所無，不能增益。時當四國換約，法使哥士耆言：「日耳曼各國，其最大者爲布路斯，此外尚有邦晏等二十餘國，一切章程歸布國議定。」崇綸等以所言告總署，總署令哥士耆代阻之。忽有布國人入京，直入輔國將軍奕權宅強住。總理各國事務、戶部左侍郎文祥赴英館晤英使普魯斯，言：「布國既不以禮來，我國即不能以禮往。」並告以：「艾林波如或來京，亦當拒之，不得謂中國無禮也。」普魯斯請牒知艾林波，令迅速調回。未幾，布人相率回津，而艾林波牒總署，猶要求如故。遂定議以五年後許派秉權大臣一員駐京，兼辦各國事，餘與法國條約略同。是爲德意志與中國立約之始。約既定，總署又恐五年後布國派員來京，仿照英、法國住居府第，復函屬崇綸等令其將不住府第一層載明約內。艾林波允遞牒聲明將來不住府第，由中國給一空閒地基，聽其自行修蓋，許之。艾林波隨來京詣總署謁見，未幾回津。

同治元年冬，布使列斐士牒辦理通商事務大臣薛煥、江蘇巡撫李鴻章，謂換約一事，德意志公會內，除本國外，尚有二十二國，曰拜晏，曰撤遜，曰漢諾威，曰威而顛白而額，曰巴敦，曰黑辛加習利，曰黑星達而未司大，曰布倫帥額，曰阿爾敦布爾額，曰魯生布而額，曰撤遜外抹艾生納，曰撤遜麥寧恩，曰撤遜阿里廷部而額，曰撒遜各部而額大，曰挐掃，曰宜得克比而孟地，曰安阿而得疊掃郭定，曰安阿而得比爾你布而額，曰立貝，曰實瓦字部而魯德司答，曰實瓦字部而孫德而士好遜，曰大支派之各洛以斯，曰小支派之各洛以斯，曰郎格缶而德，曰昂布而士，曰模令布而額水林，曰模令布而額錫特利子，曰律百克，曰伯磊門昂布爾。請將和約照錄二十二册，鈐印分送各國，薛煥等不許。久之，始議會同互換和約，列舉德意志拜晏以下各國，不再分送。明年，列斐士復遣隨員韋根思敦來京，要求分送各國條約，鈐用江蘇藩司印，並請收各國國書，許之。

三年春三月，布國遣使臣李福斯來京，欲見總署王大臣呈遞國書。三口通商大臣崇厚以聞，並稱布國坐來兵船，在大沽攔江沙外扣留丹國商船三艘。總署以布使不應在中國洋面扣留敵船，詰之。李福斯接牒，卽將丹船放回二艘，幷遣譯官謝罪，總署始允會晤。

七年夏四月，布路斯君主維利恩復以李福斯爲秉權大臣，來華呈遞國書。八年，咸伯國商人美利士私在臺灣大南澳境伐木墾荒，閩浙總督以聞。總署以美利士違約妄爲，牒布使詰問，請其查辦。十年春，李福斯遞國書，言德意志各國共推戴布國君主爲德意志國大皇帝，中國覆書致賀。是年李福斯回國，以領事安訥克爲署使。十一年，安訥克以條約十年期滿，牒中國請換約，未果。李福斯復來，十二月，復遞國書。明年正月，穆宗親政，請覲見，許之。屆時李福斯因病回國，署使和立本特備文慶賀，因聲明將來本國使臣朝覲，應按此次所定節略辦理，許之。光緒元年九月，德國安訥船在福建洋面遭水賊殺斃船主、大夥，並毀其船，閩撫丁日昌當將犯拏獲斬梟，并追贓一萬三千餘元。德使責中國賠償，總署以德約三十三款明言不能賠償贓物，不許。

二年，德以巴蘭德爲駐華公使。春三月，直隸總督李鴻章始遣游擊卞長勝等五弁，赴德武學院學習陸軍鎗礮操法。巴蘭德牒總署，催請換約。十月，巴蘭德復牒總署索三事：一，洋商在租界內售賣洋貨，不再抽釐金；二，發給存票，不立期限，並准其以存票支取現銀；三，德商入內地採買土貨，准攜現銀。又請於年內開辦上海一口；又求在大孤山添開口岸，鄱陽湖拖帶輪船，吳淞口上下貨物三端。總署拒之，屢辯駁，不省。明年五月，遂偕繙譯官阿恩德出京。既抵天津，往晤李鴻章，鴻章曉以兩國意見卽有不合，應往返商辦，力勸之，巴使乃回京。總署促與開議，忽言俟十月間再議。是年德使館定居東交民巷，仍納租價。四年，以光祿寺少卿劉錫鴻爲出使德國大臣，並遞國書。劉錫鴻尋奏，聞德外務大臣促巴蘭德速立新約，而巴蘭德於吳淞起卸貨物、鄱陽拖帶輪船、內地租住店房三條仍力爭，至是竟回國。明年閏三月，巴使復來華議約，仍著重前三條。時德丕里約夾板船至山東榮成縣所屬海面觸礁，巴使要求賠償，拒之。巴使又以天津紫竹林無德國租界，要求在法界以上另添租界，不許。是年閏五月，以候選道李鳳苞爲出使德國大臣。

六年春二月，朝廷因德約議久未成，特派總理各國事務、協辦大學士、兵部尙書沈桂芬，戶部尙書景廉爲全權大臣，復與巴使開議。久之，巴使始允將「大孤山、鄱陽湖及洋商入內地」刪去，並照英國新約辦法，彼此條款略相抵；惟江蘇吳淞口一處，允德船隻暫停泊，上下客商貨物，章程仍由中國江海關道自訂。遂於二月二十一日畫押，並聲明二事：一，德國夾板在中國口岸停泊十四日以外者，則自第十五日起，卽於應交正數船鈔減半，先行試辦；一，第六款內「德國允，德國人等」條內有「游歷」二字，德譯與華文不符，應將德文字意更正。遂約自畫押之日起，限一年內互換。已，巴使於六月三十日又來牒，稱德國國法，凡議立條約，必須先問國會，國會允許，方能批准；本國國會約在明年，所議光緒七年三月初二日互換約章一款，請將期限改爲光緒七年十月初十日。七年秋七月，巴使請定期互換條約，政府命景廉與巴使在北京總署畫押互換，是爲中德續約十款，幷善後章程九條。

八年夏六月，德始與朝鮮議約，中國派員蒞盟，聲明爲中國屬邦。九年冬十月，議結德魯麟洋行地畝案。初，廣東汕頭新開附地有海坪官地，中國欲塡築作爲商埠，忽有德魯麟洋行買辦華民郭繼宗謂係伊地，陰結德駐汕領事沙博哈，及德水師兵船，豎旗强佔。中國聞之，牒向德使詰問，並命出使大臣李鳳苞與德外部辯論。時德相爲畢士馬克，電致巴使，命速令師船退出，幷撤領事任。已，德使歸咎中國地方官，屢請派員查辦，議久不決。至是，總署從李鴻章議，令赫德派洋員會同粤員議辦，遂辦結。

十年，贈德皇景泰窰器，答歷次派員監造鐵艦、撥借魚雷及兵船教習等事，修好也。十二年春二月，出使英國大臣曾紀澤將回華，德駐英公使伯爵哈子斐爾德遣參贊官伯爵美塔尼克來言，德皇曁德相畢斯馬克欲與晤談，邀臨其國，遂游各製造局廠。十四年秋七月，德皇薨，命出使大臣洪鈞弔唁，德命駐華公使巴蘭德致謝。

二十年夏四月，德人阿爾和欲在漢口建火油池。初，德商在上海創設火油池棧，許之。既又欲於漢口購地踵建，不許。德使爭辯，旋議將火油照市價收買，及償造油製器各費，德使仍不從。明年，又請增開天津、漢口租界，許之。二十二年春正月，德外部馬沙爾求在中國借地泊船，出使大臣許景澄以告。時李鴻章使德將還，留稅務司德璀琳與德外部商辦加稅事，德廷謂須中國讓給兵船埠地始允加稅，德璀琳阻之，不省。

二十三年十月，山東曹州府鉅野縣有暴徒殺德教士二人，德以兵艦入膠州灣，逼守將章高元退出礮台，占領之。德使海靖向總署要求六款：一，革巡撫李秉衡職，永不敍用；二，給天主堂建築費六萬六千兩，賠償盜竊物品銀三千兩；三，鉅野、菏澤、鄆城、單縣、曹縣、魚台、武涉七處，各建教師住房，共給工費二萬四千兩；四，保以後永無此等事件；五，以兩國人資本設立德華公司，築造山東全省鐵道，並許開採鐵道附近之鑛山；六，德國辦理此案費用，均由中國賠償。總署屢與折衝，始將第一款「永不敍用」四字删去；二、三兩款全允；四、六兩款全削除；五款許以膠州灣至濟南府一段鐵道由德築造。議漸就緒，忽曹州有驅逐教師、殺害洋人之說，德使復要求租借膠州灣。二十四年二月，總署與德使海靖另訂專條三章。一章，膠州灣租界：一，灣內各島嶼及灣口與口外海面之羣島，又灣東北岸自陰島東北角起劃一線東南行至勞山灣止，灣西南岸自齊伯山島對岸劃一線西南行至笛羅山島止，又灣內全水面以最高潮爲標之地，皆爲租借區域；二，租借區域，德國得行使主權、建築礮台等事，但不得轉租與他國；中國軍艦商船來往，均照德國所定各國往來船舶章程一例待遇；三，租借期限以九十九年爲期，如限內還中國，則德國在膠州灣所用款項由中國償還，另以相當地域讓與德國；四，自膠州灣水面潮平點起，周圍中里一百里之陸地爲中立地，主權雖歸中國，然中國若備屯軍隊，須先得德國許可，但德國軍隊有自由通過之權。二章，鐵道鑛務辦法：一，中國准德國在山東築造自膠州灣經濰縣、青州等處至濟南及山東界，又自膠州灣至沂州經萊蕪至濟南之二鐵道；二，鐵道附近左右各三十里（中國里）內之鑛產，德商有開採之權。三章，山東全省開辦各項事務：一，以後山東省內開辦何項事務，或須外資，或須外料，或聘外人，德國有儘先承辦之權。是爲中德膠澳租界條約。

二十四年，山東日照教案起，德人進兵據城，案結仍不退。又中國擬修天津至鎮江鐵路，德人阻之，並欲自修濟南至沂州一段，總署不許。又要求中國借德款，用德工程師。二十五年，山東高密民人阻德人修鐵路，山東巡撫袁世凱諭解之，因立鐵路章程，設華商德商膠濟鐵路公司，立交涉局，招股購地丈量建築。又立膠澳交涉章程十一款：一，兩國交涉案件，須兩國會辦；二，德人游歷，須發護照；三，兩國交涉事，統由交涉官商辦；四，青島租界內華洋案件，歸交涉官提訊審斷；五，租界內華人牽涉德人案件，須德官會同山東交涉官審問；六，德雇用華民之案，須由德官審訊；七，華人案件，仍由華審斷；八，租界外罪犯逃入青島華民及德人住處者，分別由華官、德官提拏解交；九，華、德人在租界內外行兇，華、德兵均可拏禁解交；十，華、德官商辦案件，須和衷；十一，重大案件，本省不能結者，由總署及駐京德使商辦。

又與德議立礦務章程，未定，二十六年五月，駐京德使克林德爲拳匪所戕。七月，德與英、法、俄、美、日本、荷蘭、意、比、奧、瑞十一國聯軍入北京，推德將瓦德西爲總司令。瓦德西入居禁城儀鑾殿。時命李鴻章爲全權大臣，入京議和。各國提出條款：一，中國政府爲被戕德公使克林德置立石碑；一，中國政府應派親王前往德國謝罪；一，將總理衙門撤去；一，嚴辦禍首；一，廢去大沽口及直隸各處礮台；一，禁止軍裝礮火入口；一，各省有曾經殺戮西人，停止鄉試小考五年；一，有事直達中國皇上；一，駐華各使館永遠設兵保護；一，由京至海電報郵政設兵保護；一，國家公司以及私產均照賠。久之始定議，共十二款，而爲克林德立碑京城，及遣醇王載灃入德謝罪，均如所請行。十月，獲戕德使克林德犯恩海，交德駐京提督誅之。明年，醇親王載灃至德，見德皇遞書，時帶廕昌一人，俱行鞠躬禮。

二十八年秋七月，德商在漢口華界偪近襄河口請設立躉船，駁之。時政府要求德及英、法、日本撤兵，德使聞他國有在揚子江獨享中國特予權利者，請定明長江上下游進兵要隘不得讓與他國，以定撤兵日期，拒之。三十年，與德會訂小清河岔路合同。初，膠濟鐵路章程原不許擅行另造枝路，今爲商務便利計，特委膠濟鐵路公司代辦。是年，德水艦隊擬入長江及各內河遊巡演礮，阻之。

三十一年，德撤退膠州、高密兩處兵隊。初，德人在山東修造膠濟鐵路，因高密民聚衆阻工，先後由青島派兵赴膠、高保護鐵路。山東巡撫袁世凱派員查辦議結，駐膠德兵旋卽撤回青島。旣，拳匪滋事，德人又派兵分駐膠州，並於城北車站旁價購民地十四畝，修造兵房。二十九年秋，又於附近沈家河續租民地七畝，安設水管，以便取汲。高密兵隊先駐城內，後又在城外古城地方議租民地九十餘畝，修造兵房，議定以六個月爲限。尋又修築由古城至小王莊火車站馬路一道。時六個月限期已滿，東撫商令退兵，屢延展，至是始訂撤兵善後事宜五款，遂議結。

又議商約，朝廷派呂海寰、盛宣懷爲商約大臣。德人提出十四款，袁世凱、張之洞往返電商，海寰等與德使穆默、總領事克納俱迭次會議，彼此堅持。至三十三年，始議定條約十三款，在北京互換。第一款，釐金：中國政府與諸國立約裁撤現有之釐金，加增進出口之關稅以抵裁釐。此約須立約各國派員議決，德國政府亦允派員議結此事，惟中國須當擔保釐金定必全行裁撤方可。第二款，住居：德國人民及德國保護之人民，准在中國已開及日後所開爲外國人民通商各口岸或通商地方，往來居住，辦理商工各業製造等事，以及他項合例事業；且准租買房屋、地基、經商之地及他項實產，並可在租買之地內建造房屋。第三款，關棧：中國政府允准在通商口岸設法屯積洋貨及拆包改裝等事。中國政府一經由德領事請將某德商或德國保護人民之棧得享關棧之利益，則中國政府須准如所請，惟須遵照海關所訂之專章辦理，以保餉源。海關官員又須與各國領事議定關棧專章，以及規費若干，須按照該棧離關遠近，屯何貨物，並工作早晚，酌量核定。凡在通商地方所設之關棧，德國人民及德國保護人民均准用之。第四款，礦務：中國政府振興礦務，並招徠外洋資本興辦礦業，故允自簽押此約之日起，於一年內，倣照德國及他國現行礦務章程，頒發礦務新章，以期一面振興中國人民之利益，於中國主權毫無妨礙，一面於招致外洋資財無礙，且比較諸國通行章程，於礦商亦不致有虧。是以中國政府須准德國人民及德國保護人民在中國地方開辦礦務及礦務內所應辦之事。凡所辦礦業，不得因稅項之故致其財源有所虧損，除徵抽淨利之稅及礦產之地稅外，不得另抽他項之稅。第五款，貨稅：還稅之存票，須自商人稟請之日起，如查係應領者，限於二十一日內由海關發給。此等存票，可用在各處海關，按所載銀數，除子口稅一項外，以抵各項出入口貨稅。至洋貨入口後三年之內，轉運外洋，凡執持此等存票者，卽准任便在發給之港向海關銀號按全數領取現銀。倘請發存票之人意圖走漏關稅，一經查出，則須罰銀，照其所圖騙之數不得逾五倍，或將其貨入官。第六款，保護商標：凡中國商標，一經呈出在中國各領事所給之據，證明此項商標已在中國認可，且實屬於稟請之人者，均可在德國享保護之利益，與德國之商標相同。華商之姓名牌號，必須在德國保護，以免倣冒。德國商標亦須在中國保護，以防假冒，惟須呈出德國官員並領事所給之據，證明該商標實已在德國註册，德商之姓名商標以及中國行名均須保護。凡德商包裹貨物之特法，在中國之同業曾已認爲某行用以區別某項貨物者，亦須一律保護。德國保護之人民亦能享以上所言之利益。商標註册局一經成立，保護商標章程亦已刊佈，則中、德兩國必須開議特約，以便彼此保護商標。至此約未議之前，以上之款必須施行。第七款，營業：中國人民購買他國營業及公司之股票，是否合例，尚未明定。又因華民如此購買，爲數頗巨，故中國現將華民或已購買或將來購買他國公司股票，均認爲合例。凡同一合資公司，願入股購票者，彼此一律，不得稍有歧異。遇有華民購買德公司股份者，應將該人民購買股份之舉，卽作爲已允遵守該公司訂定法律章程，並願按德國公堂解釋該法律章程辦法之據。倘不遵辦，致被公司控告，中國公堂應卽飭令買股份之華民遵守該章程，當與德國公堂飭令買股份之德國人民相等無異，不得另有苛求。德國人民如購中國公司股票，其當守本分，與華民之有股份者相同。凡尋常合資股東，及一人或數人有無限之責任，與一人或數人有有限之責任，爲合資股東，在德屬經商之有限合資公司註册，合辦會社有限公司，及各項商業公司等，均須按照以上二節辦理。茲並訂明，本約告成之時，凡曾經呈控公堂而由公堂判定，及不予准理之案，均與是款無涉。第八款，開埠：凡各國代其本國人民船舶索開之口岸地方，德國商人與德國保護之人民，及德國船舶，均可共享此益。第九款，行船：中國本知宜昌至重慶一帶水道宜加整頓，以便輪船行駛，所以彼此訂定，未能整頓以前，應准輪船業主聽候海關核准，自行出資安設拖拉過灘利便之件。其所安設利便之件，無論民船、輪船，均須遵照海關與創辦利便之人商議後所定章程辦理。其標示記號之台塔及指示水槽之標記，由海關酌度何地相宜備設。將來整頓水道，及利於行船而無害於地方百姓，且不費中國國家之款，中國不宜拒阻。第十款，內港行船章程：前已特准在通商口岸行駛貿易，因是年七月二十八號及九月先後所訂此項章程間有未便，是以彼此訂明，從新修改。第十一款，圜法：中國允願設法定爲合例之國幣，將來德國商人及德國保護人民並中國人民，應遵照以完納各項稅課及付一切用款。第十二款，禁令：一千八百八十一年九月二號中德條約附載之通商章程第五款第三節內開，「凡米穀等糧，德商欲運往中國通商別口，照銅錢一律辦理」等因，茲彼此應允，若在某處，無論因何事故，如有饑荒之虞，中國政府先於二十一日前出示禁止米穀等糧由該處出口，各商自當遵辦。倘船隻爲專租載運穀米，若在奉禁期前，或甫屆禁期到埠尚未裝完已買定之米穀者，仍可准於禁期七日內一律裝完出口。惟米穀禁期之內，應於示內聲明漕米、軍米有無出口。如運出口者，應於海關册簿詳細登記進出若干，其餘他項米穀，中國政府必須設法一概不准轉運出口。其禁止米穀以及禁期內應運之漕米、軍米數目，各告示均須由中國政府頒發，以期共見。二十一日之期限，必須自京報登刊之日起計。限滿弛禁之告示，亦須載於京報，使衆得聞。至米穀等糧，仍不准運出外國。第十三款，中、德兩國於本約以前所立各條約，除因立本約有所更改外，均仍舊施行。嗣後如有文詞辯論之處，應以德文作爲正義。

是年與德訂互寄郵件暫行章程。訂後，德使穆默牒總稅務司聲明三事：一，高密所設之德國郵局，應俟德軍撤屯方能裁撤；二，山東一帶涉及德人之處，所有華局酌用德文人員；三，山東鐵路允中國郵政得有任藉此路運送郵袋之權。總稅務司得牒，均照允，惟酌用德文人員，謂須視有無人才，方能照辦。會德人收中國商報，電政大臣袁世凱請外務部嚴禁。既而德允停收商報，並允中國電報局設在山東鐵路車站。已，復又請由煙台至上海線及北京至大沽行軍陸線求借用，拒之。又拒德商禮和洋行私購湖南礦產。

又德定濟南、漢口、江寧等處領事兼管各處交涉事宜，照會外務部，略謂「山東省除登州府仍歸煙台本國領事辦理本國交涉事宜，並膠澳租地歸駐青島德國總督外，其餘所有東省本國交涉事，統歸駐濟南商辦事件委員經理。其煙台本國領事官，僅有登州府本國交涉事歸其經理。又定明漢口本國領事應辦本國交涉事宜，係湖南、陝西、甘肅三省。湖北除歸宜昌領事辦理各府外，並江西省之袁州府等處，悉歸漢口本國領事經理。至駐江寧府領事應辦本國交涉事宜，係安徽、江西二省。除歸漢口領事之袁州府外，又江蘇省之江寧府等處」云云。

是年德福親王來京覲見。德皇子婚禮，命出使德國大臣廕昌往賀，幷派學生往柏林留學。三十二年二月，德人始在津關請領聯單，赴新疆採買土貨。三月，德使穆默牒中國，請派員往柏林商議無綫電會約章，政府約二次開會再行核辦。閏四月，德交還天津馬隊營盤等處房地，並礮隊、機器槍隊、屠牲場、養病院各房屋。是月，德在營口改設正領事。德使穆默回國，署使葛爾士牒中國，復以通商口岸限制洋人置地辦法與條約不符，請除限制，並謂德人地產收回公用，可會商。六月，德人李卜克在北京設立學堂，德使請中國攤出經費，不許。三十三年四月，以孫寶琦爲出使德國大臣，遞國書。是月，外務部咨改訂青島租界製成貨物徵税新章。初，青島設關徵税一事，已於光緒二十五年與德使海靖議定辦法，嗣於三十一年又與德使穆默修改，其大意卽係德國允在海邊劃一地界，作爲停泊船隻、起下貨物之定所，凡出口貨在未下船以前，卽完出口税，進口貨除軍用各物暨租地內所用機器並建修物料免税外，其餘百貨，於起岸後未出新定之界以前，卽完進口税，關員在彼辦理，德國相助無阻。又由中國允每於結底，將本結所收進口税提出二成，撥交青島德國官憲應用。既因續訂章程，德租界內製成貨物徵税一條，語義未盡，因與德使葛爾士再訂徵税新章。

初，中國欲修天津至鎭江鐵路，與德、英借款，已立合同。至是，直隸、江蘇、山東三省京官請攬歸自修，命張之洞、袁世凱商辦，議改合同，德、英執不允。乃又增派外務部右侍郎梁敦彥會同張之洞等籌議。初，津鎭鐵路借款之開議也，德使增索接造支路二道，一由德州至正定，一由兗州至開封，爲原議所無，不允。德使乃始變計：一，允由膠澳至沂州府一段，仍作爲津鎭支路，歸入官路；二，允由濟南府往山東界之一道，包入津鎭官路。中國亦允由德州至正定府及由兗州府或幹路中之他處過濟寧州至開封府兩支路，於十五年內由中國自行籌辦，並聲明儻用洋款，須向德華公司商借。至是遂由梁敦彥與德、英銀行等改訂借款合同二十四款，名爲中國國家天津浦口鐵路五釐利息借款。既定議，卽由外務部牒德使，聲明膠沂、濟東路綫應作爲津鎭支路，其由德州至正定、兗州至開封支路，均由中國自造。已，復與德議訂電政合同，卽靑、煙、滬水綫交接辦法，並購回京沽軍綫條款，及山東鐵路附設電綫辦法章程共十四款。是年，德柏林賽衞生民學會及萬國玩耍排列館請中國派員入會，許之。

宣統元年，山東巡撫孫寶琦與德立山東收回五礦合同。先是光緒三十三年，山東巡撫楊士驤與德商採礦公司議定合同八條，所指之沂州、沂水、諸城、濰縣四處，已次第查勘，惟第五處礦界內寧海州屬之茅山金礦，查勘未竟。會山東士民倡立保礦會，德公司遂欲將茅山轉售，向中國索價二百二十五萬馬克，並聲言此外四處一並歸還。中國官紳亦以收回爲然。籌議久之，始以庫平銀三十四萬兩，分四年淸還作結。

三年，山東巡撫孫寶琦與德訂收回各路礦權合同。初，德商礦務公司照約在坊子、馬莊開礦，屢禁華人在附近開礦，爭執有年。迨津浦借款合同簽定，又要索膠沂、津浦路內礦權，並請封禁大汶口華礦，政府不許。於是德使照會始有劃淸礦權之語。孫寶琦卽派道員蕭應椿等與德公司總辦畢象賢、領事貝斯商議收回，而畢象賢等則以中國欲收回三路礦權，須以相當之利益互換，否則不允。初議淄、博礦界，公司第一次繪送礦界圖，係淄川全境，並毗連博山，蕭應椿等以淄、博窮黎向以採煤爲衣食，若兩境全爲公司所有，勢必至華民無以爲生，因議博境全留，淄境各半，以天台、崑崙兩山爲界，山北歸公司，山南歸華人，公司未允。蕭應椿因親赴淄川會畢象賢查勘，並邀集紳董礦商，旋議定淄川東南境由大奎山起斜經龍口鎭西北至淄川東境爲界，界南礦產歸華商辦理，博山亦全讓還，次議淄川華礦，次議濰縣礦界，次議金嶺鎭鐵礦，次議償給勘礦購地費。自是公司已成之膠濟鐵路，未成之津浦鐵路，甫勘之膠沂路，及曹州教案條約許與公司之三十里礦權，均允取消。

清史稿卷一百五十八

志一百三十三

邦交六

日本

日本久通中國。明季以寇邊禁互市，清興始復故。康熙十二年，平南王尚可喜致書於長崎奉行，請通商船。閩、粵商人往者益衆，雜居長崎市。初有船百八十艘，後由七十艘迭減至二十餘艘。貨運中國歲限八千貫，置奉行三人譏察之，榷其稅。然日本方嚴通海之禁，其國人或潛來臺灣及各口貿易，事發輒罪之。三十二年，廣東廣西總督石琳奏，日本船避風至陽江縣。詔資以衣食，送浙江，具舟遣歸。

雍正六年，浙江總督李衛以日本招集內地人，教習弓矢技藝，制造戰船，慮爲邊患，奏明：「密飭沿海文武營縣，及各口稅關員役，嚴行稽查，水師兵船不時哨巡，以爲有備無患之計。」上覽奏，諭曰：「昔聖祖遣織造烏林達麥爾森陽爲商人，往覘其國。比復命，盛言國小民巽，開洋之舉繼此而起。朕數諭閩、廣督撫留意考察。聞日本近與朝鮮交親，往來無間。夫安內攘外之策，以固本防患爲先。其體朕前諭無怠。」並頒諭沿海諸省防海。兩廣總督孔毓珣疏請沿海練舟師、置火器、增礮臺，並自赴廈門、虎門諸口巡察。上不欲啓外人疑懼，但令飭備而已。李衞復奏稱：「日本貿易不能遽絕，請於洋商中擇殷富老成者，立八人爲商總，責其分處稽察，互相繩舉，庶免日久弊生之慮。」報可。乾隆四十六年，戶部奏請頒江海關則例，定東洋商船出口貨稅律。嘉慶元年，上諭：「日本商人每遇風暴，漂至沿海，情殊可憫。其令有司送乍浦，附商船歸國。」著爲令。

初，日本專主鎖港，通華商而禁西洋諸國。及明治維新，始與各國開港通商。後以各國咸在中華互市，同治元年，長崎奉行乃遣人至上海，請設領事，理其國商稅事。通商大臣薛煥不許。三年，日本商船介英領事巴夏禮以求通。七年，長崎奉行河津又致書江海關道應寶時，言其國人往來歐洲，時附西船經行海上，或赴內地傳習學術，經營商業，皆有本國符信，乞念鄰誼保護。許之。

九年，日本遣外務權大丞柳原前光齎外務卿書致總理各國事務署，略曰：「方今文化大開，交際日盛。我近與泰西十四國訂盟。鄰如貴國，宜先通情好、結和親；而內國多故，遷延至今，信誼未修，深以爲憾。茲令前光等詣臺下，豫商通信，以爲他日遣使修約之地，幸取裁焉。」前光至天津，三口通商大臣成林、直隸總督李鴻章達其書總署，議允通商而拒其立約。前光謁鴻章曰：「西人脅我立約，彼此相距十萬里，尚遣公使、領事遠來保其僑民。中、日唇齒相依，商賈往還，以無約故，反託外人代理，聽其約束，喪失國權，莫此爲甚。今特使人遠輸誠意，而其來也，西人或交尼之；若不得請，是重吾恥也，前光雖死，不敢奉命。」鴻章復爲請於朝，下廷議。兩江總督曾國藩等疏言：「日本二百年來，與我無嫌。今援西國之例，詣闕陳辭，其理甚順。自宜一視同仁，請與明定規約，分條詳列，不載比照泰西總例一語，致啓利益均霑之心。」上韙其議，允前光請，命總署答書，詔鴻章豫籌通商事。

十年，日本以大藏卿藤原宗臣爲專使來聘，命授李鴻章欽差大臣，應寶時、陳欽副之，與議條款。日使初請照西約辦理。久之，始訂條約十八款，通商章程三十三款，互遣使臣，設領事，以上海等十五口與日本橫濱等八口通商，而禁其私入內地，微異西國。諸約既成，宗臣來獻儀物，期來年換約。十一年，日本罷宗臣官，遣柳原前光詣北洋大臣李鴻章交日本外務卿副島照會，謂來歲與歐西諸國改修條約，欲酌改所議事件，與歐西一律，豫擬條款請商。鴻章答以去秋甫經立約，尚未互換，此時遽行改議，殊非信守。特令津海關道陳欽等與商，均俟換約後照約商辦。

十二年四月，日本使臣副島種臣來京換約，遣其隨員柳原前光、繙譯官鄭永寧詣總署詢三事：一詢澳門是否中國管轄，抑由大西洋主張？一詢朝鮮諸凡政令，是否由朝鮮自主，中國向不過問？一詢臺灣生番戕害琉球人民，擬遣人赴生番處詰問等語。王大臣等當與辯正。尋命李鴻章爲換約大臣，與之互換。副島種臣並致國書，慶賀大婚及親政大典。時各國因請覲，報可，副島種臣亦請面遞國書，許之。尋進賀儀方物，答以禮，並給璽書。副島種臣照會，使事畢回國。李鴻章以日本換約時，其上諭內僅蓋用太政官印，未用國璽，駮令換用。繙譯官鄭永寧謂：「本國向與西洋各邦換約，均鈐用太政官印。」鴻章謂：「見爾國副本，聲明鈐用國璽，又上海道抄送總領事井田讓等敕書，亦用國璽。」鄭永寧允回國換寄。時日本未設駐京公使，交涉事託俄使倭良嘎哩代辦。

十三年三月，日本兵船至廈門，聲稱赴臺灣查辦生番。李鴻章致書總署，謂：「各國興兵，必先有文函知會，因何起釁。臺灣生番一節，並未先行商辦，豈得遽爾稱兵？」既聞美人李讓禮帶領陸軍，又雇美國水師官領兵船，欲圖臺灣。李鴻章復致總署，謂：「此事如果屬實，不獨日本悖義失好，卽美人幫助帶兵，雇商船裝載弁兵軍械，均屬違背萬國公法，且與美約相助調處之意不符。應請美使遵照公法，撤回李讓禮等，嚴禁商船應雇裝載弁兵。日本旣無文函知會，僅將電信抄送上海道。云派員往臺灣查問，難保不乘我不備，闖然直入閩省，應先派兵輪水師，往臺灣各港口盤查瞭望，另調得力陸軍數千，卽用輪船載往鳳山、琅璚附近一帶，擇要屯紮，爲先發計。」乃日本兵船忽犯臺灣番社，以兵船三路進攻，路各五六百人。生番驚竄，牡丹、高士佛、加芝來、竹仔各社咸被焚。其時尙有兵輪船泊廈門。於是臺灣戒嚴，命船政大臣沈葆楨渡臺設防。葆楨密疏聯外交、儲利器、儲人才、通消息四事。閩浙總督李鶴年亦陳臺灣地利，併遣水路各營分往鳳山、澎湖等處屯紮。

是月日本攻生番網索、加芝來等社，移兵脅龜仔角社，社番誓不降。帝命福建布政使潘霨赴臺灣會商設防。五月，沈葆楨、潘霨率洋將日意格、斯恭塞格至臺灣，奏陳理諭、設防、開禁等事，皆報可。初八日，潘霨偕臺灣兵備道夏獻綸及洋將日意格、斯恭塞格等，乘輪船由安平出海抵琅璚。詣日營，晤中將西鄉從道，示以葆楨照會，略云：「生番土地隸中國者二百餘年，殺人者死，律有明條，雖生番豈能輕縱。然此中國分內應辦之事，不當轉煩他國勞師糜餉。迺聞貴中將忽然以船載兵，由不通商之琅璚登岸。臺民惶恐，謂不知開罪何端，使貴國置和約於不顧？及覯貴中將照會閩浙總督公文，方知爲牡丹社生番戕害琉球難民而起。無論琉球雖弱，儘可自鳴不平。卽貴國專意恤鄰，亦何妨照會總理衙門商辦。乃積累年之舊案，而不能候數日之回文，此中曲直是非，想亦難逃洞鑒。今牡丹社已殘毀矣，而又波及於無辜之高士佛等社。來文所稱殛其兇首者，謂何也？所稱往攻其心者，謂何也？幫辦潘布政使自上海面晤貴國柳原公使，已商允退兵，以爲必非虛語。乃聞貴中將仍紮營牡丹社，且有將攻卑南社之謠。夫牡丹社戕琉球難民者也。卑南社救貴國難民者也。以德爲怨，想貴中將必不其然。第貴中將知會閩浙總督公文，有佐藤利八至卑南番地亦被刦掠之語，誠恐謠傳未必無因。夫鳧水逃生者，有餘資可刦，天下有刦人之財，肯養其人數月不受値者耶？卽謂地方官所報難民口供不足據，貴國謝函俱在，並未涉及刦掠一言。貴國所賞之陳安生，卽卑南社生番頭目也。所賞之人卽所誅之人，貴國未必有此政體。兩國和誼，載在盟府，永矢弗諼。本大臣敢不開誠布公，以效愚者之一得，惟高明裁察見覆。」霨復造其營，從道辭以病。霨及獻綸遂遣人傳各社番目，至者凡十五社，譯傳大意，皆求保護。因諭令具狀，願遵約束，不敢刦殺。霨等宣示國家德意，加以犒賞。番目等咸求設官經理，永隸編氓。霨等因從道不出，將還。從道復來謁，堅以生番非中國版圖爲詞。及示以臺灣府志所載生番歲輸番餉之數，與各社所具結狀，日將始婉謝。請遣人附我輪船，一至上海，致書柳原前光，一請廈門電報本國，暫止添兵。霨等遂返。

初，日本逐牡丹社番踞其地。旋有輪船二先後至，一逕往後山射寮港，一載兵二百、婦人十餘泊射寮港，攜食物什具農器，及花果草木各種，分植龜潭、後灣，爲久居計。窺我兵力不厚，仍肆要求。沈葆楨請派水師提督彭楚漢率師來臺灣。日旋增兵駐風港。沈葆楨急飭營將王開俊由東港進駐枋寮，以戴德一營由鳳山駐東港爲後應。日人水野遵入豬勝索、高士佛諸社，又自後灣開道達龜山巔，其風港之營將分駐平埔爲援應。因遣其通事彭城中平至琅璚，謁委員周有基，訊中國四處布兵何意。有基以巡察應之。葆楨照會日將，勸令回兵。時李鴻章亦深慮臺地兵單。及沈葆楨請借撥洋槍隊，卽奏以提督唐定奎統軍赴臺灣助防。葆楨亦奏稱：「澎湖爲臺、厦命脈所關，守備單弱，非大枝勁旅，仍無以壯民氣而戢戎心。請催迅速前來，庶臺、澎氣脈藉以靈通，金、厦諸防亦資鞏固。」奉旨俞允。潘霨又偕前署鎭曾元福等赴鳳山舊城募士勇，並勵鄉團。因親履海口之打鼓山等處，踏勘要隘，建立兵柵，以待淮軍分駐。

是月柳原前光入京先謁李鴻章，鴻章遣道員孫士達往答拜，屬以到京後勿言兵費及請覲兩事。日本又遣大久保利通入京。美領事畢德格復出任調停，說鴻章仍允照柳原原議三條，並加撫卹賠命。

初，日人劉穆齋在花蓮港遭風，破船失銀，稱社番盜劫。沈葆楨命夏獻綸集訊其地居人及船戶，查無劫掠失銀之事。惟日人欲從生番租地，給有洋銀，番目來益不受而止，並繳出日本前給旗物。葆楨因奏言：「日本和約第三條，禁商民不准誘惑土人；第十四條，約沿海未經指定口岸，不准駛入；第二十七條，船隻如到不准通商口岸私作買賣，准地方官查拏。今臺後歧萊地方，中國所轄，並非通商口岸。此次前赴歧萊之成富清風等，攜游歷執照，勾引土番，均違和約。現已確查歧萊各社並無竊盜銀物。其繳出旗、扇各件，當卽發交蘇松太道，轉給駐滬日本領事收回，將游歷執照追銷。其違約妄爲之處，應由彼國自行查辦。並錄民、番供結，咨呈總署，牒其外務省，轉飭日本領事照章辦理，以弭釁端。」從之。命速修安平礮台，及籌辦鐵甲船。續諭：「日本雖未啓兵端，然日久相持，終非了局。現淮軍續抵鳳山，羅大春業抵蘇澳、滬尾、鷄籠等口，調兵扼紮。」葆楨於是設防益嚴，日人乃謀撤兵。而西鄉從道仍遷延不卽退，欲牡丹社賠給兵費。

柳原前光旣至京，先遞照會有「臺灣生番爲無主野蠻，本不必問之中國」之語。先請覲見。總署責以：「臺灣生番係中國地，不應稱爲『無主野蠻』。迭次來京，並未與中國商明，何以揑稱中國允許日本自行辦理？」柳原前光答辯。久之，始議定三條，給撫卹銀十萬，再給修道建房費四十萬兩，定期撤兵付銀，互換條約。於是大久保往琅璚，命領事福島九成謁沈葆楨陳五事：一，請派人受代；一，請撤銷兩國大臣來往公文；一，請被害遺骸於收埋處建碑表墓，並許日人以後登岸掃祭；一，請以後臺灣交涉事件，由中國官交廈門領事。葆楨以撫局已成，允之。惟於登岸掃祭一節，覆以須有領事官鈐印執照，祭畢卽歸。遂各遣員交代。事訖，西鄉從道率兵去。

光緒元年八月，日本署公使鄭永寧牒中國，請補正前約。李鴻章令津、滬兩道詳議，復將各條逐加查核，因致總署云：「通商章程第二十八款，進出口稅未便一例，及日本進口稅則第八十三條毡布類，又日入至日出不准開封鎖艙，應行更正補載等事，可以照准。但換定之約，不便改寫，祇可由總署另給照覆，附刊章程之後。至鴉片嚴定罰款一條，彼國既有各國貿易通例，或可權宜照辦，無須補列。查曾國藩預籌日本議約奏內亦云，彼國嚴禁傳教與鴉片，中國犯者卽由中國駐員懲辦，或解回本省審辦，而鄭署使照會末段，華民歸彼地方官照料，是中國遺理事官一端，實有難再從緩之勢。查橫濱、長崎、神戶三處華民最多，總理事官駐最要之口，各口卽選各幫公正司事，俾爲副理事官，遇事妥商辦理，實與中外大局有裨，應主持早辦。」總署亦以爲然。會日使議改章，欲於鴉片進口照西例加倍嚴罰，李鴻章亦援西例與爭。議久不決。

是秋，日本派使臣帶兵船往朝鮮攻毀礮台，以朝鮮礮擊日船，特遣森有禮爲駐華公使，要求總署發給護照，派人前往，又欲代遞文信。總署堅拒。李鴻章謂宜由總署致書朝鮮政府，勸其以禮接待，或更遣使赴日本報聘，辨明開礮轟船原委，以釋疑怨，爲息事寧人之計。總署卽派辦理大臣往問朝鮮政府。朝鮮政府頗不願與日本通商往來，而日使森有禮往謁李鴻章，則以高麗非中國屬邦爲詞。因提出條件三：一，高麗以後接待日本使臣；一，日本或有被風船隻，代爲照料；一，商船測量海礁，不要計較。鴻章答以高麗係中國屬國。事既顯違條約，中國豈能不問，森使急求與高麗通好，鴻章請徐之。

二年八月，始命直隸候補道許鈐身出使日本，擬設理事、副理事各員。日使森有禮詣李鴻章，謂中國商民向由日本地方官管理。中國若派領事官前往，恐日本不肯承認。鴻章答以同治十年修好條規第八條云，兩國指定各口，彼此均可設理事官。茲照約選派理事，日本何能不認？日本自訂約後，在上海、廈門、天津設立領事，中國無不照約招待。彼此一例，何能稍有區別？森使乃不復言。

是年，日本屯兵琉球。福建巡撫丁日昌以琉球距臺北鷄籠，水程不過千里，請統籌全局以防窺伺，報可。三年三月，日本因內亂，來借士乃得槍子百萬，政府以十萬應之。五月，琉球國王密遣陪臣齎咨赴閩，訴日本阻貢物。閩浙總督何璟等以聞，並出使日本大臣何如璋。如璋乃往日本外務寺島宗則商議，並照會其外務卿，延不答覆。五年正月，日人驅遣琉球官員之在日本者，令回琉球，並派內務大丞松田往琉球，廢琉球爲郡縣，並令改用紀元。如璋函報總署，復親往見其內務卿伊藤博文及外務卿，皆不得要領。時有美前總統格蘭忒者，游歷來華，又將有日本之行。鴻章因以琉球事相託，格蘭忒慨然以調處自任。及至日本，以琉球各島本分三部，商擬將中部歸球立君復國，中、東兩國各設領事保護，其南部近臺灣，爲中國屬地，割隸中國，北部近薩摩島，爲日本屬地，割隸日本，冀可息事。而日本總稱琉球爲己屬國，改球爲縣，係其內政。格蘭忒請另派大員會商。李鴻章因達總署，請照會日本外務省，請其另派大員來華會商。而日本則欲中國另派大員前往東京，或如光緒二年在煙台會議。李鴻章執不許。

會俄因廢約事，與中國肇釁。詹事府左庶子張之洞奏：「俄人恃日本爲後路，宜速聯絡日本。所議商務，可允者早允，但得彼國兩不相助，俄事自沮。」政府得奏，因徇日使宍戸璣之請，以南部宮古、八重山二島歸中國，而加入內地通商照各國利益均霑之條。宍戸璣又以本國現與西洋各國商議增加關稅、管轄商民兩事，美國已允，請一併加入條約。總署以日本旣與各國商議，俟日本與各國訂定後，再彼此酌議，暫不併加入約。已定議矣，而右庶子陳寶琛以俄事垂定，球案不宜遽結，日約不可輕許上言。兩江總督劉坤一、出使日本大臣黎庶昌、內閣學士黃體芳各有建議，皆不果行。八年十二月，李鴻章復與總署議球案，欲就前議中國封貢議結，仍不決。

十年九月，日本公使榎本武揚請於登州、牛莊二口運豆餅。政府以非條約所有。李鴻章謂：「同治元年總署徇英使之請，暫弛豆禁，而已開竟難禁止。同治八年，滬上洋商雇用輪船徑從牛莊裝豆運往長崎，當經總署飭總稅司查禁議罰，不果。以後豆石漸多流入東洋，旋値中、日訂約，其時豆禁開已十年。日使援例爲請，但允以通商別口買運，至登、牛兩處，仍堅持不許。榎使所請，僅豆餠一項。中日通商章程載明年限屆滿，兩國方可會商酌改。今尙未訂改期，若婉辭以緩，至重修商辦，似無不可。如仍嘵瀆，應予通融，聲明原約其餘各款照舊信守，庶於羈縻之中，仍寓限制之義。」

會朝鮮亂，日本進兵，以保護使館爲名，又以中國兵槍傷日本兵爲口實，十一年正月，派參議伊藤博文爲全權大臣，來華議事，幷遞國書，進謁李鴻章。初日本敕書內有「議辦前日案件，妥商善後方法」之語，李鴻章以爲囊括朝案宗旨。伊藤開議要求三事：一，撤回華軍；二，議處統將；三，償卹難民。鴻章以撤兵一節尙可商議，議處統將、償卹難民，力爭不許。函致總署，謂議處、償卹兩層，縱不能悉如所請，須求酌允其一。但我軍入宮保護，名正言順，交戰亦非得已，斷無再加懲處之理。伊藤强請三事皆允，鴻章只允撤兵，並要同撤，伊藤亦允。吳大澂擬四條，送交伊藤：一，一同撤兵；二，練兵各營，須有中國教習武弁若干人，定立年限，年滿再行撤回；三，以後朝鮮與日本商民爭端，日本派員查辦，不得帶兵，中國亦然；四，朝鮮如有內亂，朝王若請中國派兵，自與日本無涉，事定亦卽撤兵，不再留防。伊藤不以爲然，自出所擬條款：一，議定將來中、日兩國永不派兵駐朝；二，前約款仍與中、日兩國戰時之權無干，若他國與朝鮮或有戰爭，或朝鮮有叛亂，亦不在前條之例；三，將來在朝鮮如有中、日兩國交涉，或一國與朝鮮交涉，兩國各派員商辦；四，朝鮮教練兵士，宜由朝鮮選他國武弁一員或數員教練；五，兩國駐朝兵，於畫押蓋印後四個月限盡撤。鴻章以伊藤所擬五條，意在將來彼此永不派兵駐朝，辨駁不允。旋奉旨：「撤兵可允，永不派兵不可允；至教練兵士一節，亦須言定兩國均不派員爲要。」鴻章奉旨後，與伊藤會議，因議將前五條改爲三條：一，議定兩國撤兵日期；二，中、日均勿派員在朝教練；三，朝鮮若有變亂重大事件，兩國或一國要派兵，應先互行文知照。遂定議，而於議處、償卹仍不許。惟因當時日兵實被我軍擊敗傷亡，鴻章因牒日本致惋惜，並自行文戒飭官兵，以明出自己意，與國家不相干涉。三月初四日，立約畫押，是爲中日天津會議專條。

十二年五月，日本公使鹽田議修約，李鴻章以爲宜緩，因致總署，謂：「日廷現與歐、美各國改約，應俟彼商定後，我再與議，庶可將西國所訂各款參酌辦理。又球案亦當並商妥結，免致彼此久存芥蔕。請總署酌奪。」旋因長崎兵捕互鬭案出，暫置未議，而琉球遂屬於日，不復議及矣。

十三年正月，鹽田因崎案已結，請催修約，總署仍令李鴻章核覆。鴻章謂：「原約分修好條規、通商章程爲二。條規首段聲明彼此信守，歷久弗渝。通商章程第三十二款則聲明現定章程十年重修。是章程可會商酌改，條規並無可改之說。至通商章程，大致本與西約無甚懸殊。惟第十四、五款，不准日人運洋貨入內地、赴內地買土貨，爲最要關鍵。當時伊藤與柳原前光爲此兩款力爭，鴻章堅持不改。今日稿第一款內，一曰遵守彼國通商章程，再曰遵守清國與各與國所締通商章程，固寓一體均霑之意，實欲將十四、五款删除，關係甚大，請緩議。」時日本伊藤博文新秉政，仍欲中國派全權商議，卒不果。

二十年三月，朝鮮東學黨亂作，乞援於中國，中國派兵前往，日本旋亦以兵往。李鴻章電駐日公使汪鳳藻，與日本政府抗議，日仍陸續出兵。及事平，駐韓道員袁世凱牒日本駐韓公使大鳥圭介，援約同時撤兵。日本外務省提出三項：一，中、日兩國兵協同平定韓國內亂；二，亂定後，兩國各設委員於京城，監督財政及吏治；三，募集公債，以爲朝鮮改革經費。總署電令汪鳳藻答覆，略謂朝鮮內政，應由朝鮮自由改革，不應干預。日本政府覆鳳藻，謂朝鮮缺獨立資格，日本爲隣邦交誼，不能不代謀救濟。既又提出二條件，謂無論中國政府贊成提案與否，日本軍隊決不撤回。中國主撤兵再議，日本則要求議定再撤兵，持久不下。

七月，日本遂宣戰，誤擊沈高陞英船。時日本寓華商民，屬美領事保護，中國寓日商民，亦託美保護，美使調停無效。及戰事起，提督葉志超、衞汝貴守平壤牙山，先潰，左寶貴陣亡，海軍繼敗。於是日軍渡鴨綠江，九連城、鳳凰城、金州、海城、大連、旅順、蓋平、營口、登州次第失守，又破威海衞，襲劉公島，降提督丁汝昌，海軍艦盡熸。

初，日人志在朝鮮，至是並欲中國割地賠費，指索臺灣，又提出四條件：一，派大員往東洋議約；二，賠兵費五萬萬；三，割旅順及鳳凰城以東地；四，韓爲自主之邦。二十一年正月，命張蔭桓、邵友濂赴日本議和，拒不納，乃再以李鴻章爲全權。鴻章至日本，日本派伊藤博文、陸奧宗光爲全權大臣，與鴻章會議於馬關，月餘不決。鴻章旋爲日本刺客所傷，又命其子李經芳爲全權幫辦，卒訂約十一款：認朝鮮獨立，割遼南及臺灣，賠款二萬萬，且許以內地通商、內河行輪、製造土貨等事，暫行停戰。

張之洞、劉坤一等聞之，亟電力爭。俄國亦約法、德勸日讓還遼南。日索交臺灣益亟，朝旨命臺灣巡撫唐景崧交臺，臺民洶洶欲變，並引公法力爭。政府不得已，又因王文韶、劉坤一電阻，乃諭之曰：「新定和約，讓地兩處，賠款二萬萬，日人堅執非此不能罷兵。連日廷臣來奏，皆以和約爲必不可准。目前事機至迫，和戰兩事，利害攸關，卽應主斷。」命直陳。又命李鴻章覆電伊藤展期。鴻章以原議批准電知，若改約另議，適速其決裂，請暫行批換。乃派道員伍廷芳、聯元等往煙臺換約。初限期四月十四日。及伍廷芳等至煙台，日使伊東美久治請速換約，限十四日申刻。廷芳駮以停戰至十四夜子刻爲止，乃聽稍緩。亥刻換訖，伊東美久治卽行。會臺灣民變，將劫唐景崧、劉永福守臺，別求各國查照公法，從公剖斷。於是日派水師提督樺山資紀赴臺，限日交割。政府乃派李經芳爲交付臺灣大臣。經芳之澎湖，與樺山指交於舟次。自是臺灣屬日矣。

尋議還遼，日派林董爲全權，與李鴻章議商，辯論久不決。嗣定議分爲六款：一，還遼南地；二，償兵費三千萬；三，交款三個月以內撤兵；四，寬貸日本軍隊占踞之間所有關涉日本之中國臣民；五，漢文、日本文遇有解譯不同之處，以英文爲憑；六，兩國批准自署名蓋印之日起，遂在北京互換。復訂專條，於定議五日內互相達知，以期迅速。是爲中日遼南條約。

先是中日新約第六款所列各條，如蘇州、杭州、重慶、沙市等處添設口岸，聽其任便往來；第二條，日本輪船得駛入各口搭客運貨；第三條，日本臣民得在中國內地購買經工貨件若自生之物；第四條，日本臣民得在中國製造各項工藝，又得將各項機器裝運進口，止交進口稅，日本在中國製造一切貨物，卽照日本運入中國貨物一體辦理等節：朝廷因損失利權，欲挽救之。又值通商行船章程將開議，乃命中外臣工籌議。廖壽豐、譚繼洵、鹿傳霖均有論奏，而張之洞言尤切直，並擬辦法十九條，電總署代奏：「一，寧波口岸並無租界名目，洋商所居地在江北岸，卽名曰洋人寄居之地，其巡捕一切，由浙海關道出費雇募洋人充當。今日本新開蘇、杭、沙市三處口岸，係在內地，與海口不同，應照寧波章程，不設租界名目，但指定地段縱橫四至，名爲通商場。其地方人民管轄之權，仍歸中國，其巡捕、緝匪、修路一切，俱由地方官出資募人辦理，不准日人自設巡捕，以免侵我轄地之權。二，製造貨物，自係單指通商口岸而言，華文有含混內地之意，須更正。『任便』兩字太寬，宜議定限制。三，出示曉諭產貨地方，須先完坐賈釐捐，方准售賣。無論洋商、華商，一律辦理。日本人在內地購買土貨，只可暫行租棧存放，不准自行開行，及自向散戶收買，以免奪我產貨地方坐賈釐稅，且杜華商影射洋票漏釐。四，內地收買土貨，准其租棧暫存，不准購買房地、懸掛招牌。所買土貨，務須運載出口，不得在內地轉售。洋貨運入內地，須大宗販賣，不准零售。租棧應給地方公舉費用，須照華民房屋一律攤派。五，日本人在內地製造土貨，出廠後即完正稅一道，運出通商地界，無論行銷內地及運出外洋，均須再完半稅一道。六，通商章程善後條約第二款所載各項器用食物進口，通商各口皆准免稅，原爲洋商在各口岸自用。若作貨物轉售，應照值百抽五納稅，不得藉口家用雜物蒙混免稅。七，日本輪船不准販運食鹽。八，米穀、銅錢不准販運出洋。九，軍火禁販，非有官買執照，不准進口。十，日本輪船不准拖帶民船，免致影射漏釐。十一，日本行內河輪船，尺寸大小、時刻早晚，須有限制，以免傷礙民船。十二，日本輪船只准到指定口岸裝卸人貨，不准沿途起卸搭載。十三，內河輪船應收船鈔，須較長江加多，以備修理河道之費。十四，日本人入內地辦貨賣貨，不准薙髮改爲華裝，違者查出卽作華人照奸細治罪。十五，雇用華民工作，須按日給値，聽其自願，不得立約限期，抑勒作工，鞭撻虐待。十六，裝運機器，製造各物，須無傷民命，方能照准，不得以『任便』兩字藉口。十七，船隻非日本商人購置，行戶藉日本商資本不得懸掛日本旗，若有冒名包庇，查出卽行充公。十八，製造各廠，如有藏匿犯法華人，一面由地方官知照領事，一面卽派人到廠緝拏，廠主不得袒庇。如廠主確知爲奸人，須照洋例存銀作保，到審訊日交出候審。十九，廠內如有華工滋鬧，毀傷機器廠屋，地方官只能辦犯，不能賠償。若僅罷工細故，應由廠主自行調停，官不與聞。」於是派張蔭桓爲全權大臣，與日本使臣林董議商約。林董交約稿四十款，之洞致總署請駁辯，卽由全權另擬約本與林董議，屢延不決。是年開蘇州商埠，日人欲卽行船，總署以租界未定，稅關未設，行船不便。日本又欲於租界設巡捕、立工程等局，總署援寧波章程，復不允。

二十二年正月，商約開議，張蔭桓將日使原稿駁删九款，駁改七款。惟第三十四款，日本官商財產，遇有辦理案件，均照相待最優之國一律；第三十五款，日本商民所有事件，均照中國臣民、中國船、中國貨並相待最優之國臣民、船貨一律相待；第三十六款，他國國家官員、船貨、人民得有利益，日本一律同獲其美：此三款日本舊約皆不得與各國均霑，不能過拒，乃照英約第二十四款，改作一條，删此三款。遂定議。初，馬關約准開四口，本有均照向開海口及內地鎭市章程辦理之言。中國欲以寧波辦法爲程，日本欲取法上海章程專管租界之條，乃不得不允矣。

是年開四口租界。初開沙市租界，因地窪下，要中國築堤，中國以與各國通例不符，却之。又索漢口城外德國租界起沿江之地長三百丈作租界，中國以所索地在中國興辦鐵路應用限內，不許，惟許在德界千丈以外，偪近鐵路，讓給租界三百丈。因聲明兩條入條款：「一，偪近鐵路江岸，日本一年須自築堤岸，以資保障；二，所給界內軌道穿過之處，已爲鐵路購用，若干方數內，應仍歸鐵路總公司管業，兩不相礙」等語。二十四年三月，日使至總署，請沙市租界未定以前，日商運貨暫免釐金，許之。

是月僑寓沙市湘人，因與招商局起釁，延燒日本領事館，駐沙日領事永瀧訴於日本公使矢野，要求五事；已，復提四條：一，索賠一萬八千兩；二，以八萬六千餘兩作沿江隄費，兩國各半；三，專界內道路免價豁租；四，界內租地價酌行核減。張之洞卽電總署，謂：「一條索賠一萬八千兩一節，擬允給一萬兩。第二條以八萬六千餘兩作沿江隄費兩國各半一節，彼此兩益，事屬可行，當照允。第三條專界內道路免價豁租一節，其租可免，地價未便不給。第四條界內租地價酌行核減一節，可行，當照允。」案旋結。五月，准中國商民居住日本專界，援德界例也。六月，駐沙日領事請地價減一半，道路溝渠地價認十分之一，許之。

往肄業。七月，命派學生遊學日本。十月，日使矢野又請中國南北洋、湖北三處各派武備學生前往肄業。

二十六年春，拳匪起，連戕日本使館書記生杉山彬、德使克林德，各國皆出兵。日本福島正安統兵赴津。六月，與各國聯軍攻天津城。七月二十日，入京師。時政府已特召李鴻章，未至而京師陷，兩宮出狩。日本外部電告李鴻章等維持中國善後。福島正安請速奕劻返京，奕劻遂有全權大臣之命，與李鴻章同議和。適盛京將軍增祺與俄擅定暫約，日本外部謂公約未定，不應立私約，俄約應歸公議，與英、德同。然勸俄訖不應。時禍首已懲辦，公約亦定，朝廷因日本使館書記生杉山彬被害，特簡戶部侍郎那桐爲專使，赴日本道歉，所得償款四百五十兆，日本應得三千七百九十三萬一千兩，惟以俄不退東三省、俄約不歸公議爲言。

二十八年三月，日本領事小田切奉其政府命詣張之洞：一，告阻止俄約情形；二，勸中國收買洋藥；三，勸江、鄂會奏改東三省官制章程；四，欲與中國商人合開銀行；五，欲與招商局合辦推廣江海輪船。既又談商約三條：一曰美使不願加稅，日本意與美同；二曰長沙、常德開口岸；三曰米穀出洋。張之洞分別答辦，並將所言致書商約大臣呂海寰等核議。未幾，日本商稅使日置益、小田切又送新約十款，大抵皆抽稅、免釐、行輪、開埠、居住、合股等特殊利益。時方議英約，中國只欲於英約已允者照辦，未允者不允。屢議不行。九月，改派伍廷芳充商約大臣，並派袁世凱會議。日本於加稅免釐，仍不允如英約加至十二五，僅允值百抽十，並欲將由日本運進中國之煤炭、棉紗及一切棉貨概不加稅，尤與英約相背。中國不允。惟第三款川江設施拖攬，第四款內港行輪及修補章程，第七款中、日商民合股經營，第八款保護商牌，第九款改定國幣，均爲英約所有，允之。又於商牌款內議增保護版權一事，內港行輪款後議增照會聲明，往來東三省輪船亦係照內港章程辦理，不能駁拒。此外第五款索開各處口岸，第六款口岸城鎭任便居住，第九款第二節釐飭度量權衡，第十款請運米穀出口，均駁拒不允。日使內田康哉赴部晤商，又提出北京開埠、加稅免釐、米穀出口三條，欲在京與張之洞議，餘仍歸滬定。時之洞在京，外務部答以不能兩處分議，遂暫停。

十月，漢口因議給比利時界增日本租界。初，日本索租界三百方丈，止允給一百方丈，留二百方丈備中國公司之用。當時日使言明，日界外地如別有餘地讓給他國，日本仍須照原議添索二百方丈。茲議給比界中僅餘地約三百丈，擬添給日本租界一百五十丈，仍畫留約一百五十丈立作華業公司地界，以備中國官商自用。日本猶爭不許。日本議設兩湖輪船公司，欲華洋合股，不果。是月，撤駐滬日兵。

尋復議約。日使內田康哉與張之洞在京會議，研商數月，始漸就緒。卽致總署，謂我所索允者三事：一，照各國一律加稅；一，查禁違礙書報；一，中國人民在日本者，極力優待。駁辯刪去者三事：一，請運米穀出口；一，口岸城鎭任便居住；一，常德府等九處口岸。以要索爲抵制者一事：各國護路護館兵隊全撤後，北京方能開埠。因有益於中國商民，可除積弊，而許其入約者，度量權衡一款；照滬議原文增改字句者，改定國幣一款，內港行輪一款，川江設施拖攬一款；因英已有而許其入約定議者，長沙通商一款。餘皆仍照滬議原文。又致外務部及呂海寰等，謂日約東三省開埠，言明悉照美約文法，惟安東縣改大東溝，緣大東溝係日本原議所索。嗣增索安東縣，再三商駁，內田始允仍將安東縣刪去。遂定議，於二十九年八月十八日在滬畫押，是爲日本商約。是年與日使議索還前借漢口大阪馬頭，仍未還。又盛宣懷與日本立漢冶鑛石借款合同，數三百萬元，息六釐，預定三十年還清，不還現銀，以鑛價扣還。

三十年，日商三井在漢廠購生鐵一萬六千頓，值日俄戰起，中國慮於局外中立有礙，擬阻止。會日本領事永瀧來函，謂訂運生鐵，不在戰時禁貨之列，日使亦來函聲明，作爲商工製造之用，不得以禁貨論，遂許運。三十一年，日戰勝俄，兩國議和，政府令外務部照會日、俄，謂關涉中國之事，若中國不與聞者，中國將來斷不承認。是年十一月二十六日，外務部慶親王奕劻與日本大使小村壽太郎、公使內田康哉訂新約。正約三款：一，凡俄國允讓之利益，中政府悉承諾之；二，凡中、俄所訂借地造路等項，日本悉照約履行；三，此約簽字卽便施行。附約十二款：一，中國將東三省自行開闢商埠；二、三，撤兵事宜；四，日本允將所佔公私產業，在撤兵前後交還；六、七、八，安奉、南滿鐵道建築事宜；九，另訂奉天日本租界辦法；十，鴨綠江右岸設中日木植公司；十一、十二，中、日彼此以最優國相待遇。

三十二年，日人設立南滿洲鐵道株式會社，並於關東州置都督府，另設領事五人，總領事駐奉天。安奉鐵道外有間島領土權，撫順炭坑、新法鐵道、營口支綫、新奉、吉長兩鐵道借款諸事，經東三省總督趙爾巽、徐世昌及外務部尙書袁世凱先後與日使爭議，久不決。

三十三年三月，外務部大臣那桐與日本駐京公使林權助訂中日新奉吉長鐵路協約七條：一、二，中國以日金一百六十六萬元收買日本所已造之新奉鐵路，其續造遼河以東一段及自造吉長鐵路需款，均向南滿洲公司籌借半款。三，除還淸期限外，均照山海關內外鐵路借款合同辦理。其主要事務，又開列六條：甲，借款還淸期限，遼河以東十六年，吉長二十五年，限前不得還淸；乙，借款以鐵路產業及進款作保，未還淸以前，不得以此作他項借款之抵保物，中國自行籌款建築他路，與南滿洲公司無涉；丙，借款本息，由中國政府作保，到期爽約，應由政府代還，或將產業交公司暫管；丁，在借款期內，總工程師應用日本人，並添派鐵路日帳房一員；戊，如遇軍務、賑務，政府在各路運送兵食，均不給價；己，各路進款，應存日本國銀行。四，與南滿洲鐵路公司訂立關於遼河以東之借款合同，及吉長鐵路借款合同。五，中國奉新、吉長鐵路，均應與南滿洲鐵路聯絡，派員會訂章程。六，借款實收價值，照中國最近與他國借款酌定。此約結後，日人又要求吉長鐵路延長至延吉廳南境，以與韓國會寧鐵道相聯，且照吉長鐵道例，於南滿鐵道會社借資本之半數築之。政府不允，遂成懸案。

三十四年，日使忽提出安奉鐵道案，要求解決。先是滿洲善後協約之附約，允安奉鐵道仍歸日本經營，改爲工商業鐵道，規定自此路竣工日起，以十五年爲限。至是復提議。郵傳部乃派委員與日本委員會勘改良之新路綫。日政府又要求勘定路綫卽行收買地基。東三省總督錫良祗許按舊綫改築，要求日本撤退鐵道守備兵與警察等事，日本不允，令鐵道會社自由起工，海陸皆作警備。乃命錫良會同奉天巡撫程德全與日本奉天總領事締結安奉鐵道協約，此宣統元年七月事也。協約要目如左：一，中國確認前次兩國委員勘定之路綫，陳相屯至奉天一段，由兩國再協議決定；二，軌道與京奉鐵道同樣；三，此約調印之當日，卽協議購買土地及一切細目；四，此約調印之翌日，卽行急進工事；五，沿鐵道之中國地方官，關於施行工事，應妥爲照料。

未幾，間島之爭議又起。先是，康熙年間，政府與朝鮮劃定國境，於鴨綠江、圖們江水源之長白山上樹立界碑，規定西以鴨綠江、東以圖們江爲兩國國境。因圖們江中有江通灘，地面不及二千畝，因地居江間，四面環水，故以「間島」呼之。此島向屬吉林，惟皇室以長白山一帶爲發祥之地，不許人民移居，因之吉林東部所在人烟稀少，間島愈形荒僻。同治間，朝鮮鐘城歲飢，其民多渡圖們江移居間島，按年納地租於我國光霽峪經歷署。光緒初年，朝鮮人忽請免納地租，政府以主權攸關，令朝鮮人退出間島，不果，乃置延吉廳以治之，間島仍准朝鮮人民居住，按納地租。

日俄戰後，日本伊藤統監命齋藤中佐率兵據之。政府與日使交涉，日使謂光霽峪以東爲東間島，和龍峪一帶爲西間島，係兩國未定之界。且謂長白山上界碑載土門江爲界，朝鮮人稱海蘭河爲「土門河」，圖們江係豆滿江，非「土門江」，中、韓國境實爲海蘭河。中國以「土門」、「豆滿」、「圖們」均係一音之轉，圖們江北岸界碑矻立，鑿鑿可據。且光緒十三年，朝鮮王致北洋大臣書，聲明鴨綠江、豆滿江爲兩國境界，是豆滿江卽土門江無疑，執不許。至是，日使伊集院彥吉與外務部尙書梁敦彥重提舊案，締間島條約：一，中、日兩國協約以圖們江爲中、韓兩國國境，其江源地方以界碑爲起點，依石乙水爲界；二，中國准外國人居住龍井村、局子街、頭道溝、百草溝等處貿易，日本於此等地方得設置領事館；三，中國准韓國人民在圖們江北之墾地居住；四，圖們江墾地之韓人，服從中國法權，歸中國地方官管轄及裁判，中國官吏於此等韓人與中國人一律待遇，所有納稅及其他一切行政上處分，亦同於中國人；五，韓人訴訟事件，由中國官吏按中國法律秉公辦理，日本領事或委員可任便到堂聽審，惟人命重案，則須先行知日領事到堂，如中國有不按法律判斷之處，日領事可請覆審；六，圖們江雜居區域內韓人之財產，中國地方官視同中國人民財產，一律保護，該江沿岸，彼此人民得任便往來，惟無護照公文，不得持械過境；七，中國將吉長鐵道延長至延吉南邊界，與朝鮮會寧鐵道聯絡，一切辦理與吉長鐵道同；八，本協約調印後，日本統監府派出所及文武人員於兩月內完全撤退。是約既成，政府以吳祿貞爲延吉邊務大臣。

嗣議五案協約，卽新法鐵道，營口支線，撫順、煙台炭鑛，安奉鐵道沿線及南滿鐵道幹路沿線之鑛務是也。新法鐵道者，新民屯至法庫門之鐵道，政府欲借英款築造此路，以分南滿鐵道之勢力，日本謂係南滿鐵道競爭線，極力抗議。營口支綫者，光緒二十五年東清鐵道會社規定築造旅順、哈爾濱間之鐵道，得設營口支綫，以運送材料，俟鐵道落成後拆去。日俄戰爭後，南滿鐵道歸日本，政府要求日本拆此支綫，日本不允。撫順炭鑛，距奉天城東六十里，日公使以此地炭鑛爲東清鐵道附屬品，利權應歸日本。政府以炭山在東清鐵道三十里外，不認爲附屬財產，日使不允；並煙台炭鑛均成懸案。因安奉鐵道交涉，定約如下：一，中國如築新法鐵道時，當先與日本商議；二，中國允日本營口支路，俟南滿鐵道期限滿，同時交還，並允將該支線延長至營口新市街；三，中國承認日本有開採撫順、煙台兩處炭鑛之權，日本承認該兩處開採之煤觔納稅與中國，惟稅率應按照中國他處最輕煤稅之例，另行協定，其鑛界及一切章程，亦另委員定之；四，安奉鐵道沿綫及南滿洲鐵道幹路沿線之鑛務，除撫順、煙台外，應按照光緒三十三年東三省督撫與奉天日本總領事議定之大綱，歸中、日合辦；五，京奉鐵道沿長至奉天城根一節，日本無異議。自此南滿洲大勢遂一變矣。

吉長、新奉兩路借款細目，旋亦議定。其後錦齊鐵道、渤海漁權與領海、鴨綠江架橋、南滿鐵道附屬電綫、收買日本遼東方面軍用電綫及旅順芝罘間海底電綫諸交涉，次第起焉。錦齊鐵道者，卽自錦州經洮南至齊齊哈爾之鐵道也。日本原允中國自修，惟要求昌圖洮南間之鐵道歸日本築造。及滿洲諸協約成，英、美爭錦齊鐵道借款，迭與中國交涉，事皆中阻。渤海漁業與領海交涉，自光緒三十二年，中國課關東漁業團漁稅，迭經日本領事要求住關東之日本人有滿洲沿岸漁業權，日本漁團因避稅，全出距海岸三海里外海面。東督錫良通告日本領事，謂三海里外之海面係中國領海，應准中國漁業規則課稅。日本領事以三海里外爲公海，反抗之。鴨綠江駕橋，聯絡滿、韓，議定依安奉鐵道契約，十五年後賣還中國。南滿鐵道附屬電綫，原中國所設，日本占有之，後取供公用，中國抗爭無效。又日俄戰爭時，日本在南滿洲所設軍用電綫，戰局終，應歸中國收買，日本初起反抗，後始歸中國收買。旅順芝罘之海底電綫，係俄國布設，戰時皆斷絕。至此，日本要求依該海底電綫直通芝罘之日本電綫局，爲中國所拒。卒以距芝罘海岸七里半以內之一部歸中國，餘盡屬諸日本。其後復有日俄協約之議，於是東三省大勢又一變矣。

清史稿卷一百五十九

志一百三十四

邦交七

瑞典那威　丹墨　和蘭　日斯巴尼亞　比利時　義大利

瑞典卽瑞丁，在歐羅巴西北境，與那威同一區。雍正十年始來華互市。道光二十七年春二月，與瑞典及那威國訂通商約。時法、美諸國通商，俱仿英和約條款。瑞本小國，亦求照英、法、美三國成案議通商條約。時瑞鋼鐵等項價甚賤，幷求酌減稅則。兩廣總督兼五口通商善後事宜耆英以各項稅鈔甫經議定通行，未便因瑞鋼鐵率議輕減，不許；惟通商條約奏請許之。遂與瑞公使李利華訂約三十三條。同治六年，政府派出使大臣志剛等遊歷各國，至瑞遞國書。光緒三年八月，瑞典開整理萬國刑罰監牢會，使臣愛達華達擺柏照會駐英使臣郭嵩燾，請中國派員入會。嵩燾以聞，許之。

十八年五月，瑞典國教士梅寶善、樂傳道二人往麻城縣宋埠傳教，被毆致斃，上海瑞典總領事柏固聞，赴鄂見張之洞，要求四事：一，辦犯；一，撫卹；一，參麻城縣知縣；一，宋埠設教堂。時犯已緝獲，張之洞允辦犯、撫卹，而參麻城縣則不許，謂麻城縣事前力阻，事後卽獲正犯，未便參劾。至開教堂，宋埠民情正憤，改在漢口武穴覓一地建堂，柏固亦不允。久之，始議定絞犯二名，給兩教士各一萬五千元，失物諸項一萬五千元，期二十月後再往傳教。

三十四年六月，與瑞修改通商條約。先是瑞使倭倫白來京，請覲見呈遞國書，並照稱奉本國君主諭，請修改通商條約，並錄其君主所給議約全權文憑送外務部。外務部以道光二十七年所訂瑞典那威條約係兩國聯合所立，近兩國已各獨立，前訂之約距今六十年，通商情形今昔不同，當重訂約，以資遵守，許之。於是瑞使擬具約稿三十九款，大致多採各國與中國所訂約款。外務部以所擬款目繁多，另擬約稿，併爲十七款。研商久之始定議。外務部因上奏，言：「臣部另擬約稿，歸併爲十七款。查向來與各國所訂條約，我多允許與各國利益，而各國鮮允許與我利益，按諸彼此優待之例，實非平允。惟光緒七年巴西條約暨二十五年墨西哥條約，多持平之處。此次擬議約稿，注重此意，不使各項利益偏歸一面，更於各約中採用較爲優勝之條，取益防損。如第三款領事官應照公例發給認許文憑，第十款訂明俟各國允棄其治外法權，瑞典亦必照辦，第十三款聲明給與他國利益，立有專條者，須一體遵守，方准同霑，俱係參照巴西、墨西哥二約。第十二款入教者犯法不得免究，捐稅不得免納，教士不得干預華官治理華民之權，俱係參照中美商約。又瑞使原擬約稿有數款照錄英、美、日各商約，今皆删去。如商標、礦務之類，則以第十三款內載所有商業、工藝應享各利益均一體享受等語括之，如加稅、免釐之類，則以第十四款內載中國與各國商允通行照辦遵守等語括之，以免掛一漏萬。於第五款內又載進出口稅悉照中國與各國現在及將來所訂之各稅則辦理等語，亦可爲將來加稅不得異議之根據。此外各款，如派駐使、設領事，及通商、行船一切事宜，始終不離彼此均照最優待國相待之意，以扼要領而示持平。雖瑞典遠在歐洲北境，現尙無前往貿易之華商，其所許我利益，未能遽霑實惠，然際此中外交通，風氣日開，不可不預爲地步。數旬以來，與瑞使往返磋磨，間有字句删改無關出入之處，亦輒允其請，而大旨已臻妥協。謹錄全約款文，恭呈御覽。如蒙俞允，應請簡派全權大臣一員，會同瑞使署名畫押，仍俟批准互換。」疏入，報可。宣統元年四月，在北京互換。

丹墨卽嗹馬，在歐羅巴洲西北。其來市粵東也，以雍正時，粵人稱爲「黃旗國」。同治二年三月，丹馬遣其使臣拉斯勒福來華，抵天津，徑赴京師。署三口通商大臣董恂以丹使並未知照，無故來京，亟函知總署，飭城門阻之。而英使言：「丹國來人乃本館賓客，請勿阻。」總署遂置不問。英威妥瑪復代請立約，恭親王告以丹使擅越天津來京議約，萬難允其立約。威妥瑪乃言丹與英爲姻婭之國，並援法使爲布路斯、葡萄牙代請換約之例固請。王大臣等因語以丹使如欲中國允行，宜循中國定章，仍回天津照會三口通商大臣，方可立約。威妥瑪乃請嗣後外國使臣到津，應令天津領事告知中國常例，又爲函致三口大臣代爲之謝。大臣等以聞，朝旨交總署核議。旋派工部左侍郎恆祺會同三口通商大臣、兵部左侍郎崇厚辦理。

五月，約成，大致以英約爲本。初，恆祺等議約擬仿照大西洋成案，威妥瑪謂丹係英國姻婭，應從英文義。辯論久之，各有增減，定和約五十五款，通商條約九款，稅則一册。明年五月，丹遣水師副提督璧勒來滬，派提督銜李恆嵩及江蘇布政使劉郇膏與換約。屆時李恆嵩等向璧勒索觀應換條約，而原定印約未攜，只另書英字條約。璧勒謂此約係照英文原定條約繕寫工整，以示尊崇中國之意，並無別故；又以本國軍務方殷，不能久待。遂將條約核對，與英文相符，允互換。屬將原定用印和約補訂照繕和約之內，補鈐丹副提督印信，並簽押，遂互換收執。九年十月，丹遣使來華呈遞國書，報中國簡派使臣蒲安臣、志剛、孫家轂使丹之聘也。十年，復呈遞國書。

光緒七年十月，督辦中國電報事宜盛宣懷與丹總辦大北電報公司恆寧生會訂收遞電報合同。先是同治十年，丹國大北公司海綫，由香港、廈門迤邐至上海，一通新嘉坡、檳榔嶼以達歐洲，名爲南線，一通海參崴，由俄國亞洲旱綫以達歐洲，名爲北綫，此皆水綫也。至同治十二年，又擅在上海至吳淞設有旱綫。至是中國甫設電局，因先與訂合同十四條：一，中國電報寄往外國之綫路；二，電局與大北互定通電之價；三、四，由中國寄外國、外國寄中國內地之報，其報價應先行收清，後再劃還，並在上海立册，每月互對；六，電價概由自定，惟寄外國報須按照萬國電報定章，又傳報可自編新碼；七，電局與大北往來用英文，惟合同以華文爲主；八，大北願竭力幫助中國設電，惟中國自主之事不得干預；十，大北海綫、中國旱綫如有斷絕停滯，互相通知；十一，中國電政歸北洋大臣主持，有向大北購料者，應稟明北洋核奪；十二，大北應繳回中國電報之費，每三月一結。時法、英、美、德四國以大北公司僅有單股海綫，又沿途祗通廈門口岸，其餘如汕頭、福州、溫州、寧波各口皆距較遠，請添設海綫，就便通至各口。拒之，仍專與大北公司合辦。方議立合同，大北公司恆寧生欲載明中國不再租陸綫與他人，且須永租大北，議遂中止。

九年，李鴻章致總署及盛宣懷，擬中、英、丹三公司合約，英、丹海綫均至吳淞爲止，將丹自淞至滬旱綫購回，由我代遞。議久之始收回。初，大北公司原稟六條內，有「不准他國及他處公司於中國地界另立海綫，又中國欲造海綫、旱綫與大北有礙者，不便設立」二條，爲大北公司獨得之利益。因之中國亦取得總署、南北洋及出使大臣往來電報，「凡從大北電綫寄發者，不取報費」，爲中國獨得之利益。當時鴻章已批准咨行。英、美、法、德各使聞之，合詞照會總署。威妥瑪復援同治九年允英人設海綫之案，必欲大東公司添設，政府不能阻。因之大北公司恆寧生請將中國官報照常給費。旋復來電，謂「自十月初三日爲始，所有中國頭等官報由大北電綫寄發者，須照章付足電資，方爲發報」等語。

十六年，薛福成議與大北及大東公司訂立合同。初，大北與大東慮我與俄接陸綫奪其水綫之利，故願訂明滬、福、廈有水綫處，貼中國十分之一，其餘各口出洋報費，悉歸華局續議，並允報效海綫官電之費。嗣因各國並俄使牽制，以致久擱。至是，由福成另議，祗讓官電費，不要貼價，歲銀十萬圓。

和蘭，明史作「荷蘭」，歐羅巴濱海之國。清順治十年，因廣東巡撫請於朝，願備外藩、修職貢。十三年，齎表請朝貢，部議五年一貢，詔改八年一貢，以示柔遠。十八年，鄭成功攻臺灣，逐和蘭而取其地，詔徙沿海居民，嚴海禁。康熙二年夏六月，和人始由廣東入貢：

刀劍八，皆可屈伸；馬四，鳳膺鶴脛，能迅走。二十二年，和蘭以助剿鄭氏功，首請開海禁通市，許之。乾隆元年冬十月，裁減和蘭稅額。初，和蘭通商粵省，納稅甚輕，後另抽加一稅。至是，諭曰：「朕聞外洋紅毛夾板船到廣，泊於黃埔，起所帶礮位，然後交易，俟交易事竣，再行給還。至輸稅之法，每船按樑頭徵銀二千兩左右，再照則抽貨物之稅，此向例也。近來礮位聽其安置船中，而於額稅之外，將伊所帶置貨現銀另抽加一之稅，名曰繳送，殊與舊例不符。朕思從前洋船到廣，既有起礮之例，仍當遵守。至加添繳送銀兩，尤非嘉惠遠人之意。」命照舊例裁減，並諭各洋人知之。

同治二年秋八月，與和蘭立約。和蘭與中國通商最早，至是見西洋諸國踵至，亦來天津援請立約。三口通商大臣崇厚以聞，朝議許之，卽命崇厚在津與其使臣訂和約十六款。初和蘭使送來約稿，皆照英、法各國及參用續立之布、西、丹國等條約、章程，分別各款請議。三口通商大臣崇厚答以現在各口通商，均有定章，不必多列條款。和使亦允刪減，惟前往京師、南京通商，並內地傳敎、減稅，暨在京互換條約各節，以和文爲正義。爭論久之，始允刪去。而於稅則一層，許另立一款，議明各國稅則屆重修之年，和國亦許重修。並與照會，言將來重修稅則時，亦應按照價值秉公增減。遂定議：一，通使；二，海船通商；三，游歷；四，傳敎；六、八至十二，關稅；六、七，交涉案件；十三，交際議文；十四，行移文書各用本國文字；十五，利益均霑；十六，批准一年內換約。此與和蘭立約之始。三年五月，和公使櫫大何文以換約期將屆，遣員伯飛鯉詣天津三口通商大臣，請在廣東省城換約。崇厚以所請符原議，奏請簡員往。朝廷命廣東巡撫郭嵩燾爲換約大臣。屆期，和使僅以鈔錄副本上。嵩燾駁令取原本再定換約期。逾年始換。

十年四月，出使各國大臣志剛、孫家穀詣和蘭呈遞國書。十二年四月，和蘭公使費果蓀來華呈遞國書，總署允與各國使臣同覲見，禮節亦如之。光緒七年，和使牒中國，稱本國將於光緒九年夏在都城亞摩斯德爾登等處設立衒奇公會，請中國與各國同入會，許之。是年，以候補道三品卿銜李鳳苞充德義和奧四國出使大臣，此爲和蘭遣使之始。八年二月，和使費果蓀復將衒奇會章程，及增擬華商赴會章程，並開中國物產及工藝奇巧製造等件，請其會集運往。總署飭各海關照辦。十一年，出使大臣許景澄如和蘭遞國書。十三年，許景澄出使期滿，以內閣學士洪鈞代之。

是年，兩廣總督張之洞特派副將王榮和、知府余瓗先往和蘭所屬南洋各島調查，和蘭不允。前出使大臣許景澄與和外部辯論，以遊歷爲名，和始允行。既返，張之洞上疏請設領事，略謂：「日里有華工萬餘衆，噶羅巴華民七萬餘衆，其附近之波哥內埠、文丁內埠、以及三寶壠、與疏羅、及麥里芬、及泗里末、及惹加，皆和屬地，華人二十餘萬衆，宜設總副領事以資保護。」旋議從緩。

二十年，出使大臣許景澄請禁機器進口，牒和蘭外部，略謂：「外洋各項機器，除中國自購並託洋商代購外，其洋商自行販運機器，查係無碍華民生計性命之物，酌照稅則不載之貨估價值百抽五，准其進口。若洋商販運機器有礙華民生計性命者，皆不准進口。」二十一年，命許景澄遞萬壽致謝國書。二十四年，以候補四品京堂呂海寰充出使德國大臣，兼充和、奧兩國公使。二十五年，各國在和都海牙設保和公會，和使牒中國請入會，許之。旋派前駐俄使臣楊儒赴會。又推廣紅十字會、水戰條約，請用御寶，由駐俄使臣胡惟德轉送和政府。

二十七年，呂海寰以和屬南洋各島虐待華民，乃上言：「和屬南洋各島開埠最早，華民往彼謀生者亦最多。噶羅巴一島尤爲薈萃之區，寄居華民不下六十萬人。初尚優待，後因迫令入籍，率多殘虐，其故以中國未經設立領事保衞之也。各島有所謂瑪腰、甲必丹、雷珍蘭者，管理華人，以生長其島者充之，擅作威福。華人初到，概入供堂問供註册；赴各鄉營生，須經批准，方許前往。嗣下不准華民居鄉之例，限二十四點鐘立將生意產業賤售而去，逾限罰銀逐出，產業消歸無有。此其一。又華人到和屬地，向須憑照方准登岸。嗣又變立新例，無論有無憑照，登岸後帶至官衙，繩圈一處，俟查老客有原日出口憑照放行，新客則馳入繩圈之內，候帶入瑪腰公館照像，俟有人擔保始放，否則輒上鐐杻刑具，遇有輪船，驅逐出境。此其二。又華人來往本島貿易，必領路票，使費外仍繳印花銀若干，到一處又須掛號，再繳銀若干。如一日到三五處，則兩處繳費亦須三五次。掛漏查出重罰。此其三。又華人詞訟，審費照西人最多之例，科罰則照土番最重之例。縱令理直，追回銀數，已不敷狀師之費，以至沉冤莫訴。此其四。再如華人家資產業，身故後權歸和官。雖妻子兒女執遺囑照章領取，亦必多方挑剔，反復延宕；若無遺囑，則產業概沒入官。此其五。華人在日裏承種菸葉者，往往係由奸販誘惑拐騙出洋，身價五六十元、八九十元、三四十元不等。立據三年爲期，入園後不准自由出入，雖父兄子弟不能晤面。加以剋扣工資，盤剝重利，華人吞聲忍氣，呼籲無門。且各國人民皆得購地自業種菸，華人獨否。此其六。以上苛虐各節，慘不忍聞。正擬設法向和廷理論，忽英文報紙載有班喀地方，華人在錫礦各廠作工，突遇水患，飢寒潮溼，病死相仍。又經廠主勒購廠物，物劣價昂，支借工資，則一兩納息五錢，以致積憤肇事，爲廠主鎗擊，死傷無算。和官拿獲逃散華民，窮詰再三，始知爲廠主苛刻所致。按華工素循規矩，若非相待太苛，必不至於啓釁等語。竊思華民作工各島，受此任意凌虐，與古巴之夏灣拿同一殘忍。領事之設，斷難再緩。迭與和外部大臣樸福爾再三爭論，並譯錄商稟及報紙所載苛待情形，詳爲申述。復備文照會，請其允設領事，保我僑民生計。彼外部以事屬藩部爲詞，支梧未決。臣復照會彼外部，以新嘉坡、小呂宋等處，中國早設有領事。卽以荷屬之噶羅巴而論，歐、美各國無不設有領事，何獨於中國而靳之？反覆辯論，稍有轉機。查和屬島嶼林立，應設領事之處有七：卽如噶羅巴、三寶壟、泗里歪、望加錫、勿里洞、日里、文島等處，均關緊要。今一時萬難徧設，惟噶羅巴一島，設立總領事一員，萬不可緩。」奏入，交外務部議。二十八年，外部議准在噶羅巴等處設立領事，未實行。

三十年，各國議免紅十字會施醫船稅鈔，請中國派員赴和蘭會議，許之。是年，熱河都統松壽奏稱：「蒙古喀喇沁王貢桑諾爾布擬與和商白克耳合辦本旗右翼地方巴達爾胡川金礦，作爲華洋合辦，股本各居其半，一切遵章辦理。」外務部以「喀喇沁王原將右翼全旗指給逸信公司開辦五金各礦業，經飭令畫淸界限，不得包佔全旗。若今又遽允和蘭商人，難保不滋轇轕，應請暫緩。」報可。三十一年，和使照稱本國南洋屬地蘇門答臘以北名撒般者，遇有外國兵船進口，施放敬炮，請外務部知照南北洋大臣。三月，外務部奏：「萬國保和會和解公斷條約業經批准。各國欲在和蘭都城設立萬國公所，作爲公斷衙門，請中國派員入會作爲議員。」許之，尋以伍廷芳充選。保和會卽弭兵會也。是月和使照稱本國屬地茫咖、薩巴東二處，遇有外國兵船進口，不再施放敬炮，仍請外部知照南北洋大臣。八月，萬國弭兵會舉和人男爵米何離斯爲判斷公堂總辦。十月，簡知府陸徵祥充出使荷國大臣，並兼辦保和公會事宜。三十二年，派駐美使署顧問洋員福士達充和蘭保和會公斷議員。宣統二年，和京設萬國禁烟會，請中國派員入會。尋遣外務部右丞劉玉麟往。嗣因禁烟會展期，劉玉麟簡充英使，別遣出使德國大臣梁誠赴會。三年四月，與和定設立領事約。初，和送交領約全稿十七條，政府命陸徵祥與議。顧約文外另有附則一條，謂施行本約，不得以所稱和蘭臣民之人視爲中國臣民，徵祥議加以「亦不得以中國臣民視爲和蘭臣民」一句，和外部不允，乃命徵祥回京，由外務部照請和使來署接議。和使初仍持前議，繼允將附則改爲公文，不入約。又久之，始允將「生長和屬之人，遇有國籍紛爭，在彼屬地可照和律解決」等語，備文互換。又一面將「此項人民回至中國，如歸中國籍，亦無不可」等語，由彼備文敍明存案。議遂定。外務部於是上言：「臣部查和屬設領，係積年懸案，屢議屢擱，垂二十年。此次重提前議以來，一年有奇，始克開議。旋因附則一條，致生枝節，彼此研商，又更兩稔。蓋近世各國國籍法，多偏重出生地主義。生長其地之人，大率隸屬其籍。而我國新定之國籍法，則採用血脈主義。根本解釋，迥然不同。彼之欲加附則者以此，我之堅持删去亦以此。至回國僑民沿用外籍，誠多流弊。茲定明和屬人民回至中國可歸華籍，藉資補救。其非出生於和屬之僑民，仍可認爲華籍，與我國國籍法亦不致相背。就此結束，俾可迅派領事，以慰僑民喁喁之望。」又奏和屬苛例修改情形，略謂：「華人流寓和屬所最難堪者，如種種苛例，臣部迭據華商來稟，電駐和使陸徵祥向和政府交涉。彼初以爲治理屬地數百年，成例未易更張，强詞拒駁。經我大臣極力磋商，據稱警察裁判，祇允將改良之法從事調查，未能卽時遽改。其入境、居留、旅行三項，允先修改。現入境新章雖尚未見頒布，而居留及旅行二者，先已從爪哇、馬渡拉兩島改有新章，較之舊例已多寬大。」奏入，派陸徵祥爲全權大臣，與和使貝拉斯署名畫押。條約用法文。

日斯巴尼亞，一名西班牙，卽大呂宋也。明嘉靖初，據南洋之蠻里喇，是爲小呂宋，檣帆遂達粵東。及清咸豐八年，見英、法、俄、美立五口通商之約，遂與葡萄牙同請立約，不許。同治三年五月，西班牙使臣瑪斯復來請，並呈所奉全權憑據。三口通商大臣崇厚令瑪斯在天津候旨。朝廷復命候補京堂薛煥蒞津，會同崇厚與瑪斯議約。瑪斯援丹馬、西洋各國進京議約之案。薛煥等以丹馬等國雖在京議約，仍赴天津塡寫定約日期，不得謂之在京立約。瑪使始允在津商辦。久之，出所擬條款，有爲各國條約所無者，而于駐京一節，立意尤堅。久之始議定，共定條約五十二款，專條一款。六年四月，崇厚與瑪斯始公立文憑互換。十年，穆宗親政，各國請覲見呈遞國書，日使與焉。自是歲沿爲例。

光緒三年，日國因索伯拉那船遭風案，聲稱欲派兵船來臺灣。福建巡撫丁日昌上奏，言：「西班牙屬島小呂宋之北，卽連臺灣之南，海中山勢，斷續相接，較之日本尤爲迫近。本年五六月間，用兵蘇祿，攻破其城，故有狡焉思逞之意。非亟加整備，速辦礦務、墾務、水雷、鐵甲船、輪路、電綫諸舉，無以圖自强。」已而兵船不果來。

是年日屬地古巴因招華工，請訂專約。時日使爲伊巴理，政府派總理各國事務大臣沈桂芬、毛昶熙、董恂、夏家鎬、成林爲全權大臣，與議約。先是光緒元年，總署奏派陳蘭彬出使美國及日斯巴尼亞、祕魯三國，辦理交涉事件。日與祕魯均有應議華人出洋承工事宜。祕魯已經李鴻章議有條款。日則自陳蘭彬查復後，復由總署議定保護華工條款，與各國使臣定期晤論。日使丁美霞及各國使臣亦議具條款，復將此條款參酌合而爲一。正在會議，適滇省有戕斃英國繙譯官馬加理事，英使威妥瑪來言，事遂中止。自滇案議結，伊巴理時已來京晤議，訖未就緒。至是始議出章程凡十六款：一，維持同治三年天津條約，不得收留中國逃人；二，旣除去前約承工出洋未能盡善之情，所有賠償一層作罷論；三，華人出洋須出情願，不得勉强及施詭譎之計；四，聽華民前往，不得禁阻；五，出洋報名領蓋印執照；六，派遣領事；七，予華人隨便往來准單，須與各國人一律；八，訴訟事件；九，查驗華民多寡之數；十，載華民出洋應守之船規；十一、十二，資送華工回國事件；十三，限制華人前往居住事件；十四，執照准單一切事宜，新到之華人與期滿之華人享同等利益；十五，此次條約未載之利益，中國若與他國，則日國應一體均霑；十六，換約事件及期限。是爲重訂華工條款，畫押蓋印，明年換約，復公立文憑。六年，小呂宋華民請設領事，不果。

十三年四月，張蔭桓由美赴日都馬得利呈遞國書，屆期君后臨朝，張蔭桓恭捧國書敬遞，君后親接後，卽付外部謨烈，起立與蔭桓爲英語，繙繹代答。禮成，君后回宮，蔭桓立送，君后回顧，三曲膝爲禮。時中國議在小呂宋設領事，日外部已允發准照，而商務總辦米阿斯以條約未載爲言。張蔭桓商之律師科士達，謂若必挾條約爲言，約內第四十七款「中國商民至小呂宋貿易，應與最優之國一律相待」，此明文也。而日官所收身稅、路稅，自丁卯換約起，至甲申，共十八年，小呂宋刊發新例止，共徵華人銀七百七萬八千一百六十一元二角四仙。專徵華人每人歲納九元六仙，甲申後乃兼徵西人，每人一元五角，華人則四元五角。計至丁亥共四年，又長徵銀五十二萬八百三十六元。又路照一項，西人每徵四角五，華人每徵則一元二五，又須預納一年身路稅，無理之甚。卽與西人比較，將四角五除去，實長徵華人八角。自丁卯至丁亥，廿一年，共銀七十二萬九千一百七十元四角，預納之身路稅猶在外也。又每華人歲徵醫院費二角五仙，甚微，自丁卯換約至本年，廿一年，共徵銀二十二萬七千八百六十五元七角五仙。此項與甲申以前之身路稅，均係獨徵華商，甚違一律優待之約。此中人數，就去年正月至九月數目，共計華人四萬三千四百零三人，逐年清計，尙不止此數也。苛待華人如此，應索償已往，禁遏將來，方合辦法。旋得外部文，言日后將議新例，爲各領事而設，而于小呂宋設官一事仍不能決。尋見日后，並見兩公主及君姊。問答如禮。蔭桓旋去日赴美，議久無效。

十五年，張蔭桓受代，以崔國因出使美日祕大臣，駐美，別遣楊慕璿爲駐日參贊。十六年四月，崔國因自美赴日遞國書。屆期，日接引大臣以宮車來迎。是日大君主未御殿，后著公服南面坐，國因奉國書，入門行三鞠躬禮，各問君主起居，退。十九年，崔國因受代，以四品京堂楊儒爲出使美日祕大臣。

二十六年七月，聯軍入京。八月二日，日使葛絡幹函留京辦事大臣，稱各國統兵各員及公使人等，定於四日辰刻入大內瞻仰，許之。二十七年，各國要求使臣會同覲見必在太和殿，一國使臣單行入覲必在乾清宮，及遞國書用御輿入中門，皇帝親陪宴等。以日使葛絡幹領銜，政府准駁有差。明年，日君主阿肅豐第十三行加冕禮，駐京日使賈思理照會總署，欲中國遣專使往賀。出使美日祕大臣伍廷芳亦以爲請。政府乃以張德彝爲賀日加冕專使。

比利時舊名彌爾尼壬。淸初，其國商船曾來粤東。道光季年，法人復爲請通市，而貨舟不至。及五口通商，比遣使臣包禮士赴上海，呈請照各國立約通商。時薛煥撫江蘇，答以應與無約諸邦同一通市，無須另立條約。包禮士謂須入都定議，阻之，允暫留上海。先是咸豐九年，比遣使臣怡性要求蘇撫何桂清三條：一，比官商眷屬、船隻、貨物，與中國相待最優國同視；二，定約後以十二年爲度；三，和約議定，須請用寶。至是復以爲請。薛煥亦開三條：一，各口均設領事；二，禁商民赴內地遊歷、通商；三，使臣不得赴京。比使堅不允更易。辯論久之，始議定。初，比使稱本國主爲「大皇帝」，煥援英稱君主例稱「君主」，遂定約四條。時同治元年六月也。

四年七月，比遣使臣金德來華，牒三口通商大臣、兵部左侍郎崇厚，謂前包禮士與薛煥所訂約，未將兩國通商章程並各等事宜詳敍，請再議，不允。迭牒要求，於是派董恂、崇厚爲全權大臣，辦理比通商事務。金德旋擬約五十款，大致皆采各國條約。董恂併去三款，共存四十七款。旋畫押鈐印。五年九月，在滬與蘇撫郭柏蔭換約，並致君主第二禮波勒德國書。郭柏蔭以西洋通商各國從無恭進國書之事，金德稱係新君嗣立，應當入告，乃許呈進。九年六月，比復進國書，請使臣駐京，許之。

十一年冬，使臣許景澄如比都伯魯色遞國書，君主及其妃並邀宴宮內，參贊隨員均預焉。又是年剛果國立爲自主之邦，奉比國君主爲君，比侍從大臣伯施葛辣照會中國，比主復致國書，自稱「大比利時國主留波德第二謹上書大清國仁聖威武大皇帝陛下：竊查剛果地方設有商會，開闢疆土，曾與各國訂約，立爲自主之邦，又推不佞爲該處之主。現經議院核准，自應統馭此邦，理合報明大皇帝陛下。惟此新國，乃專歸不佞兼轄，並非比國統屬。闢地之始，允宜宣教布化，治政養民，聯與國之誼以敦和睦，與通商之利以固邦基，盡心圖維，昇平同慶，仰副各國期望之意。尙祈大皇帝眷顧優隆，俾免隕越」云云。十三年正月，比使以本國彙印各國稅則，請中國入會，許景澄以聞。政府旋致比外部，謂：「中國現行稅則即各國議定通行稅則，各國條約均經載明，此外別無通商稅則，與西洋諸國各約各訂者情形不同，未便入會。」五月，比遣謝惠施爲駐京公使，呈遞國書，並覲見。

光緖十五年三月，以江蘇按察使陳欽明爲英法義比大臣。十七年八月，請中國派員入第四次鐵路公會，考求鐵路新法，許之。十八年正月，湖廣總督張之洞遣繙譯兪忠沅，帶工匠十人，赴比國工廠學煉鋼鐵。二十三年，議借外債修盧漢鐵路，比領事法蘭吉詣張之洞言其國家願借，比他國尤爲公道。尋與比商定議，共十七款：一，借四百五十萬金鎊，九扣，實付銀四百零五萬鎊，分四期交到；三，按周年四釐起息；四，前十年還利不還本，十年後，分二十年還清；五，以路業作保；六，五年工竣；八，由比派工程師，名曰監察，但督辦大臣一人節制；九，外國路員由監察遴薦，督辦定派，公司所用工路人員，除監察外，均歸督辦所派之大員節制，中西員如有意見，聽督辦核定，但准監察在旁聽斷；十，比員如有不職，由督辦勒退；十一，材料儘中國本有者購買，如購外料，將一半投標，其餘由比公司照辦；十二，所購外料，比公司應扣五釐之用；十四，此合同期內，比公司無論何事，均不得託他國商民管理，並不能將此合同轉與他國及他國之人；十五，如中國未到合同之限，願將此款一概還清，利息即以清還之日停止。已又增訂合同，又續訂詳細合同，於原利四釐之外，加收四毫。又辦事銀行按所付照酬以二毫半，各股票提前還本者，亦酬以二毫半。

二十五年，比使請增漢口租界，謂沿江日本租界旁地，除設鐵路站外，中間尚餘一萬尺，本國請用一千尺，不允。已而駐漢比國總領事復見張之洞，援同治四年中比條約第十二款，仍請在漢口日本界下給比租界百丈。張之洞告以各國專界皆須有專約。同治四年之約，祗言比人在通商各口宜居住、宜建造之處，可聽其租地建造，並無圈畫租界歸比國管轄之語。因與約三條：比人在漢口如欲租地居住，上有英、俄、法、德、日本各界，下有自日本界至鐵路中國之地，均宜居住，可聽各與業主議租。在他國租界，則遵守各界巡捕納捐各章程。在租界外中國之地，則遵守中國巡捕納捐章程，不准自修道路、自設巡捕，亦不准抗違拏犯。一也。比商欲買何處，可向業主商議，彼此情願，公平議價，照條約不得強壓迫受租值。二也。有比商一家，即議地一段，不能預圈空地一片歸比管轄，以致暗中作成租界。三也。

二十八年四月，比使詣外務部，謂漢口租界早經購妥地畝，卽將圈築圍牆。外務部命張之洞查復。之洞致外務部，謂：「比人在漢口鐵路總站附近夾鐵路兩旁，購地一大片，請劃爲租界。當告以鐵路爲中國之路，總站處不能爲他國所佔，萬難照辦。囑其沿江一段，後至距鐵路三十丈，左至距鐵路總站六十丈止，作爲租界，其餘路綫以後沿路之三十丈、六十丈各地段，必須全數讓還中國。此係格外通融辦法。比使來鄂時，亦已當面切實辯論。迨飭關道備文照會比領事，比領事照復，將給與租界照收，而未提及其餘應還中國地段。務望囑其早日照鄂定界址定界，將餘地歸還。若再延宕，卽已准之界亦不能作爲租界。請堅持駁之。」久不決。是年八月，比商赴信陽辦貨，運至漢口，並未請領聯單，又抗不完釐。張之洞飭關道暨稅司詰之。

二十九年八月，與比公司訂汴洛鐵路借款合同暨行車合同，附鐵路管理材料廠章程、土木合同、購地章程。先是光緒二十五年，鐵路大臣盛宣懷奏請將開封、河南兩府枝路統歸總公司籌款接造，奉旨報可。旋因拳匪事起，停議。至是，比公司代理人盧法爾重申前議，於是盛宣懷乃與盧法爾商議借款。因上奏言：「盧漢幹路在滎澤左近渡河，東至開封，約一百七十里，西至河南府，約二百五十里，現由盧法爾估計，應借工款一百萬鎊，約合法金二千五百萬佛郎克，議明利息期限悉照盧漢章程，俟合同簽定後九個月內開辦。所有議訂合同各條，飭由總公司法文參贊候選道柯鴻年等與盧法爾數月研商，並經臣盛宣懷與河南巡撫陳夔龍逐條斟審，刪汰商榷，並經外部增改，定細目二十九條，又行車合同十條。」奉旨：「交外務部覈議具奏。外務部奏言：「臣等查盧漢分枝開封、河南兩府，既經奏蒙俞允，自應准其展造。本年六月，盛宣懷函造合同到部。臣詳加復核，其還本、付息、用人、購器一切辦法，均與盧漢合同相符，而意義較爲周密。惟合同第二十三款內載『倘日後中國國家准由河南府接長至西安府，督辦大臣可以應允先儘比公司按照本合同章程妥商議辦』等語。查二十五年十月盛宣懷原奏，雖經申明自洛以通秦隴，應歸總公司籌款接造，而此段枝路地勢綿長，將來如議用華款自辦，亦不可不預留地步。當令添敍『倘中國國家自行籌款，或招集華商股本，接展此路，比國公司不能爭執』。又令於行車合同第九款內添敍『中國郵政局由此鐵路寄送各郵件，應特備專車；沿途各站，皆須備給房屋，以設郵局，均照中國各鐵路通行章程辦理。沿途並不得由承辦之國另設郵局』等語，以保權利。」硃批：依議。宣懷遂與盧法爾定議，借金款二千五百萬佛郎克，合英金一百萬鎊，年息五釐；歸還之期，由賣票之第十年起，分二十年均還。

三十年二月，張之洞聞比國欲在湘造湘陰過常德至辰州一路，特電致湘撫趙爾巽，以紳商稟請承辦拒之。

三十四年，始議收回漢口比國租界。張之洞上奏，言：「比國乘鐵路購地之際，在漢口私購民地三萬六千餘方，以預備鐵路比國工人賃住爲辭。自光緒二十四年向總署索訂比國路界，經臣力拒，自光緒二十四年起議，相持至二十八年。比使復迭向外務部催咨。臣思比國原購地段，緊倚京漢鐵路南端江邊馬頭之劉家廟火車站，包過鐵路，實扼南北鐵路咽喉，於中國管理鐵路主權，及京漢、粵漢兩路交接之馬頭，大有妨礙，堅不允許。僅就濱江一邊劃地一萬六千餘方，擬作比界，東北兩面，皆與鐵路相離數十丈。比使復求加寬，駁以查明窒礙，咨復外務部酌復。自是又相持數年。比駐漢領事將所買地契送交關道稅印，要挾甚力。臣思此地跨越鐵路，橫當要衝，雖一再駁令減讓，究於附近鐵路地權地利有損，不如議價收回，留作擴充華商貿易，以永保權利。惟自鐵路告成後，地價數十倍於前。經臣磋議經年，始將全數基地議定價銀八十一萬八千餘兩，暫行息借華洋商款墊付。」奏入，報可。

義大利卽意大利亞，後漢書所稱大秦國也，在歐羅巴洲南境。康熙九年夏六月，義國王遣使奉表，貢金剛石、飾金劍、金珀書箱、珊瑚樹、琥珀珠、伽南香、哆囉絨、象牙、犀角、乳香、蘇合香、丁香、金銀花露、花幔、花氈、大玻璨鏡等物。使臣留京九年，始遣歸國。召見於太和殿，賜宴。聖祖以其遠泛重洋，傾誠慕義，錫賚之典，視他國有加。

同治五年秋八月，義國使臣阿爾明雍介駐京法國領事德微亞詣三口通商大臣、兵部左侍郎崇厚請立通商條約，許之。旋派戶部左侍郎譚廷襄爲全權大臣，會同崇厚辦理通商條約。九月，阿爾明雍偕法國繙譯官李梅親齎所擬條約五十五款請核，並遞國書。其約大致本丹國和約而參用法、布等國條約，獨禁用「夷」字一條，本之英約。而中國於義向未稱「夷」，與英事實不同，政府以無關緊要，亦不予駁。遂定議。其目之要者爲二，附稅則一，與法、布二國同，與英、美、丹、奧、日本各國權度名略異。通商章程善後九款，與丹、奧、比等國大致同。約定後，阿使回國。旋由法使伯洛內致送我國訂約大臣圓形金牌，上印本國君主容儀，以爲紀念，受之。

六年九月，義使駱通恩抵滬請換約，朝命江蘇布政使丁日昌與互換。法領事狄隆赴日昌行館，聲稱此次義國換約，派伊爲繙譯官，請日昌先往駱通恩處致候。日昌告以義國公使奉其國差遣出使中華，應先見中國使臣，致其君命，方爲盡禮。狄隆又言前在天津照會，聲明於九月在滬換約。今已十月。日昌告以上年比利時國訂于九月換約，先于五月通知。今義國訂於九月換約，遲至九月中旬始行通知。由三口通商大臣咨呈總署王大臣，奏請派使用寶，委員齎送來蘇。現于十月換約，已極迅速。其遲延不在中國也。屆期，駱通恩偕法總領事白來尼、副領事狄隆等齊集日昌行館，公服帶劍，恭請聖安。日昌偕蘇松太道應寶時等按章禮待。駱通恩索觀憑據，日昌恭捧諭旨，給與開讀，並將條約公同展對。駱通恩出視條約一匣，綴有義國君主用印之銀盒蠟餅，裝飾整齊，惟係用洋字另書，並無上年在京所定原本。日昌不允互換。駱通恩免冠懇求，自認錯誤，謂值新舊使臣交換之際，誤以爲有其國君主用印之條約卽可爲憑，致將原約漏未攜帶。此次蒙恩准予換約，各國皆知。今屆期不換，實覺無顏對人等語。白來尼等亦爲之代求，願代爲繙譯，並謂現帶用洋字條約，儻與漢文原約文義不符，惟法國領事是問，懇爲通融辦理。日昌與應寶時商明，先飭洋務委員督同熟諳意大里亞國文義之監生沈鼎鐘，並白來尼等，將駱通恩所齎洋字條約與奉頒條約詳校無訛，仍不允與換。駱通恩一再情懇，日昌乃與變通，告以貴使祇齎有君主用印之洋字條約一分，則中國使臣亦祇能先將我皇上用寶之漢文條約一分與之互換，所附洋文條約，暫爲拆下，留在上海道署，限駱使于四個月內取上年原定條約來換此約，並聲明彼時祇能由蘇松太道就近與換，不再遣使。駱使允照辦，惟四個月限期改爲六個月。十年三月，義遣使臣費三多來華，並遞國書，兼考求浙江養蠶事。

光緒十一年夏，義國擬開養生會，請中國入會。十五年，命江蘇按察使陳欽銘爲出使英法義比大臣，旋代以大理寺卿薛福成。十七年春二月，薛福成呈遞國書，義王出見，慰勞備至，立談甚久，大旨謂「義與中國數百年來交誼最先，極爲企慕。我觀地圖，始知中國之大，義國之地不及中國十分之一」云云。旋辭退，禮三鞠躬，復握手。次日謁見王后，亦鞠躬，遵西例也。二十二年，以四品卿銜羅豐祿爲出使英法義比國欽差大臣。二十五年，義國索三門灣，不許。先是各國皆於中國索有海軍根據地，至是義命駐京公使瑪爾七諾向總署要求租借三門灣，向總署發最後通牒，要求四日內答復。未幾，義政府命取消最後通牒，調馬爾七諾回國。

二十八年，義請派專使駐京，許之。政府亦以許珏爲出使義國專使。十一月，呈遞國書，義主躬親接授。向例公使見義主無座，至是賜坐。逾月，又見義后及義太后。義主設讌宮中，請各國公使，義主義后均入座。席散，義后詳詢中華文字書籍。二十九年三月，義國開農學會，請中國入會，珏派員往。四月，許珏譯送義國財政考于外務部，謂義國幅員廣袤不及中國十分之一，而歲入之款較中國多至五倍，歲出之款較中國亦多四倍有餘。十月，又譯送義國關卡稅則于外務部，謂徵稅章程二十條，應稅之物分十七類，共三百六十八種，又包皮稅及去包皮章程十六條，註册費章程十一條，其中綜核至悉，分析至精，較之中國通商稅則，疏密懸殊，冀中國取則。是月許珏請商部派員赴義考察商務，謂「義國在華商務無多，間有他國商人運華貨來義者，除蠶繭、茶葉二宗外，他物絕尠。至華商從未到義國及其屬地貿易，應卽派員考察」云云。二十九年，日、俄開戰。十二月，義與英、美、德、法公同照會俄、日，云：「除滿洲外，不得在北洋水陸境內開戰。」三十年，許珏又譯義國榷煙志及銀行章程。三十一年，許珏譯送義國國債册律章程彙編及官售煙價表。

三十二年夏，駐滬義領事面遞約稿十一條於商約大臣呂海寰、盛宣懷，海寰等卽將歷次與外務部電商之加稅、傳教、嗎啡鴉片、國幣、治外法權等五款照交，因致外務部及鄂督張之洞、直督袁世凱，謂：「查義約前四條係新款：一，欲絲貨出口興旺，索開紹興、無錫兩處口岸；一，願襄助中國詳細考求養蠶學堂，及設立局所，代爲經理；一，於未加稅以前，改訂蘇杭鐵路運貨釐金，推廣義商辦繭稅單期限。後七條爲英、美各約所有，均略變其詞：一，內地行輪；一，治外法權；一，華洋合股；一，礦務；一，國幣；一，優待利益；一，條約期限及以義文爲正義等。」外部得電，卽逐款指駁。海寰等因告義領，義領一再爭辨。遂議口岸援日約長沙例照辦，蠶學用兼聘教員字樣。大致已就，已忽翻異，欲廢議約。海寰等恐于加稅有礙，欲照所擬允准，令稅司爲轉圜焉。

是年，義國密拉諾賽會，牒請中國派員入會，並送到章程各册及會場總圖。許珏得牒，當將總章全譯，分章九門，祇譯子目。因致外務部，謂：「此會原起，係爲慶賀義大利、瑞士兩國交界地方所鑿新潑龍山洞鐵道告成而設。歐洲山洞鐵道，向以法、義交界之蒙斯尼山洞工程爲最鉅，計長一萬二千二百三十三邁當。現開之新潑龍山洞，計長一萬八千七百四十三邁當，實爲歐洲山洞第一深長鐵道。從前輪船商貨運往北歐者，必由法國馬賽起岸陸運。今此路告成，以後可改由義境之折努阿起程陸運。此爲義國新得商利之大端，故會中章程以陸運、海運、河運三項居首。中國各省現議開鐵道，如派員前來考察，似于講求路政有裨。」政府得電，許之。義又設農業會，意在聯絡地球諸國崇本勸農，請中國入會。計此次入會者四十國，會員共一百十人，前後會議者十，分議者五。許珏僅于開會及簽押日一到而已。

清史稿卷一百六十

志一百三十五

邦交八

奧斯馬加　秘魯　巴西　葡萄牙　墨西哥　剛果

奧斯馬加即奧地利亞，久互市廣東，粵人以其旗識之，稱雙鷹國。同治八年，遣使臣畢慈來華，介英使阿禮國請立約，幷呈其君主敕諭，欲在京議約。總署以在京議約與歷來各國成案不符，應先照會三口通商大臣，由三口通商大臣請旨。奧使遞照會三口通商大臣崇厚以聞。朝議許之，命總理各國事務衙門大臣、兵部尚書董恂會同崇厚辦理。奧使呈所遞條約四十九款，大致均從各國內採集而成。董恂等於應删應添各節，逐一改定，而奧使於恂所添「商人不准充領事官」一語，不願列入約，於恂所删傳教一條仍列入約。迭議不決。

久之，奧使始允刪傳教一條，而於「商人不准充領事官」一節，仍欲另備照會，於畫押日一同呈遞，許之。遂訂定和約四十五款，通商章程九款，稅則一册。是年奧夾板船名伊來撒各利亞，用英國旗號，私運外國鹽一百餘包，計重二萬餘斤，進口。天津稅務司函致總署。總署以奧船運鹽進口，顯違條約，應查拏，並知照英領事前往查起。十年九月，奧換約屆期，使臣嘉理治照會總署請換約，特旨派江蘇布政使恩錫赴上海互換。嗣因約本內漢文所載善後章程第五、第八兩款，均有引用條約「第八條」字樣，其奧文內皆誤寫作「第一條」；又稅則進口項下呀囒治木，漢文載明長不過「三十五幅地」，奧文誤寫作「五十五幅地」；又羽綾、羽紗、羽綢、小呢等類，漢文載明「每丈」，奧文誤寫作「每疋」，須更改。至十一年六月始竣事。十一年，奧使照會總署，以接奉本國文，稱去歲本國出有政令，自同治十年七月十七日起，凡量奧斯馬加各樣海船噸數之法，皆與英國丈量噸數之法相同，請劄知總稅務司轉知各口海關遵行。十二年，穆宗親政，奧隨各國公使覲見。

光緒六年，使臣李鳳苞函致李鴻章，稱：「奧君長子明年正月十六日婚期，中國雖未派駐使，宜令鄰邦駐使往賀，以盡友誼。」總署卽電飭李鳳苞屆期往賀。十年夏四月，以翰林院侍講許景澄充出使德美和奧大臣，駐德。十三年，代以內閣學士洪鈞。十四年四月，洪鈞赴奧呈遞國書，見奧主於馬加行宮，頌答如禮。冬十月，奧爾而伯納親王來京，欲瞻仰天壇，許之。十六年秋七月，復以許景澄充出使俄德奧和大臣。十七年夏四月，景澄赴奧通問，覲見奧主，奧主爲述前歲有兵艦抵華，承中國官員以禮相待，屬爲陳謝。九月，奧使畢格哩本覲見上於承光殿。十八年，奧主以西曆六十七年即馬加王位，距今滿二十五年，西俗以爲慶事，先期由奧外部通知各國公使詣馬加都城申賀。許景澄備文傳賀，旋即親赴伯達彼斯馬加都城。覲見奧主申謝悃，奧亦發電至京答謝。

二十年四月，許景澄照會奧與俄、德、和等外部，申明總署現章，酌定洋機進口稅文。十月，皇太后六旬壽，奧使隨各使呈遞國書致賀，上見之於文華殿。二十一年，奧主叔父病故，許景澄請旨致唁，許之。二十二年十月，以都察院左都御史楊儒充出使俄奧和大臣。十一月，駐德奧使迻節略，稱奧廷擬派瓦耳布倫爲駐京專使，請中國國家允認，中國派使駐奧亦如之。二十三年四月，奧使齊幹覲見上於文華殿。二十六年春三月，命內閣學士桂春使俄兼使奧。七月，拳匪之變，奧兵隨德、美、法、英、意、日、俄聯軍入京師。二十八年四月，三品卿吳德章充出使奧國大臣。二十九年，代以山東道員楊晟。三十年十月，奧使齊幹覲見上於皇極殿。三十一年八月，以三品京堂李經邁充出使駐奧大臣。三十二年三月，奧使顧新斯基覲見上於乾清宮。三十三年七月，以外務部參議雷補同充出使駐奧大臣。

秘魯在南亞美利加洲。同治十一年，秘魯國瑪也西船私在澳門拐華民二百餘人，行抵日本橫濱，經日本截留訊辦，知會中國派員前往。時通商大臣何璟派補用同知知縣陳福勳偕英、美兩領事派員前往，旋各運回，並謝日本。

十二年，秘魯遣使來華議立約。已而秘使葛爾西耶到津謁李鴻章，鴻章詰以虐待華工等事，不允相商。秘使旋以本國新立雇工章程，實無淩虐情事，牒鴻章。鴻章覆牒，謂：「貴國新立雇工章程雖尚公道，但查同治八年、十年間，華民公稟內所稱『苛求、打駡、枷鎖、飢寒，雖立合同，而章程虛設，雖曰送回，而限滿無歸』等語，是卽保護華工未能照辦之證據也。又來文所載一千八百五十五年八月十四日議立搭客船規，不准載大幫之人。查同治十一年，日本國扣留秘魯瑪也西船，載有拐買華民二百三十人之多，據各國領事公同訊問，船主苛酷相待，飲食不繼，並有割去辮髮、鞭打囚禁等事。又據粵海關稅務司報稱，『同治九年，秘魯船一隻在澳門販載華工三百十三人，同治十年，秘魯船十三隻在澳門販載華工五千九百八十七人，同治十一年，秘魯船十九隻在澳門販載華工九千三百八十一人』。此皆係大幫，秘國並不查禁。近又據粵海關稅務司報稱，『本年七月間，廣東省城黃埔河面有秘魯船七隻前來招工，因其違背通行章程，諭令驅逐出口』。以上各節，是又帆船禁載大幫華人未能照辦之證據也。查上年中國通行各國照會內載，凡係無約各國，一概不准設局招工，其船隻不准搭載華工出洋。卽有約各國，亦不准在澳門招工。均經各國知照在案。秘國向係無約之國，照章不准裝載華人出口。乃昨據貴大臣面稱，現載往秘魯華人已有十萬餘人，明係違背公法。況華民在秘魯重受淩虐，曾兩次公稟美國欽差轉達總理衙門，是以日前疊據英、美、法各大臣述知貴大臣欲來華議約，卽經總理衙門王大臣照覆各國，以『秘魯向來專以拐販華工爲事，華工受盡痛苦，其相待中國情形與別國不同，必須與伊國說明，先將所招華工全數送回中國，並聲明不准招工，方能商議立約，否則實難辦理』等語。想貴大臣必已與聞，無煩贅述。」

旋據函稱遵照總署原議，先將所招華工全數送回中國，自可妥商。鴻章訂期會議，屆時不至，鴻章責之。復請期，鴻章因再約期，至日，秘使偕愛勒謨爾秘妥士來。適同知容閎由美國回津，鴻章令閎與議。秘使將鴻章原函取出，逐條剖辨，謂無苛待情事；又謂中國既令無約之國不准招工，是以本國亟派使前來議約，以後自必照約互相稽查保護。幷稱華工送回，可於約內聲明，除華人在秘魯設肆寓居，自不願歸，無庸送回，其餘工人等合同限滿，卽令原主送回，分別辦理。容閎因言美國向例，無立合同年限雇工之事。華民在金山等處傭工，去留自便，美官不能勉强勒揹。卽有先立合同者，若不願當，隨時將合同繳銷，作爲廢紙。秘國亦應照辦。秘使允商辦。鴻章仍以拐去華民爲言。秘使佛然，謂卽回國。

屢議不決。

十三年三月，復與秘使接議，秘使自交所擬條約，鴻章不受。久之，始定查辦華工專條，其文曰「現因秘國地方有華民多名，且有稱華民有受委屈之處。茲會同商訂，先立通商條款，和好往來，庶幾彼此同心。由中國派員往秘，將華民情形澈查，並示諭華工，以便周知一切，秘國無不力助，以禮接待。如查得實有受苦華工，合同年限未滿，不拘人數多寡，均議由委員知照地方官。雇主倘不承認，卽由地方官傳案訊斷。若華工仍抱不平，立許上告秘國各大員，再爲覆查。凡僑寓秘國，無論何國人民，呈禀式樣最優者，華工應一體均霑其益。自秘國核定此項章程之日起，凡華工合同已經期滿，若合同內有雇主應出回國船脚之議，該工人有願回國者，卽當嚴令雇主出資送回。又各華工合同若無送回字樣，合同已滿期，該工人無力自出船資，有願回國者，秘國應將該工人等附華船送回，船資無須工人自備，秘國自行料理」云云。

復將通商條約十九款及已訂查辦專條改定，因致總署，謂：「在秘使之意及各國公論，彼既允定查辦資遣華工專條，是秘魯已予中國以便宜，我亦當照各國和約，允以一律。現訂通商十九款，大致亦與西約詞意略同。然均經鴻章逐條酌改，如各約篇首所稱『互相較閱，俱屬妥當』或『妥善』字樣，轉覺不妥，茲將『俱屬妥協』四字删去。各約欽差駐京往來，有彼國而無我國，茲先載明中國欽差。各約領事官無商人不准兼充明文，茲添『不得委商人代理』。各約游歷通商執照，秘使不肯删通商貨物字樣，茲特添入『貨物應照報單章程辦理』。各約多以英、法文爲憑，茲改『彼此各用本國文字，亦可兼看英文』。其餘凡通商、納稅、兵船、商船、控告、詞訟各節，均將中國一面敍入。所最要者，招工流弊無窮。澳門販運已久，華工既在秘國受苦，以前雖允查辦，以後若仍開招，害將何所底止？茲會訂第六款，上半節照美國續約，云『別有招致之法，均非所准』，下復添敍『不准在澳門及各口岸勉强誘騙中國人運載出洋，違者其人嚴懲，船隻罰辦』等語。嗣後中國但能照約嚴禁，不獨秘魯不敢違犯，卽各國招工之舉，亦得援引辨證。又前訂查辦華工專條，商令派員前往，秘使允卽遵照。」

旋派容閎往查辦。容閎查辦訖，報告華工到彼，被賣開山、種蔗，及糖寮、鳥糞島等處虐待情形，合同限內打死及自盡、投火爐糖鍋死者甚多，實可慘憫。會屆換約之期，秘魯遣使臣愛勒謨爾來華求換約。光緒元年，派巡撫丁日昌爲換約大臣。日昌謂：「去年中國所以與秘國立約者，因秘國葛使照會內言秘國設有新章新例，保護華民，盡除弊端。乃立約之後，派員前往秘國確查，始知華工受屈，顯與條約內保護優待之例相背。甫經立約，而秘國，卽種種違約，是不能不加一照會，聲明換約後卽當遵約辦理，再不能仍照從前之淩虐。」秘使聞之，不待辭畢，卽怫然去。日昌以秘使無禮，因致總署，請暫緩換約。

四年，秘魯因澳門停止招工，香港英總督又申嚴禁，秘魯乃赴廣東省城與美商同孚洋行私立運載華工合同，五年爲期，每年得船費洋銀十六萬圓，設局招誘。粵督聞之，卽予查禁。秘使詣天津謁鴻章，拒之。時出使大臣爲陳蘭彬，雖由美使兼日秘，並未赴秘。七年，以津海關道鄭藻如爲出使美日秘大臣。十年五月，始由美赴秘，謁總統遞國書，開辦使署於利馬都城，奏派參贊一員代辦使事。又於嘉理約海口設領事一員，管理華民事宜，仍禁絕招工，並咨請查拿廣州城外私設招工行棧。十二年，鄭藻如歸，迭以傅雲龍、張蔭桓、崔國因、楊儒充公使。又增設代理領事十，就秘籍中之廉正者充之，遇事報使署，由參贊區處，公使仍不駐秘。二十一年，秘總統卽位，各國均有國書致賀，介由美使請總署代達。二十二年，始頒國書。二十三年六月，駐秘代辦李經敍行抵嘉理約，因疫疾盛行恐傳染，阻止入口，從秘制也。久之始聽入。時公使楊儒赴秘遞國書，秘外部先派護衞大臣一員在嘉理約迎伺，隨派火車接至利馬，又派副外部在車站迎伺。遞書日又用宮車迎接。公使遞國書，他國均用軍裝佩劍。中國以秘係民主，沿例用行裝，行鞠躬禮，致頌詞，秘主答頌如禮。

二十四年，利馬華人在香港辦貨，秘駐港領事照驗加戳。向例戳費值百抽一，至是增加，又改用金鎊，比前增逾倍。華商以秘違例，請秘外部飭知港領事照向例核收，又籲請于駐秘代辦謝希傅。於是照會秘外部，謂：「貨單戳費向有定章，值百抽一，又爲萬國通例。貨本用金用銀，各國不一，而抽費皆按此爲衡。即就利馬論，麥麵一項由智利販運者，抽費俱按智洋，洋貨各項由英倫販運者，抽費俱按金錢，載在秘國稅則，衆所共知。乃同一抽費，於智於英皆就地照抽，獨至香港一處忽示歧異，於理不解。或謂香港爲英屬口岸，應改金鎊，則粤商貨本亦應升算金錢，方與通商各國一律，應請批示。」秘外部不允批示。旋稱港銀成色太低，換兌金鎊虧損過多。謝希傅告以一律改從金鎊，華商亦所甚願。秘外部始允收費按照貨本，一律改從金鎊。

宣統元年五月，秘工黨仇視駐秘利馬華人暴動，秘政府特頒苛例，令進口華人每名須有英金五百鎊呈驗，始得入口。時出使美日秘大臣伍廷芳赴秘與交涉，先謁總統遞國書，即照會秘外部，謂秘所設苛例，違反兩國所立條約。旋復見秘總統辨論，請廢止飭諭。總統不允。已復由秘外部覆文。秘外部大臣玻立士謂廷芳，請先妥議限制中國工人出口來秘善法，附入條約。廷芳答以章程不應附入條約。玻立士又欲使秘領事有察驗華官所給護照是否合例之權，及到秘時，仍由地方官查驗，方准登岸。廷芳駁之，執不允。廷芳閱草案，又請加「寓智利、厄瓜多、巴拿馬等處華商欲來秘者，可由代理中國領事等官發給護照，以爲入境憑據」等語，玻立士允諾。時留秘華人多吸食鴉片，廷芳請秘贊助設法限制，秘總統許之。旋復定議，廷芳與秘外部立廢除苛例證明書九條：一，中國允自限工人來秘；二至六，定非作工之華人往秘護照辦法；七，定非作工者概不限制；八，定免請護照者之資格；九，發照驗照祇須繳費五圓。幷停止秘國五月十四號頒發飭諭之效力。時宣統元年七月十三日，卽西曆一千九百零九年八月二十號。署押蓋印。

巴西國，南亞美利加洲共和民主新國也。光緒六年，始遣使臣喀拉多來天津，請議立和約。總署請飭南北洋大臣就近商辦。旋派李鴻章爲全權大臣與議約。六月一日，喀使抵天津，照會鴻章請立約，並擬先送約稿呈閱。遂訂期接議，研商至再始定約。鴻章因上奏，言：「此次巴西議約，數易其稿。嗣以秘魯條約爲底本，删去招工各條，並參用別國條約，定爲十六款。其關係中國權利者，皆力爲辯論，變通酌定。如第一款『兩國人彼此皆可前往僑居』句下，添入『須由本人自願』一語，卽寓禁阻設法招致之弊。第三款『設立領事官，必須奉到駐紮之國批准文憑，方得視事，如辦事不合，可將批准文憑追回』，本係西國通例。其立法之善有二：一則其人或非平素公正，或與我國向不浹洽，我皆可以不准；一則通商口岸或係新設，人情未安，不欲領事驟至，我亦可以不准。至辦事不合，追回文憑，是予奪之權我亦得而操之。第四款游歷執照一節，洋人游歷各處，多有由領事自塡執照，送請關道用印，幾若內地往來，全憑領事作主。今改爲『領事照會關道，請領印照』，可稍助地方官之權。第五款遵守專章一節，卽是德國新約第一款之義。查『均霑』二字，利在洋人，害在中土，設法防弊，實爲要圖。特聲明嗣後如有優待他國利益，彼此須將互相酬報之專條或互訂之專章，一體遵守，方准同霑優待他國之利益，似較周妥。第六款本擬照德國新約，酌用漏報揑報辦法。惟巴約係仿秘魯約本，並無通商詳細章程。若僅添漏報揑報一層，轉恐掛一漏萬。今定爲『兩國商人商船，凡在此國通商口岸，卽應遵從此國與各國原議續議通行商務章程辦理』。第九、第十、第十一、第十二等款，皆指問案之事。查西國案件，俱由地方官訊斷，領事不得干預。惟中西法律懸殊，各國不能聽地方官審辦，於是領事遂有其權。此次定爲『被告所屬之官員專司訊斷，各依本國律例定罪』。蓋被告多係華民，前因會審掣肘，受虧不少。茲由被告所屬之官訊斷，當可持平辦理。又第十一款內『將來另議中西交涉公律，巴西亦應照辦』一節，雖公律驟難定議，究爲洋務緊要關鍵，特倡其說，以作權輿。以上各節，皆按照各國約章酌議變通，期歸妥善。至洋藥一項，雖非巴西出產，惟中土受害滋深。今議令巴使知會巴國外部查酌，禁止巴商販賣，先由巴使另備照會存案，臣亦給予照覆。」約既訂，遂於八月初一日會同畫押鈐印。明年三月，喀拉多忽諮李鴻章，謂接本國電報，復請商改。於是增删巴西原約共十七款，前約正副本作廢。八年四月，換約於上海。八月，巴西贈鴻章寶星，旋答之。

宣統元年，巴西使臣貝雷拉請與中國立公斷專約。先是巴使諮外務部，援照保和會公約，請與中國商訂一公斷條約，並呈所擬洋文約稿。遂派外務部左侍郎聯芳爲全權大臣，與貝雷拉議約四條：一，兩國外交官不能和平了結之案，可向海牙所設之常川公斷衙門投控，並請審斷，但須無礙兩國利益及國權榮譽，亦不得干涉第三國之利益；二，公斷員之權限及細則，須臨時由中國皇帝及巴西總統斟酌合宜辦法；三，次約以五年爲限，限滿六閱月未聲明作廢者，作爲續訂五年，嗣後期限照此計算；四，本約批准後，在巴西京城換約，用華文、葡文、法文三體，而遇礙難解釋之處，則以法文爲憑。此約畫押後，因事羈延，未及互換。三年十月，駐法代辦使事戴陳霖與巴西駐法代辦達旒格芬始在巴黎互換。

葡萄牙在歐羅巴極西。明正德年初至中國舟山、寧波、泉州。隆慶初，至廣東香山縣濠鏡請隙地建屋，歲納租銀五百兩，實爲歐羅巴通市粵東之始。

清雍正五年夏四月，葡國遣使臣麥德樂表貢方物。抵粵，巡撫楊文乾遣員伴送至京，召見賜宴。於賞賚外，特賜人葠、緞匹、瓷漆器、紙墨、字畫、絹鐙、扇、香囊諸珍，加賞使臣，命御史常保住伴送至澳，遣歸國。麥德樂在澳天主堂，率洋商誦經行禮，恭祝聖壽。乾隆十八年夏四月，葡國遣使巴哲格、伯里多瑪諾入貢奉表，言：「臣父昔年仰奉聖主聖祖皇帝、世宗皇帝備極誠敬。臣父卽世，臣嗣服以來，纘承父志，敬效虔恭。臣聞寓居中國西洋人等，仰蒙聖主施恩優眷，積有年所，臣不勝感激懽忭，謹遣一介使臣以申誠敬，因遣使巴哲格等代臣恭請聖主萬安，並行慶賀。伏乞聖主自天施降諸福，以惠小邦。至寓居中國西洋人等，更乞鴻慈優待。再所遣使臣明白自愛，臣國諸務俱令料理，臣遣其至京，必能慰悅聖懷。凡所陳奏，伏祈採納。」

道光二十九年，其酋啞嗎嘞爲澳民所殺，藉端尋釁，釘關逐役，抗不交租，又屯兵建台，編牌勒稅。於是澳地關閘以內，悉被侵佔，粵省大吏置之不問。

咸豐八年冬十月，葡萄牙遣人來上海請立約。時欽差大臣大學士桂良駐滬，初拒之。旋爲奏聞，未許。光緒七年，葡人欲在澳門設立領事，粵督張樹森不允，欲令駐香港領事兼辦。出使大臣曾紀澤謂：「葡人之於澳門，儼然據爲己有，唯租住之名尚存。若忽令香港領事兼理，將借香港領事之名，引爲澳門領事之據。查澳門本有縣丞等官，似宜倣上海租界之例，設立官職較崇委員，並令督同縣丞辦理交涉事件，庶幾可圖補救。」

十二年，政府因開辦洋藥稅釐併徵新章，總署奏請飭派邵友濂，會同總稅務司赫德，前往香港會商辦法。查知洋藥自印度來華，香港爲總滙之區，必須英、葡兩國一律會辦，始能得力。因與澳門總督商緝私辦法。又恐葡爲無約之國，遽與商辦，或多要求。於是遣赫德與之電商，擬設稅務司，澳督亦允。乃訂草約四條：一，兩國在京互換通商條約；一，中國准葡國永駐管理澳門；一，葡國允非中國則澳地不讓與他國；一，洋藥稅徵香港如何，會同澳門即類推辦理。當派稅務司金登幹在葡國畫押，並允其派使來華，擬議詳細條約。

粵督張之洞上疏，言：「澳門爲香山縣管轄，距省城二百餘里，陸路可通，實爲廣東濱海門戶，非如瓊州之孤懸海外，亦非如香港之矗立海中。葡人今因事要求，曲徇其請，遷就立約，實多可慮。挽回補救之策，約有五條：一曰細訂詳約。查簡約雖經金登幹畫押，而詳細條約應刪應增，仍須俟葡使到華，會同總署核議，請旨辦理。其永駐澳門一條，原因協辦藥徵，格外見讓租銀，非畫地歸葡者可比。且約有『不得轉讓他國』之文，可見澳門係中國疆土，讓與葡國居住，應聲明葡國居住免其租銀，不得視爲葡國屬地。其不讓於他國一條，應聲明澳門係中國疆土，葡國不得讓于他國。如此，則我有讓地之名，而無損權之實，仍與原約之義毫不相背。一曰畫清界限。有陸界，有水界。何謂陸界？東北枕山，西南濱海，是爲澳門。其原立之三巴門、水坑門、新開門舊址，具在志乘可徵，所築礮台、馬路、兵房，均屬格外侵佔。應於立約時堅持圍牆爲界，不使尺寸有踰。何謂水界？公法載地主有管轄水界之權，以礮子能及之處爲止。兩國土地毗連，中隔小河，則以中流爲界。此係指各國自有之地，及征伐所得者而言。澳門本係中國之地，不過准其永遠居住，葡人只能管轄所住之地。宜明立條款，所有水道，准其船隻往來，不得援引公法，兼管水界。一曰界由外定。准葡住澳，免其租銀，水界仍是中國所有，自無水界之可分，陸界至舊有圍牆爲止。葡人于同治初年將圍牆拆卸，希圖滅跡。然牆可拆，而舊址終不可沒。將來約有成議，似應由粵省督撫臣就近派員會同葡使親往勘驗，詳查舊址，公同立界，俾免影射踰越。一曰核對洋文。查赫德申稱所訂草約四條，與澳門洋報所載者，文義輕重懸殊。第一條派使來華擬議通商條約，洋文內加『須有利益均霑』字樣。第二條葡國永駐澳門管理一切，洋文內加『悉與葡國別處屬地無異』字樣。草約內澳門字樣凡三見，洋文皆作『澳門及澳門附地』。查『附地』二字，意極含糊，不惟將圍牆外至望厦村陰括在內，即附近小島毗連村落，皆可作附地觀。至謂『與葡國別處屬地無異』一語，措詞亦謬。雖洋報所載未盡可信，傳說必非無因。既與總署奏案不符，亦非奉旨准其永駐之本意。應請飭下總署，先將草約漢、洋文詳細核對，以防侵越。一曰暫緩批准。立約雖有成議，批准權在朝廷，此各國之通例。美國煙臺條約，光緒二年所立，有未經批准三條，直至上年始行議定，成案可據。自應明與之約，定約後，須俟稅釐款項大增、拐騙逃亡隨捉隨解諸事皆有明效可徵，兩國始行批准互換，庶彼不得終售其欺。」疏入，報可。

葡使羅沙旋來華詣總署呈節略及地圖。總署王大臣閱圖，與現在葡人所居之地界址不清，多所辯駁。復致北洋大臣李鴻章，派員赴澳確查。張之洞復上疏，請先淸界址，緩議條約。略謂：「澳門水陸一帶，大抵有葡人原租之界，有久佔之界，有新佔之界，有圖佔未得之界。除原租之圍牆以內，仍舊聽其居住外，已佔者明示限制，未佔者力爲劃淸。」又謂：「洋藥來華，皆徑到香港，分運各口，從無徑運澳門之船。是稽察之關鍵，在香港不在澳門」等語。總署因界址一時難淸，仍主先議約、後劃界，久之始定。

於是總署上言曰：「向者總署兩次商辦此事，一議通商訂約，一議給價收回，迄無成說。今因洋藥緝私一事，允其重申前議。並以澳門地方界址一層，從先久經含混，因與葡使羅沙迭商，於約內言明澳門界址俟勘明再定，並聲明未經定界以前，不得有增減改變之事。仍將不得讓與他國一層專立一條，永昭信守。葡使允即電達本國，照此定議。正籌辦間，續接李鴻章函，稱粵省督撫臣分別原租、久佔、新佔、未佔四層辦法。所謂久佔者，不知何年。新佔者，亦在咸豐、同治以後。委員程佐衡回津面與討論，查圍牆以內爲原租，關閘以內皆所久佔，譚仔、過路環則爲新佔。此皆已佔者也。關閘以北直達前山，澳西對岸灣子、銀坑各處，遠及東南各島，皆欲佔而未佔者也。應俟將來派員勘界時隨時斟酌辦理。」尋報可。

嗣因交犯一條，葡使欲照英約載明華人犯罪逃至澳門者，查明實係罪犯交出。總署不允。磋商久之，始允添改華民犯案逃往澳門，官員仍照向來辦法，查獲交出。又稽查洋藥一事，復于專約內添寫「所有澳門出口前往中國各海口之洋藥，必須由督理洋藥之洋員給發准照，一面由該洋員立將轉運出口之准照，轉致拱北關稅務司辦理」。遂定議。共計條約五十四款，及緝私專約三款，當卽畫押。是年葡人散鈔單于望廈，不納。明年三月，命李鴻章與葡使在天津換約，復公立換約文憑，華、洋文各一，畫押蓋印蕆事。

是月葡人出關閘外設一路燈，又修復前山營廠卡，張之洞責令撤去。旋據澳酋照稱：「關閘外至北山嶺中間一帶，向爲局外之區。建廠須兩國會商，非一國所能擅主，已照會鈞署」云云。張之洞卽致總署，謂：「條約載未定界以前，俱照依現時情形勿動，自係指澳境關閘以內彼所已占者而言。同治元年，葡使來京議約，亦言關閘以外係華官把守，未敢侵及，從無『局外』之說。此次來文，實堪詫異，請折辯。」五月，葡人又欲爭執舵尾山管轄權。張之洞致總署，謂：「舵尾山在十字門小橫琴島上，爲香山縣屬，向無葡人居此。此處瘋人得葡人養濟，不過尋常善舉，何得視爲管治證據？如各省常有洋人施醫院，豈能卽爲洋界乎？請嚴切駁復。」

二十七年，與各國修改稅則，各國皆會同簽押，葡不派員。特與照會，葡使仍不至。久之，始派參贊阿梅達來，仍不主改稅則。既又請求澳門對面各島開商埠，復拒絕之。二十八年正月，葡使白朗轂來言：「本國商民願在澳門振興商務，修濬河道。前定和約，已認澳門附近屬地爲葡國永居管理，應將此地之界址廣闊等項丈量妥訂。按對面山一島居澳門之西，小橫琴、大橫琴二島居澳門西南，各島係澳門生成屬地，又經和約認明，請會商妥定。」外務部王大臣等復以：「中國邊海島嶼向隸府廳州縣，從無此島屬於彼島之事，祇能就澳門現管界址照約勘定，不得于界之外另有屬地。」二月初，葡使復來照會，以上年各國公約第六款所載進出口稅則改爲切實值百抽五，葡未與議，表明本國人民所運各項貨物，應仍照光緒十三年兩國條約所訂稅則辦理。王大臣等嚴詞駁拒，葡仍請求不已。

初，葡使面稱願將界務暫置不提，但求擴充商務，開具條款，大要照分兩端。如應允改定稅則，稽徵洋藥稅餉，在澳門設立分關，爲有益中國之款。在澳門附近任便工程，由澳至廣東省城修造鐵路，爲有益葡國之款。王大臣等以澳門附近任便修造工程，仍慮暗侵界址，駁令先行删除。設關一款，札飭總稅務司赫德核辦。鐵路一款，電咨前兩廣總督陶模、督辦鐵路大臣盛宣懷分別核復。旋據赫德復稱，澳門設關，有裨稅收，但章程必須妥定。

陶模復稱由澳至省修造鐵路，於地方情形尚無妨礙。盛宣懷復稱，造路於稅務有益，必須由總公司與之定立合同，不必列入約款。王大臣等得復，復與葡使一再研商，將允造鐵路另用照會聲明，不入約內。葡使亦允從，遂與定議。乃上言曰：「此次葡使來京，意在展拓澳界。磋商十餘次，始將勘界之議，商允停辦。現與議訂條款：第一款聲明舊約照舊遵守。第二款聲明上年各國公約加增稅則，大西洋國均允遵照，並與訂明該國人民所納稅項，不得較別國稍有增減，以預留日後加稅地步。第三、第四款，在澳門設分關一道，以稽查出入澳門洋藥，並徵收各項稅項。該關須在澳門界內。但使稅司稽徵得力，似於餉項不無裨益。第五、第六兩款，均申論設關事宜，章程由兩國酌定。第七款訂約文字。第八、第九款，批准互換各節，皆向來訂約應敍之款。應請簡派大臣，與葡使定期畫押，再將約本進呈，請用御寶，以憑互換。至設立中葡公司，修造由澳門至廣東省城鐵路，地僅二百餘里。現辦粵漢、九廣兩路，已議定通至省城，再添一路，亦藉以擴充商務。既與葡使訂明另用照會爲憑，擬俟命下，卽將照會互換，仍咨行督辦鐵路大臣盛宣懷與葡詳定合同，以期周妥。」報可。慶親王奕劻旋畫押。

三十年二月，葡駐京使臣白朗穀照稱奉本國諭，改修稅則一事，派使前赴上海畫押，並將光緒二十八年九月新訂增改條款暨是年十二月會訂分關章程條款內之意同語異之處，改爲一律。其修改稅則及新定增改條款，並會訂分關章程條款，合訂一本，以歸畫一。葡使赴滬，與商約大臣呂海寰等會晤。海寰等面詢照會內所稱各節，將何者爲意同語異，及如何改歸一律之處，詳爲解明，以便會同辦理。葡使答以光緒二十八年新定增改條款及會訂分關章程條款，本國議院未經核准，不克互換。是以此次修改商約，另行擬送條款，卽將前此條款章程意同語異之處，包括在內。海寰等以葡使晤對之詞與照會外務部文意不符，駁之。並照會詰問葡使，令其明晰照復。葡使旋復，以「本國訓諭，業在外務部聲明：一，本政府准議院所議，給權於駐華公使，新立商約，卽照近日各國與中國所立之商約無異。二，現欲請立新約，包括光緒二十八年九月所立之條款，曁是年十二月會訂之專條，但內有更改者，俾中、葡兩國主權免有視爲關礙之處。三，至於葡國協助中國防緝走私洋藥一事，奉本國政府訓諭，可將此項緝私之法整頓，以便全免走私。四，因今欲立之新約，應包括光緒二十八年九月所立條款，並十二月所訂專條內之宗旨，或係更改，或係推廣，悉行包括在內。所以本國之意，毋庸將前約核准。」海寰等電詢外務部，復云：「葡使並未向部聲明前約作廢。當日議約，原以分關、鐵路爲彼此互換利益。儻不將光緒二十八年之約核准，藉包括爲詞，以廢分關之議，則中國亦必將鐵路互換之照會聲明作廢。」海寰等卽照部電直告葡使，拒不與議。葡使迭來商懇，以「澳門設立分關，實有礙于本國主權，故議院未能核准。欲明言前約作廢，又有礙于本國體制，故以包括宗旨毋庸核准爲詞」。海寰等遂與議訂新約。

初，葡使送來商約款文二十條，海寰等就中摘其不能允者，往返磋商。葡使又請爲寓澳華民每年准運米六百萬石，免納稅課，以資食用。海寰等以澳門華民不過十萬人，何至歲需六百萬石？拒之。旋外務部據粵督調查，每年只准運三十萬石。又購米地方，限以廣東一省。葡使不允。久之，始將各款議定。海寰乃入奏曰：「綜計釐訂條約二十款。第一款，聲明舊約照舊遵守。第二款，聲明和議所定加增稅則，葡國允遵照辦。第三款，聲明入澳門洋藥均囤于官棧。每年澳門食用洋藥，定數以外，不得再有搬出。凡報運中國各處，亦應設法以防私行運往。所有應定各項章程，應由彼此兩國商訂。又葡國迅定律例，如有犯此約章，應分別懲處。第四款，澳門水陸地方如何防緝走私，彼此派員會訂查緝之地位，並可行之辦法。第五款，照英約推廣西江各口及廣州府屬各埠行輪，惟須遵守現行一切章程。如不遵守，仍不准照辦。葡國並定律例，分別懲辦。第六款，葡萄牙酒無葡國執照，不得照本約所附稅則納稅。第七款，通商口岸地方居住貿易。第八款，華人入葡國版籍，須專定律例，杜其在內地所享利益，及藉葡國籍以脫卸在華所立有合同責任。第九款，加稅免釐。第十款，發還海關存票。第十一款，釐定國幣。第十二款，禁止嗎啡鴉片。第十三款，振興礦務。第十四款，合股經營。第十五款，保護貨牌及創蓺執照。第十六款，整頓律例。第十七款，籌安民教。第十八款，條約年限。第十九款，本約以英文爲准。第二十款，在北京互換。以上各款，爲我所側重者，在洋藥緝私一事。葡使立意，約文以渾括爲准，免致議院再有疑阻。商酌至再，將詳細辦法另立專章。計釐定第三款專章五條，大旨在洋藥運至澳門，必須囤入官棧。其由棧報運中國，則由彼此會同稽查，必須完清海關稅釐，始准搬出。如不進官棧，私自登岸，按葡律核辦。其由原船私運中國，由拱北關緝辦。並嗣後有應行商酌加添，由澳官與稅務司商訂。第五款專章十五條，在澳門專設躉船，以便由拱北關查驗由澳門來往各處貨物爲要義。其一切限制辦法，悉照英約內港行輪章程核議。迭經臣世凱、臣之洞往復籌度，公同斟酌妥善，電請外務部核准，然後與之定議。至陸路稽徵稅項，訂明設在總車站，載入鐵路合同之內。又第三款，澳門食用洋藥定數，恐將來澳督與稅司多少爭執，意見不同，特用照會聲明，可由彼此在北京之代表人細查會定。又籌安民教一款，葡使奉其政府訓條，另備照會聲明，凡有天主教堂在華之他國已經允許者，葡國始可照辦。此會訂約款章程及另備照會之情形也。伏念葡萄牙國以和約未經與議，不認各國修改稅則，而要索澳門分設鐵路與粵漢鐵路相接，是以外務部原議在澳門設關，以爲互換利益。今葡國以議院未能核准，前約已不廢而廢，故此次詳訂中國海關在澳門水陸地方查緝洋藥走私辦法權限，以爲補救。葡使欲以新約包括前約，誠心相助，妥訂條款章程，雖無設關之名，可收緝私之實。並由臣宣懷與葡使將粵澳鐵路合同，同兩國商董妥議，已將車站徵稅一條列入合同之內，已請外務部核准。忽接來電，謂廣東紳商不允葡運粵米，不能不俯順輿情，令再研商。適葡使急于返國，不能再候，擬將米事留後再議，先將商約暨章程先行畫押。」報可。

三十四年正月，日本船辰丸號密運鎗礮彈藥向中國輸入，假泊澳門附近之過路環島東方二海里地，爲中國礮艦所捕獲。日本政府以係葡萄牙領海爲詞，葡國政府亦言辰丸碇泊地係葡國領海。於是復議中、葡畫境一事。宣統二年，葡政府派海軍提督瑪喀多，中政府派雲南交涉使高而謙，爲畫境全權大臣，會議于香港。葡使初要求澳門半島及拱北、小横琴、大横琴、譚仔、過路環諸島，與附近海面，均爲葡領，謙不允。又要求譚仔、過路環二島，澳門半島，及拱北、大小横琴諸島之一部，及附近海面爲葡領，謙仍不允，只允譚仔、過路環二島承認爲葡領，餘皆不承認。相持四閱月不決。葡使請付萬國和平會議解決，謙又拒之。旋停止會議，移議于北京。甫開議，會葡萄牙革命起，遂輟議，成爲懸案。

墨西哥在北亞美利加洲。光緒甲申、乙酉年間，墨以立約招工，來請中國駐美公使楊儒派員赴墨察看情形，擬定約款，電請總署籌辦。久未定。二十三年，駐美公使伍廷芳與墨駐美使臣盧美路重提前議。會盧美路卒，繼使臣阿斯芘羅斯復議此事。久之，始定為二十款。初，廷芳與盧美路議也，已允將前議永行墨圜一節刪除，交犯一款，允照總署來函辦法。至是定議。廷芳乃上奏，言：「查泰西通例，領事初到，須領駐劄之國認准文憑，方得視事。大小各國，無不皆然。中國除巴西約外，各國約內皆無此款。今於第三款內訂明，『領事得有認准文憑，方能視事』；『如辦事不合，違背地方條約，可將認准文憑收回』。將來各國修訂條約，亦可視此為衡。第五款，不准誘拐華人出洋一節，是查照日斯巴尼亞約辦理。墨約之訂，實前任使臣鄭藻如首倡其議。蓋謂『出洋不必禁，誘拐則不可不防，與其受凌虐之後始行設官，不若乘未往之先妥為設法』。現定必須本人情願，不准誘令出洋，則包攬誘拐之風不禁自絕。第六款，中國人民與列國人民一律同霑利益一節，我國人民往來貿易，與別國一律無異，將來開荒種植之事，均可援照各國章程辦理。第八款，原稿『彼此土產稅則未載者，暫時免稅』。承准總理衙門電示，遵即改為『彼此進出口稅均照相待最優之國一律辦理』。此是仿照法、墨商約改訂。第十款，遇有軍務，不准勒令僑民充當兵勇，不得强令捐輸一節，此是仿照英、墨約辦理。第十五款，中國將來議立交涉公律一節，歐、美通例，凡僑居他國人民，遇有控告案件，均歸地方官訊斷。惟中國與各國定約，各歸本國領事訊斷。

墨國以利益均霑爲詞，不得不暫行照辦。惟於約內聲明，『若中國將來與各國議立交涉公律，以治僑居中國之外國人民，墨民亦應照辦』。第十六款，『凡船到口岸，船上諸色人等如有上岸在二十四點鐘內滋事者，准由地方官訊斷，罰鍰監禁』。此是創給中國官訊問外國人之權。如地方官辦理得宜，他日各國修約，卽可循此而推。第十七款，『中國人民有事，在墨國控告，得享權利與墨國或相待最優之國人民無異』一節，查本年五月間，墨國覃壁古埠華民數百人，被工頭凌虐，剋扣工資，具詞呈訴，經臣備文由墨使轉達彼國政府，派員嚴切查辦。惟條約未立，保護莫及。今約內聲明控告事件得享權利，則遇有不平，隨時赴官剖白，於僑居商民不無裨益。以上各款，均經悉心酌定，並將漢文與英、墨文字句一一校對，皆相符合。查墨西哥國地分二十九部。其南部一歲三穫，尤爲沃壤。民惰耕作，地利未興。近年新定招人開荒章程，一經開墾，卽爲永業。內地人稠，時虞艱食，託足海外，謀生日難，有此邦爲消納之區，既可廣開利源，又可隱消患氣。歷任使臣均以訂墨約爲要務，職此之由。向例草約定後，議約之員，卽須會同簽押。臣隨將約本繕就，訂期十一月十二日，率同參贊隨員，將會訂條約漢文、墨文、英文各二分，覆校無訛，與墨國全權大臣阿斯芘羅斯互相畫押蓋印，咨送總理衙門，請旨批行。」報可。

二十八年，伍廷芳據粵商稟，咨外務部，謂：「自上年中墨訂約後，華人由香港搭船赴墨者日多。惟華人由香港附輪，先須假道美國舊金山埠，方能赴墨，殊非便商之道，因美正禁止華工入境故也。擬商明輪船公司，特派數艘由香港逕赴墨國口岸，俾僑民任便往來。現在中國業已換約，華人附搭輪船來往，庶不致有所窒礙。」外務部照會英公使，轉行香港總督，飭知英輪公司照辦。二十九年，出使美日秘古國大臣梁誠咨外務部，請援古巴成案，設總領事官一，兼充參贊，駐墨國薩理那古盧司海口，遇有與外部商辦事件，即可馳赴墨都，並以美使兼攝日、秘、古三國使事。外務部奏請允行。是年，墨派員充駐廣州等處領事官。尋又派領事分駐上海、福州、廈門。是年墨因防疫，禁止華人前往。梁誠與交涉，旋弛禁。墨訂立中國及東方諸國移民入境章程六條，俾共遵守。三十年，梁誠赴墨都遞國書，開辦使署分館。墨亦派使臣酈華來華遞國書，並邀覲見，請頒給墨總統暨其國各執政大臣寶星，許之。三十一年，墨前總統由國民公舉續任六年，墨致國書，由其國駐京公使烏海慕呈遞。尋由外務部擬覆國書。是年，墨開萬國地理會，請中國派員入會，許之。

剛果在亞非利加洲剛果河左右。光緒二十四年六月，遣其使臣余式爾來華，請訂和好通商之約，許之。先是光緒十一年十一月，剛果國外部大臣伊特倭照會中國，謂：「奉命充外部大臣，願與中國開通往來，遇有交涉事件，必當妥善辦理。尙望貴王大臣推誠相待，以敦睦誼。」至是乃訂簡明條約二條：一，中國與各國所立約內，凡載身家、財產與審案之權，其如何待遇各國者，今亦可施諸剛果自主之國。二，議定中國民人可隨意遷往剛果自主之國境內僑寓居住，凡一切動產不動產，皆可購買執業，並可更易業主。至行船、經商、工藝各事，其待華民與待最優國之民人相同。各大臣先爲親筆畫押，蓋用關防，以昭信守。